BASEL
CH

Dieter Maier

Der Rhein

Genehmigte Lizenzausgabe für Edition DÖRFLER
im NEBEL VERLAG GmbH, Eggolsheim

Umschlaggestaltung: Andreas Dorn
Umschlagbilder: Silvestris

1 2 3 4 5 9 8 7 6 5

Dieter Maier

Der Rhein

DÖRFLER
BILDBÄNDE

Nordsee
Amsterdam
Leiden
Oude Rijn
Rotterdam
Lek
Waal
Maas
Nederrijn
Arnhem
IJssel
NIEDERLANDE
VII
Emmerich
Lippe
Rhein
Ruhr
VI
Düsseldo
Köln
Bonn
EIFEL
BELGIEN

INHALT

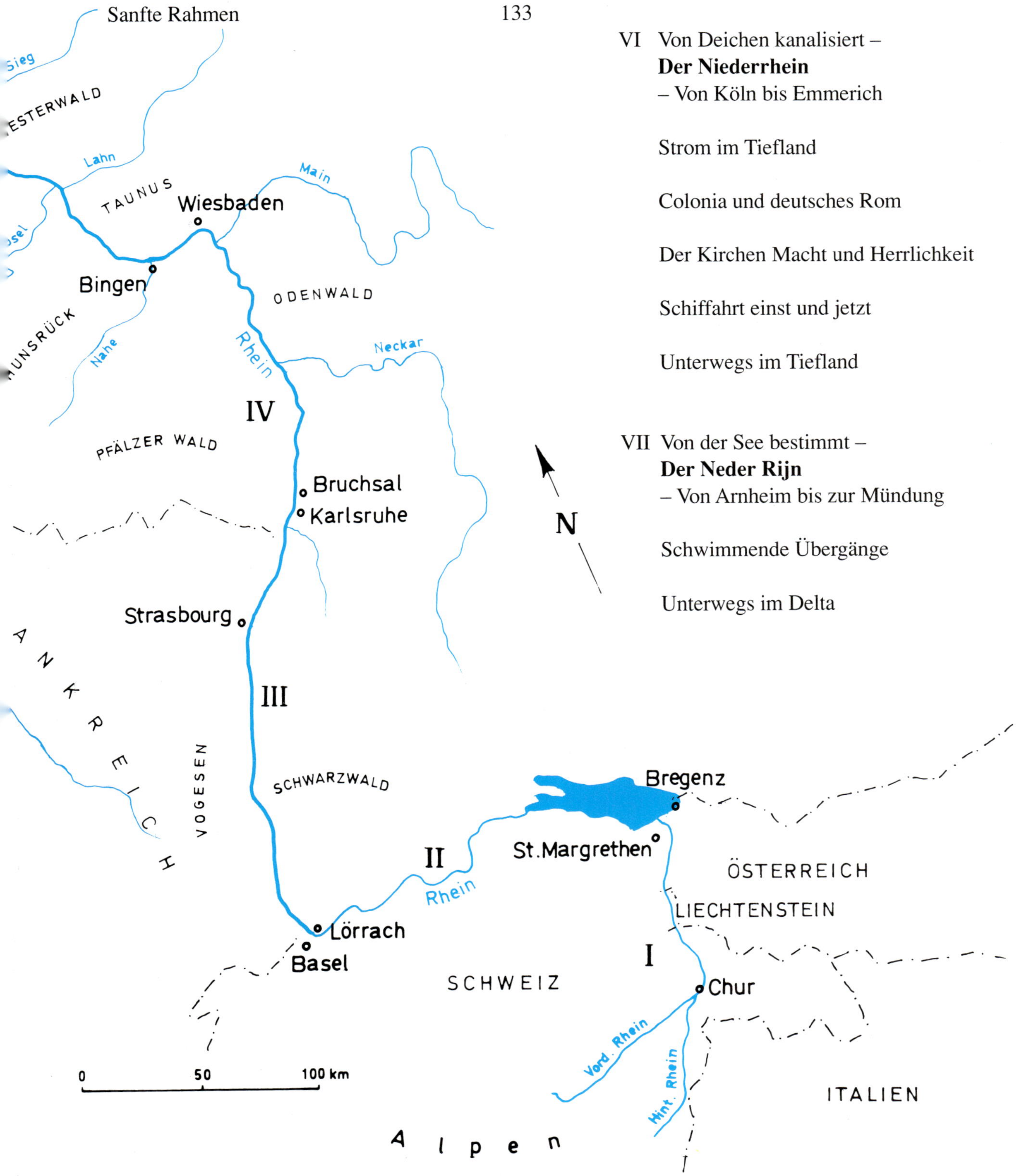
Sieg
ESTERWALD
Lahn
TAUNUS
Wiesbaden
Main
Bingen
ODENWALD
HUNSRÜCK
Nahe
Rhein
Neckar
IV
PFÄLZER WALD
Bruchsal
Karlsruhe
N
Strasbourg
FRANKREICH
III
VOGESEN
SCHWARZWALD
Bregenz
St.Margrethen
II
Rhein
ÖSTERREICH
LIECHTENSTEIN
Lörrach
Basel
I
SCHWEIZ
Chur
Vord. Rhein
Hint. Rhein
0
50
100 km
ITALIEN
Alpen

Bei Flims mußte sich der Vorderrhein über rund 16 km Länge durch ein riesiges Bergsturzgebiet nagen. Entstanden ist so eine gewaltige Schlucht, deren Hänge noch immer in Bewegung sind.

Jung und stürmisch

Der Alpenrhein und seine Quellflüsse

Von der Quelle bis St. Margrethen

Zwischen Domleschg und Schams hat der Hinterrhein sich bis zu 600 m tief in die Felsen gegraben und damit eine wilde Schlucht aus senkrechten Wänden geschaffen. Weil hier der Wegebau extrem schwierig war, erhielt die Schlucht den bezeichnenden Namen Via mala = böser Weg.

Gestärkt durch die Albula bildet der Hinterrhein vor seinem Zusammentreffen mit dem Vorderrhein bei Reichenau ein breites Wildwasser, das sein Bett immer wieder verändert.

Zwischen Reichenau und dem Bodensee ist der Alpenrhein bereits ein stattlicher Fluß. Die alte, überdachte Holzbrücke überquert ihn bei Sevelen in Liechtenstein.

Strom in Sturm und Drang

Hochkare und alte Gletschermulden gibt es viele an den Nordhängen der Graubündener Bergriesen. Die meisten von ihnen sind Sammelbecken für Schmelzwasser aus höheren Regionen, sie alle speisen irgendeinen Bach. Einer aus dieser Vielfalt ist der kleine Tomasee am Ostrand des Gotthardmassivs. Auch in ihn rinnen von allen Seiten Schmelz- und Sickerwässer von den darüber in den Himmel ragenden Bergflanken. Auch er speist einen kleinen Bach, der anschließend munter über einen Geröllhang hinunterplätschert. Sichtbar also nichts besonderes, und doch entspringt gerade hier mit dem Rhein Europas mächtigster Strom.

Der Überlauf des Tomasees hört auf den Namen Vorderrhein und ist der längste, keineswegs aber der einzige Quellfluß. Wenig östlich entspringt der Hinterrhein, der bei Reichenau, etwa 10 km oberhalb von Chur, auf den Vorderrhein trifft und mit ihm zusammen als Alpenrhein gegen den Bodensee stürmt. Beide nehmen auf ihrem Weg bis zur Vereinigung weitere Nebenflüsse auf, so daß sich der Alpenrhein bereits als ernstzunehmender Strom präsentieren kann.

Vielfältig wie seine Quellen sind die Varianten seines Namens, ohne daß es bisher gelungen ist, dessen Herkunft schlüssig nachzuweisen. Schon die Kelten nannten ihn „hren“. Die Römer machten daraus Rhenus, die Vorstufe zur deutschen Version Rhein. Die Rätoromanen nennen ihn Rein, die Franzosen Rhin und die Niederländer schließlich Rijn. Die Namensvielfalt kommt nicht von ungefähr: auf seinem rund 1300 km langen Weg quert oder berührt der Rhein immerhin sechs Staaten: die Schweiz, das Fürstentum Liechtenstein, die Republik Österreich, die Bundesrepublik Deutschland, die französische Republik und schließlich das niederländische Königreich.

Der Vorderrhein

Die Hänge des 2928 m hohen Badus bilden die Quellregion des Vorderrheins. Vom ersten Sammelbecken, dem Tomasee, plätschert der junge Bach zur Sumpfwiese Plidutscha hinunter und nimmt die anschließende Steilstufe zum eigentlichen Vorderrheintal bereits als „Rein da Tuma“ mit Bravour als schöner Wasserfall.

Als wäre das genug jugendlicher Tollerei, verschwindet der junge Vorderrhein kurz darauf sang- und klanglos in einem großen Betonmaul, um unterirdisch zum Stausee Lai da Curnera und von dort weiter zum Lai da Nalps zu fließen. Zusammen mit weiteren nordseitigen Zuflüssen schießt von dort das Wasser über 835 Höhenmeter hinunter auf die Turbinen des Kavernenkraftwerks Sedrun.

Ähnlich ergeht es allen weiteren aus dem Süden kommenden Zuflüssen. Der Medelser Rhein und der Somvixer Rhein müssen ebenso für die Kraftwerkbetreiber arbeiten wie der Glogn oder die Rabiusa. Sie alle waren ursprünglich mehr oder weniger wilde Gletscherbäche, die sich tief in ihre Täler gefressen hatten. War der Untergrund dafür nicht weich genug, entstanden wilde Tobeldurchbrüche, wie etwa die Höllenschlucht am Unteren Medelser Rhein oberhalb von Disentis. Alle diese Täler münden in der Surselva, wie das Tal des Vorderrheins oberhalb von Ilanz bei den Bündnern heißt.

Am Ostrand der Surselva verschwindet der Vorderrhein zwischen gewaltigen Geröllbergen. Die Talstraße muß den Fluß verlassen und nach Flims unter die Südhänge der Glarner Alpen hinaufklettern. Ursache dafür ist einmal mehr die letzte Eiszeit. Als sich am Ende der Würmeiszeit vor etwa 12 000 Jahren der Rheingletscher aus der Surselva zurückzog, löste sich unterm Piz Grisch ein halber Berg mit gut 15 km^3 Geschiebematerial und verlegte dem jungen Rhein auf einer Länge von rund 16 km den Weg.

Der riesige Bergsturz füllte eine Fläche von 52 km^2. Würde man das Material auf die ganze Schweiz verteilen, wäre die Schicht immer noch gut 30 cm hoch. Oberhalb der Riesenmure bildete sich im Bereich vom heutigen Ilanz ein riesiger Stausee, der sich erst in dem Maße wieder auflöste, in dem es dem jungen Rhein gelang, die Schuttmure zu durchnagen.

Heute präsentiert sich die Murenschlucht als ein großartiges Naturschauspiel mit eindrucksvollen Geröllhängen. Erleben läßt sich die ganze Wildheit am leichtesten durch eine Fahrt mit der Oberalpbahn, denn den Bau einer Straße hat der wilde Vorderrhein bis heute in der engen Schlucht verhindert.

Der Hinterrhein

Was für den Vorderrhein der Badus, das ist für den Hinterrhein das 3402 m hohe Rheinwaldhorn. An seinen Osthängen sammelt sich bis zur 1953 m hoch gelegenen Zapporthütte ein kleiner Bach, den in der wenig unterhalb gelegenen Ebene das Schweizer Militär mit scharfen Schüssen von Artillerie und Infanterie gebührend in Empfang nimmt. Nach soviel Begrüßungstheater darf der junge Rheinzufluß gleich die erste Ortschaft mit seinem Namen taufen und danach den Talboden des Rheinwaldes beleben.

Das rund 25 km lange und schnurgerade Hochtal, das jahrtausendelang den Zugang zu den Paßstraßen über San Bernardino und Splügen ermöglichte, sollte Anfang der vierziger Jahre in einem riesigen Speicherbecken untergehen. Die Orte Splügen, Nufenen und Medels wären in den Fluten versunken, gleich fünf Kraftwerke wären in verschiedenen Stufen gebaut worden. Erst nach über sechsjährigem Kampf wurde das Projekt am 29.11.1946 endgültig vom Schweizer Bundesrat in Bern verworfen. Seither wurde lediglich oberhalb der Roflaschlucht der kleine Stausee Sufers in die Landschaft gefügt. Daß moderner Technik mit dem Großspeicher Val di Lei zu Füßen des 3023 m hohen Monte Mater inzwischen eine technisch sehr viel bessere Lösung als im Rheinwald gelungen ist, bestätigt im nachhinein die Richtigkeit des einstigen Kampfes.

Unterhalb des kleinen Stausees Sufers stürzt sich der Hinterrhein über 400 Höhenmeter durch die wilde Roflaschlucht. Welche Macht der Hinterrhein hier einst hatte, ist an gewaltigen, vom Wasser verschliffenen Felsformationen abzulesen. Heute allerdings plätschert hier nur noch, was die Kraftwerkbetreiber gnädigerweise nicht auf ihre Turbinen leiten. Den besten Eindruck von der Schlucht vermittelt der beim Hotel Roflaschlucht abzweigende Weg, der sogar zu einem Tunnel unter dem Hinterrhein führt.

Unmittelbar unter der Roflaschlucht bekommt der Hinterrhein aus dem Val Ferrera Verstärkung. Der hier mündende Averser Rhein bringt dazu noch den Reno di Lei, den Madriser Rhein und den Jufer Rhein mit. Alle vier Quellflüsse entspringen hoch oben an den Nordhängen der Bergeller Berge. Der Jufer Rhein darf sogar für sich in Anspruch nehmen, oberhalb der höchsten, ganzjährig bewohnten Siedlung der Alpen zu entspringen. Immerhin 2133 m hoch liegt das Dörfchen Juf, von dem aus geübte Wanderer über den Septimerpaß der Römer ins Engadin oder hinunter ins Bergell gehen können.

An den Hängen des 2928 m hohen Badus verraten die verschiedenen kleinen Bäche noch nichts davon, daß daraus der Vorderrhein und später ein europäischer Strom wächst.

Zwischen Andeer und Zillis darf der Hinterrhein vor der eigentlichen Bewährungsprobe in der Via Mala noch einmal verschnaufen. Die Schlucht mit der seltsamen Bezeichnung (Via mala = böser Weg) verdankt ihren Namen den Schwierigkeiten, die sie im Mittelalter dem zum San Bernardino und zum Splügen strebenden Verkehr bereitete. Immerhin bis zu 600 m tief ist die Schlucht, die der Hinterrhein zwischen Domleschg und Schams in die Felsen gegraben hat.

Weil kaum jemand den „bösen Weg" durch die Schlucht ohne fremde Hilfe bewältigen konnte, übernahmen „Porten" (von portare = tragen) den Warentransport. Diese Fuhrmannszünfte waren nicht nur streng organisiert, sie waren auch verantwortlich für den Bau und den Unterhalt der Straßen. So machten sich etwa die Porten von Thusis zusammen mit den Rheinwaldern, Schamsern und Misoxern 1471 an den Bau eines mit Wagen befahrbaren Weges durch die Via Mala. 1738 verbesserten die Brüder Wildener aus Davos die Route durch den Bau von zwei „schwindelerregenden" Brükken über die Schlucht. Bis 1823 schließlich entstand die heutige Trasse, die allerdings nur noch vom lokalen Verkehr benutzt wird. Der Fernverkehr rollt längst durch die Tunnels der Autobahn. Wer dagegen die Schlucht erleben und von den Leistungen der Porten eine kleine Vorstellung gewinnen möchte, muß bei Rongellen auf die alte Straße abbiegen und mitten in die senkrechten, vom Hinterrhein gesägten Wände hineinfahren.

Eine letzte Stärkung gibt es für den Hinterrhein unterhalb der Via Mala mit der Mündung der Albula. Sie bringt von Davos das Landwasser und vom Juliapaß die wilde Julia mit. Alle drei zusammen entwässern die Nordseite der Albulaalpen und damit die Nordseite des Engadins. Die Julia kommt dabei sogar aus dem Bereich der europäischen Wasserscheide für gleich drei Meere. Am nördlich von Maloja gelegenen Piz Lunghin nämlich fließt das Wasser nordwärts in die Julia, den Rhein und in den Atlantik, ostwärts als Sela in den Silser See, verwandelt sich dort in den Inn und kommt durch die Donau ins Schwarze Meer, auf der Westseite rinnt es schließlich als Mera durch das Bergell in den Comer See und als Po ins Mittelmeer.

Die Nagearbeit des Vorderrheins und die Erosion haben in der Schlucht unterhalb von Flims Felsformationen entstehen lassen, die im Abendlicht magisch zu leuchten beginnen.

Der Alpenrhein

Bei Reichenau, rund 10 km südwestlich von Chur, treffen Vorderrhein und Hinterrhein so direkt aufeinander, als wollten sie gegeneinanderfließen. Zusammen wenden sie sich dann strudelnd und im rechten Winkel nach Osten und fließen schließlich friedlich als Alpenrhein gegen die uralte Hauptstadt Graubündens. Weil die zweite Geburtsstätte des Rheins ein verkehrsreicher Platz ist, gibt es zahlreiche Brücken, von denen aus das Schauspiel des Zusammenflusses unter unterschiedlichen Lichtverhältnissen und Blickwinkeln erlebt werden kann. Augenfällig wird hier auch, daß nun die Quellflüsse ihre Aufgabe erfüllt haben – schlagartig wird die Kraft des großen Stromes spürbar.

Genau diese Kraft war es, die über Jahrtausende hinweg das Tal des Alpenrheines zwischen Chur und dem Bodensee zu einem höchst gefährlichen Wildwasserbett machte. Der zurückweichende Rheingletscher hatte am Ende der Eiszeit eine Mondlandschaft aus Schutt und Kies hinterlassen. Der Bodensee reichte bis auf die Höhe von Liechtenstein, und die Schmelzwasser des Gletschers flossen durch den Walensee und den Zürichsee in die heutige Aare. Erst als sich die Wasserscheide bei Mels/Sargans herausbildete, fand der Alpenrhein sein endgültiges Bett und lieferte damit auch dem Bodensee die Kraft, mit seinem Überlauf im Nordwesten einen Anschluß zum alten Bett bei der Aaremündung einzutiefen.

Die riesige Murenschlucht des Vorderrheins läßt sich in ihrer eindrucksvollen Wildheit am leichtesten durch eine Fahrt mit der Oberalpbahn erleben. Den Bau einer Straße nämlich hat der wilde Vorderrhein bis heute verhindert.

Schon die Römer klagten über die unberechenbare Wildheit des Alpenrheins. Ihre Straße durch das Tal legten sie deshalb möglichst weit ab vom Fluß an die seitlichen Talhänge. Nicht so einfach hatten es da die Bewohner: die Talhänge waren schwer nutzbar, der Talboden aber immer gefährdet durch neue Überschwemmungen, Vermurungen und durch Verlagerungen des Flußbettes.

Seit die Menschen im Mittelalter wieder schreiben lernten, ist von der „Rheinnot" die Rede, wird von handfesten Katastrophen berichtet. Immer wieder vermurte der Fluß das gesamte Tal mit Sand und Geröll und sorgte damit dafür, daß das Flußbett selbst immer höher stieg, dafür aber bei nächster Gelegenheit in die benachbarten tieferen Regionen ausbrach. Eine permanente Veränderung des Flußlaufs war die zwangsweise Folge. Noch Mitte des 19. Jh. lag der Rheinpegel auf der Höhe von Buchs gut 3 m über dem eigentlichen Talniveau. Bei Hochwasser standen die Häuser deshalb schlagartig bis zu den Dächern im Wasser.

In der zweiten Hälfte des 19. Jh. wurden daher die Bemühungen zur Zähmung der reißenden Fluten stetig intensiver. Zunächst allerdings bastelten Österreich und die Schweiz mit Einzelversuchen vor sich hin. Erst die katastrophalen Überschwemmungen von 1868, 1869 und 1871 brachten die beiden Anliegerstaaten an einen Tisch, doch sollte es bis 1892 dauern, bis sich beide Uferstaaten wirklich zu gemeinsamem Vorgehen per Staatsvertrag einigen konnten. Innerhalb der folgenden 30 Jahre wurde nun der Alpenrhein kanalisiert, um zehn km verkürzt und sein Gefälle verstärkt, um die gefährliche Ablagerung des Geschiebes zu verhindern.

Geschlagen aber gab sich der Alpenrhein noch keineswegs. Im Herbst 1927 waren die Fluten erneut stärker als die Dämme und richteten vor allem im Fürstentum Liechtenstein große Schäden an. Selbst die Erhöhung der Dämme um bis zu 2 m brachte keine dauerhafte Lösung, denn das Flußbett stieg auch weiterhin an. Bis 1971 wurde deshalb die Rheinsohle um knapp 4,5 m durch Ausbaggern abgesenkt. Gleichzeitig wurde das Flußbett an verschiedenen Stellen eingeengt, um die Fließgeschwindigkeit zu erhöhen und so die Ablagerungsmöglichkeit von Geschiebe zu verringern. All das hat den Alpenrhein zwar sicherer gemacht, endgültig gelöst aber ist das Problem noch keineswegs. Nach wie vor wächst das Flußbett, wenn auch langsamer, in die Höhe, nach wie vor bringen Ausbaggerungen Grundwassersenkungen und damit weitere Gefahren für das gestörte ökologische Gleichgewicht.

Der kleine Stausee Sufers am Fuß des Splügenpasses fügt sich malerisch in die großzügige Weite der Hochgebirgslandschaft.

Eine mögliche Lösung des Dilemmas könnte in der Kombination an sich gegensätzlicher Ziele liegen: wo heute der Alpenrhein in schnurgerader Kanalrinne nutzlos fließt, könnten kleinere Staustufen zur Nutzung der Wasserkraft eingebaut werden. Mit ihnen könnte die starre Rinne gelockert werden und gleichzeitig der Grundwasserpegel für das gesamte Alpenrheintal besser gesteuert werden. Ob und wann es dazu allerdings kommt, steht noch in den Sternen.

Das Delta des Alpenrheins

Die heikelsten Stellen im Unterlauf des Alpenrheins waren die östliche Umrundung bei Diepoldsau und der Westschwenk bei St. Margrethen. Wie das ursprünglich aussah, ist noch gut am Verlauf der österreichisch-schweizerischen Grenze abzulesen. An beiden Stellen verlangsamte sich die Fließgeschwindigkeit und lagerte sich Geschiebe ab. Um hier Abhilfe zu schaffen, wurde die Diepoldsauer Schlinge abgeschnitten und dem Alpenrhein ein direkter Zugang zur Bregenzer Bucht bei Hard gegraben. Da die alte Rheinmündung bei Altenrhein nicht zugeschüttet wurde, mündet der Alpenrhein mit zwei Armen in den Bodensee und bildet damit zwischen Rohrspitz und Rheinspitz das größte Süßwasserdelta Europas.

Jährlich wächst der Fluß um 23 m in den See hinein, gut 3,3 ha neues Land entstehen Jahr für Jahr. Wo jährlich knapp 600 000 m^3 Geschiebe vom Rhein angetragen werden, hat sich ein weites, ebenes Schwemmland gebildet, das je nach Jahreszeit durchaus an den Neusiedler See oder die Rhonemündung erinnert. Ein natürlicher Schilfgürtel mit eingestreuten Pfeifengraswiesen und Großseggenrasen hat sich zu einem Vogelparadies von überregionaler Bedeutung entwickelt. Von den rund 450 in Europa lebenden Vogelarten konnten allein in diesem Delta 312 nachgewiesen werden. Über 200 Arten brüten hier. Zu finden sind so Raritäten wie der Purpurreiher oder die Zwergdommel, die Sturmmöwen oder die Bekassinen. Selbst der extrem seltene Rohrschwirl ist anzutreffen.

Auch als Relaisstation im jährlichen großen Vogelzug hat das Rheindelta seinen festen Platz. Es trifft sich hervorragend, daß in beiden Jahreszeiten der dann niedrige Seespiegel weite Schlickflächen freigibt und damit den durchziehenden Vögeln einen idealen Freß- und Ruheplatz bietet. Tausend Kiebitze oder gleichviele Alpenstrandläufer auf einmal sind dann keine Seltenheit.

Das breite Tal des Alpenrheins läßt sich von den Bergen Liechtensteins aus besonders gut überblicken. Hier schweift der Blick vom Fürstensteig über das Rheintal hinüber zum Säntismassiv.

Von Kelten, Römern und Alemannen

Am Alpenrhein und seinen Quellflüssen saßen im ersten Jahrtausend v. Chr. die Räter, enge Verwandte der oberitalienischen Etrusker. Etwa um 400 v. Chr. drangen von Norden her die Kelten in das Gebiet der Räter ein und vermischten sich mit ihnen. Dabei gingen im Lauf der Zeit auch keltische Sprachelemente in die Sprache der Räter ein.

Um 15 v. Chr. gelang es den Römern, in einer Zangenbewegung von West und Ost her, in den rätischen Alpenraum vorzudringen. Zur Konsolidierung ihrer Eroberung gründeten sie die Provinz Raetia, deren Westgrenze am Gotthard und deren Ostgrenze bei Innsbruck lag. Im Süden reichte die neue Provinz bis hinunter ins Veltlin, im Norden bis hinauf zum Limes. Die römischen Besatzer sprachen Vulgärlatein, das nach und nach zur dritten Komponente in der Sprache der Räter wurde. Aus der Vermischung rätisch-keltischer und vulgärlateinischer Idiome entwickelte sich so das bis heute an Vorder- und Hinterrhein erhaltene Rätoromanisch.

Am Alpenrhein wird heute Deutsch gesprochen, weil bereits im 3. Jh. n. Chr. die Alemannen von Norden her in die Provinz Raetia einfielen. Zur besseren Verteidigung teilten die Römer deshalb die Provinz in Raetia Prima (Südteil bis zum Bodensee) und Raetia Secunda (Nordteil um Augsburg) auf. Natürliches Zentrum der Raetia Prima wurde Curia Raetorum, das spätere Churrätien und das heutige Chur.

Keltensiedlungen auf Inselbergen

Das alpine Quellgebiet des Rheins wurde schon in der Jungsteinzeit von Jägern durchstreift. In der Bronzezeit gab es feste Siedlungen auf meist deutlich herausragenden Kuppen, Schwemmkegeln oder Bergspornen. Die drei wichtigsten fanden sich bei Lumbrein im Lugnez (Cresaulta), bei Cazis (Cresta) und oberhalb von Chur (Tummihügel).

Die größte dieser rätisch-keltischen Siedlungen war die von Cresta bei Cazis am Hinterrhein. Sie bestand aus etwa 15 gleichzeitig bewohnten Häusern, die sich in eine breite Felsspalte am Grat des Hügels duckten und etwa 120 Menschen beherbergten. Die Häuser waren in Längsrichtung aufgereiht und jeweils etwa knapp 5 m lang und gut 3 m breit. Keines der Häuser war im Inneren unterteilt, doch hatte jedes in der Mitte eine Feuerstelle. Die Kontinuität der Besiedelung ist allein dadurch belegt, daß ihr Baugrund im Laufe der Jahrhunderte um gut 7 m in die Höhe gewachsen ist. Die wie Jahresringe gewachsenen Schichten lieferten den Archäologen ein klares Bild von den Fertigkeiten und Fähigkeiten der Räter und ihren technischen Fortschritten.

Die keltischen Räter waren keineswegs kulturlose Banausen. Sie verfügten über alle Errungenschaften der Hallstattzeit, Werkzeuge, Hausgeräte, Vorratsbehälter und Schmuck halten jeden Vergleich mit ostalpinen Funden von der gleichen Zeit aus. Den vielleicht besten Beweis dafür lieferte der Gutenberg bei Balzers im Fürstentum Liechtenstein.

Das dort ausgegrabene keltische Heiligtum lieferte eine ganze Serie von Weihegaben, die die hohe handwerkliche Fertigkeit ebenso belegen wie den künstlerischen Geschmack. Hirsch und Eber als heilige Tiere der Kelten sind ebenso vertreten wie unterschiedlichste Klapperbleche aus der hallstättischen Tradition. Verschiedenste menschliche Figuren bezeugen darüber hinaus die verschiedenen kulturellen Einflüsse, dem das Tal des Alpenrheins als Zugang zu den Bündner Pässen und damit zum Alpenübergang ausgesetzt war. Gefertigt wurden alle diese Funde zwischen dem 3. und dem 1. Jh. v. Chr.

Römerstädte am Alpenrhein

Mit dem Einzug der Römer erhielt Rätien eine völlig neue Bedeutung, denn nichts war nach der gelungenen Eroberung wichtiger als eine gesicherte Nachschublinie von Süden über die Alpen ins Tal des Alpenrheins. Wohl hatten schon die Kelten die Bündner Alpenübergänge genutzt, doch geschah dies nur auf Fußsteigen. Als Silius Nerva im Jahre 16 v. Chr. die Vennonetes im Oberen Alpenrheintal endgültig unterworfen hatte, hieß die von Kaiser Augustus als erste gestellte Aufgabe: Schaffung einer direkten Straße als Verbindung zwischen den Legionen in Oberitalien und denen am Rhein.

Die für einachsige Karren auszubauende Straße führte von Como über den Septimer und Julier nach Chur und vorbei am Walen- und Zürichsee nach Basel. Im späteren Ausbau wurde aus ihr die römische Variante am Paß der Räter. Nach und nach wurde sie konsequent verbessert. Auf dem Septimer entstand ein Hospiz, auf dem Julier weisen die Reste eines Paßheiligtumes darauf hin, daß hier ein geregelter Verkehr stattgefunden haben muß. Der

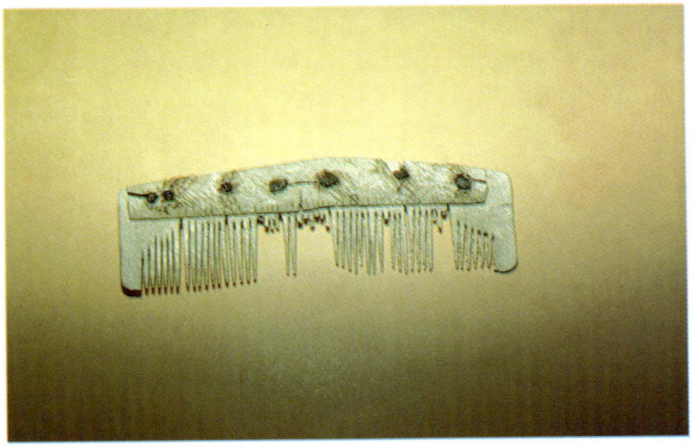

Welch handwerkliches Können keltische Räter und Römer beherrschten, belegen eindrucksvolle Exponate des Churer Rätischen Museums. Die Beispiele zeigen die Gußform für eine Axt, einen Knochenkamm, eine bemalte Schale, Glasgefäße, Schnurkeramik, Lavezgeschirr, Schnabelkannen und Brustbilder eines Königs.

Hauptverkehr wurde jedoch über den Septimer abgewickelt, wie das Itinerarium Antonini, das römische Kursbuch der Militär- und Poststraßen beweist. In ihm nämlich sind allein die Hauptstationen der Septimerroute namentlich genannt.

Zur Sicherung des Alpenübergangs entstand beim heutigen Chur ein großes und wahrscheinlich gut befestigtes Heerlager, aus dem während der 400-jährigen römischen Geschichte eine bedeutende Siedlung wurde. Als Hauptstadt der Provinz Raetia Prima erhielt Curia bereits gegen Ende des 3. Jh. das Römische Stadtrecht. Im Kastell der Römer sollte später der 451 erstmals genannte Churer Bischof seine Residenz einrichten.

Alemannischer Bischofsstaat

Mit den Römern war auch das Christentum nach Rätien gekommen. Spätestens 451 gab es in Chur einen eigenen Bischof, der auch die Machtübernahme durch die Alemannen überlebte. Im Jahre 493 wurde die Provinz Raetia Prima von den Ostgoten übernommen, im Jahre 536 kamen die Franken. Sie vor allem wußten die Vorteile bischöflicher Macht zu nutzen und gestalteten um Chur herum einen praktisch selbständigen Kirchenstaat, der nun auf den Namen Churrätien hörte. Er umfaßte neben dem heutigen Graubünden Teile der Ostschweiz und des österreichischen Vorarlbergs. Das Bistum geriet praktisch zum Bischofsstaat, in dem der Bischof bis ins 13. Jh. hinein das alleinige Sagen hatte.

Hintergrund seiner weltlichen Macht war nach wie vor der Alpenübergang, den der Bischof für die fränkischen Herren rund sieben Jahrhunderte sicherte. Zwar mußte der Bischof den Wegeunterhalt zahlen, dafür durfte er aber auch sämtliche Mauteinnahmen kassieren. Amtlich bestätigt wurde dies 962, als der Bischof von Chur von Otto dem Großen sämtliche Rechte und Pflichten am Septimer mit Brief und Siegel bestätigt bekam. Da der Bischof gleichzeitig Landesherr im Bergell und in Chiavenna war, konnte er inzwischen neben Septimer und Julier auch noch die Route über den Splügen kontrollieren.

Über mehrere Jahrhunderte wuchsen in der Folge der Reichtum und der Einfluß des Bistums Chur mit der Bedeutung der Pässe durch Rätien. Noch im Jahre 1359 ging von Kaiser Karl IV. ein Befehl an alle Reichsstädte, ausschließlich die churbischöfliche Straße zu benutzen. Damit verbunden war ein Verbot an alle weltlichen Herren im Bistum Chur, selber Straßen zu bauen und Zölle zu erheben. Noch einmal 28 Jahre später entstand dann im Auftrag des Churer Bischofs Johann von Singen in nur dreijähriger Bauzeit auf der Trasse der alten Römerstraße über den Septimer die erste mit zweiachsigen Wagen befahrbare Paßstraße aus dem Rheintal über die Bündner Berge hinunter ins Tessin.

Von Bischöfen, Klöstern und Burgen

Der Bischof von Chur war im Mittelalter sicher die stärkste, keineswegs aber die einzige Macht in Rätien. Zwar verwaltete er zur Zeit des Frankenreiches einen halbsouveränen Kirchenstaat und ab dem 10. Jh. im Rahmen des Deutschen Reiches einen bischöflichen Feudalstaat mit dem Recht der Lehensvergabe, doch lag genau darin der Keim seines späteren Machtschwundes. Dabei sah zunächst alles ganz harmlos aus: am Fuß des Lukmanierpasses wurden das Kloster Disentis, an der Walenseeroute das Kloster Pfäfers als klösterliche Lehensherrschaften gegründet. In erstaunlich kurzer Zeit wurden daraus jedoch eigenständige Herrschaftsbereiche, die sich nach und nach dem Einfluß des Bischofs zu entziehen verstanden.

Ähnliches geschah mit den verschiedenen, kleinen Adelsherrschaften. Die Freiherren von Vaz, Rhäzüns, Belmont, Sax-Misox, Werdenberg-Sargans und Matsch bauten ihre Burgen zunächst, um als verlängerter Arm des Bischofs zu wirken. Aber auch hier verselbständigte sich die Macht, die Herren wurden selbstbewußt und handelten bald nach eigenem Gutdünken. 1323 war es dann bereits so weit, daß Freiherr Donat von Vaz seinen Bischof bei Filisur im offenen Kampf schlug. Fortan sollten die Grafen von Werdenberg, Toggenburg und Montfort den Ton angeben.

Churrätischer Glücksfall

Mit der wachsenden Macht der Bischöfe von Chur wuchsen auch ihre Kirchenbauten. Spuren des ältesten Bauwerks gehen auf das 5. Jh. zurück, ein größeres wurde von Bischof Tello im 8. Jh. errichtet. Als die bischöfliche Macht im 12. Jh. ihren Höhepunkt erreichte, begann der Zisterzienserbischof Adalgott (1151–1160) mit dem Bau

der heutigen Kathedrale. Ihr Chor konnte 1178, der Kreuzaltar 1208 geweiht werden. Die Schlußweihe schließlich erfolgte 1272 unter Bischof Heinrich von Montfort.

Durch die lange Bauzeit ist die Kathedrale ein Paradebeispiel für einen Formenschatz, der von antikisierenden bis frühgotischen Elementen reicht. Besonders interessant sind denn auch die Skulpturen, die Einflüsse aus den verschiedensten Teilen Europas verraten. Die mit den höchsten Herrschaften auf vertrautem Fuße stehenden Bischöfe zogen die jeweiligen Meister ihres Faches in die Abgeschiedenheit der Berge. So ist es nicht weiter verwunderlich, daß die Säulenfiguren der Apostel den Fassadenskulpturen von Saint-Trophime in Arles nahestehen oder die Kapitelle des „Danielmeisters" an die Werke der Antelami-Werkstatt (Fidenza) erinnern.

Vom Danielmeister stammen die Kapitelle des Altarhauses und des Chores. Sie zeigen vier Karyatidenengel mit Ritter, die Heilige Familie mit Eva und die Anbetung der Könige. Eine andere Hand aus derselben Werkstatt schuf die Figurenkapitelle im Schiff, an den Arkaden und in der Gewölbezone. Schönstes Beispiel dieses Meisters ist der König Salomon im nördlichen Obergaden. Meisterstücke für sich sind die vier Apostelsäulen auf Löwenpostamenten und mit Karyatidenkapitellen. Ursprünglich gehörten sie zu einer Lettnerkanzel über dem Kreuzaltar.

Wie die Kathedrale einst ausgestattet war (und welche Höhe die Kunst des Bronzegusses damals erreicht hatte), davon zeugt ein Kreuzfuß im Dommuseum. Er entstand Ende des 11. Jh. und zeigt die vier Evangelisten, denen die vier Paradiesflüsse zugeordnet sind. Darüber steigt zwischen zwei Engeln Adam aus seinem Sarg. Weitere wertvolle Details aus der romanischen Kathedrale sind im Dommuseum zu entdecken.

Die Klosterstaaten Disentis und Pfäfers

Als der Churer Bischof Ursizinus um 750 über den Gräbern der hll. Sigisbert und Placidus ein Kloster in der „desertina" (= Disentis) gründete, versuchte er zwei Fliegen mit einer Klappe zu schlagen. Zum einen versuchte er, den Fehler seines Vorgängers zu sühnen, der die beiden hatte ermorden lassen, weil er eine alemannische Infiltration fürchtete. Zum anderen versuchte er mit dem

Der Bischof von Chur war jahrhundertelang ein überaus mächtiger Mann. Entsprechend kostbar geriet die Ausstattung seiner Kathedrale. Die beiden Beispiele zeigen das Engel- und Ritterkapitell (links oben) und die Figur des hl. Petrus in der Apostelsäule (rechts unten).

Das Kloster Disentis diente im Hochmittelalter der Kontrolle des Lukmanier- und Oberalppasses und entwickelte sich zu einem eigenen Klosterstaat. Die heutige Klosterkirche stammt aus der Barockzeit.

neuen Kloster, den Zugang zum Lukmanier- und Oberalppaß zu kontrollieren.

Erstes Bauwerk des jungen Klosters war die Peterskirche, eine kleine, rechteckige Kapelle mit nur einer Chorapsis. Bezeugt wurde dieses Kirchlein im Jahre 765 im sogenannten Testament von Bischof Tello. Besser belegt ist dann schon die zweite, dem hl. Martin geweihte Disentiser Kirche, von der noch heute eine Krypta, ein bienenkorbartiger Rundbau mit einem unechten Gewölbe aus geschichteten Horizontalplatten erhalten ist.

Interessant ist diese Reliquienkrypta wegen ihrer ganz speziellen Konstruktion. An der Ostseite der Rundzelle belegen die Reste einer Steinbank den Platz, wo ursprünglich die Reliquien aufgestellt waren. Darüber öffnete sich eine kleine fenestrella, durch die die Gläubigen die Heiligenreliquien sehen konnten. Um freche oder diebische Zugriffe zu verhindern, wurde das Fenster in einen über 2 m langen Kanal eingebaut, der eigenartigerweise weder auf der Achse des Kryptakerns lag, noch waagerecht war. Warum der Sichtkanal eine Steigung von 4 Grad aufwies, zeigte sich jeweils am 11. Juli, dem Fest der Gründungsheiligen. Dann nämlich schien die Sonne morgens zwischen 6 und 7 Uhr genau auf die Reliquien. Im Westen der Krypta schloß sich die merowingische Martinskirche an. Sie hatte einen rechteckigen Abschluß und zwei Zugänge.

Gegen Ende des 8. Jh. machte der wachsende Konvent bereits den Neubau der Kirche notwendig. Errichtet wurde er im heutigen Klosterhof, seine drei hufeisenförmigen Apsiden sind noch in den Grundmauern erhalten. Die alte Grabanlage kam bei diesem Neubau unter das Westende der neuen Kirche und wurde zu einer Art Ehrengrab, das durch einen Überbau in der Kirche sichtbar gemacht wurde. Die Kirche selbst dürfte um 800 fertiggestellt worden sein. Mit ihrem reichen Stuckschmuck war sie ein Symbol karolingischer Klosterblüte.

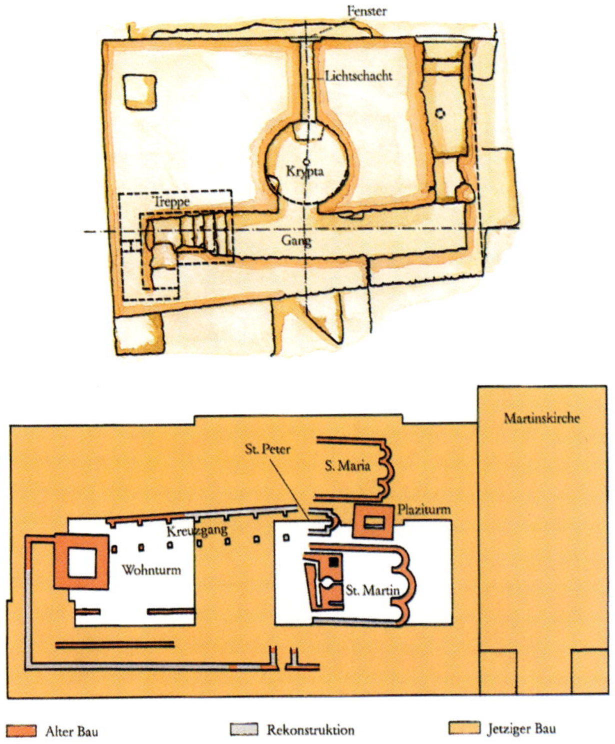

Der Plan des Klosters Disentis verrät ein wenig von der langen Baugeschichte, und wie geschickt die Reliquienkrypta angelegt war

Die wohl schönste karolingische Kirche in den Alpen ging beim Sarazeneneinfall um 940 unter. Um so wertvoller sind die Stuckfragmente und Mosaikreste, die aus den Apsiden der karolingischen Martinskirche geborgen werden konnten und eine gute Vorstellung von der ursprünglichen Pracht der Ausstattung vermitteln. Danach war der Boden mit Mosaiken aus grünlichen und grauen Specksteinwürfeln, aus weißen Steinchen und aus konzentrischen Scheiben gefertigt. Neben linearen gab es geometrische Muster aus kreisrunden, rechteckigen und konkaven Formen. Wie die Stukkaturreste im Disentiser Klostermuseum belegen, fanden sich architektonische, figürliche und ornamentale Fragmente. Daran erhaltene Farbreste belegen, daß die Kirche in schwarzen, grauen und gelben Tönen ausgemalt war.

Der zweite rätische Klosterstaat wurde ebenfalls um die Mitte des 8. Jh. gegründet. Das Kloster Pfäfers (beim heutigen Bad Ragaz) sollte den Alpenrhein und den Zugang zum Walensee kontrollieren. Obschon das Kloster eine Gründung des Churer Bischofs war, pflegten die Mönche doch bald enge Beziehungen zum fränkischen Hof und hatten so schnell mehr politischen Einfluß als den Churer Bischöfen lieb sein konnte. Vor allem wegen seiner politischen Bedeutung hatte das Kloster im Hochmittelalter eine nahezu autarke Position neben Churrätien. Leider verbrannte der gesamte alte Klosterbestand am 19. Oktober 1665 so vollständig, daß praktisch nichts erhalten wäre, gäbe es da nicht ein kleines Kirchlein am Hinterrhein oberhalb der Via Mala.

Das heutige Dorfkirchlein St. Martin in Zillis war in karolingischer Zeit eine „ecclesia plebeia“ und gehörte als Eigenkirche zum Kloster Pfäfers. Der Reichtum dieses Kirchleins in der Wildnis verrät überdeutlich, wie großzügig erst das Mutterkloster ausgestattet gewesen sein muß. Der eigentliche Schatz der Kirche, die älteste, figürlich bemalte und fast vollständig erhaltene Holzdecke der abendländischen Kunst, entstand immerhin bereits um 1160 und ist das Werk eines unbekannten Meisters, der wohl am Churer Hof gearbeitet haben dürfte.

Bildträger des Riesengemäldes ist eine Kassettendekke aus je 17 Holztafeln in der Länge und je neun in der Breite. Die insgesamt 153 Tafeln sind in einen tragenden und zugleich rahmenden Raster eingeschoben. Der Rah-

men selbst ist mit Holzdübeln am Dachstuhl aufgehängt. Jede Tafel ist aus drei bis vier, etwa 92 cm langen, rund 3 cm dicken und mit Dübeln und Leim verbundenen Lärchenbrettern gefügt. Sämtliche Bretter sind dafür mit dem Beil zugerichtet worden. Bemalt wurden die Tafeln vor dem Einbau, die Aufteilung der Motive stand also von vornherein fest.

Das eigentlich Faszinierende an den 153 Deckenfeldern ist, daß sie das gesamte metaphysische Weltbild des Mittelalters wie in einem Brennglas zeigen. In ihm ist jeder Einzelheit des biblischen Stoffes der ihr angemessene Platz in strengen Ordnungsgesetzen zugewiesen. Äußerlicher Beleg dafür ist die von Augustinus entwickelte Zahlensymbolik. Neben ihr ist die Vorstellung

Im Dorfkirchlein St. Martin in Zillis ist die älteste, figürlich bemalte und fast vollständig erhaltene Holzdecke der abendländischen Kunst zu bewundern. Die Beispiele zeigen vier der insgesamt 153 erhaltenen Tafeln.

von der Gestalt der Erde das zweite bestimmende Element in der Deckensystematik. Seit Konstantin von Antiochien (6. Jh.) galt es als ausgemacht, daß die Erde eine flache Scheibe sei (die Kugelform galt als ketzerische Propaganda der Heiden). Im Kosmos „Topographia Christiana“ wurde daraus die viereckige Weltkarte, auf die sich noch im 12. Jh. die gesamte klösterliche Kartographie stützte.

Genau diese kartographische Weltordnung mit der von Wasser umgebenen Rechteckform des Landes ist in Zillis der Grund für die Tafelaufteilung in eine umlaufende Randzone und einen inneren Flächenbereich. Die 48 Rahmentafeln sind mit einem durchgehenden Wellenband verbunden und stellen die die Erdfläche umgebenden Ozeane dar. Sie sind von mißgestalteten Fabelwesen, von Zwittern mit Drachen- und Fischschwänzen bevölkert, die allesamt amphibischen Charakter haben. Sie alle sind vorzügliche Beispiele dafür, wie sich die Phantasie der romanischen Menschen Dämonisches und Unerlöstes als Schreckensgestalten hinter dem menschlichen Horizont vorstellte.

Der innere, die heile Welt symbolisierende Zyklus besteht aus den verbleibenden 105 Tafeln mit einer durchgehenden Bilderzählung des Lebens Christi. Insgesamt erfüllt die Bilderdecke die augustinische Forderung mit dem Ausdrucksmittel der Romanik in einmaliger Weise: „Der Mensch als kleiner Teil Deiner Schöpfung, will Dich loben.“

Churrätische Burgenwelt

Zollburgen bauen und Zölle eintreiben konnte der Churer Bischof nur mit der Hilfe weltlicher Herren. Am Alpenrhein waren das um die Jahrtausendwende die Herren auf Burg Werdenberg, einem alten, von ihnen zur Burg ausgebauten, römischen Wachtturm an der Straße nach Buchs. Um 1200 waren diese Herren zwar ausgestorben, doch füllten die Grafen von Bregenz die Lücke schnell und gut mit großem Einfluß. Ihr Graf Haug verlegte als Hugo I. und Herr von Feldkirch, Werdenberg, Sargans, Bregenz und dem gesamten Rheintal seinen Stammsitz nach Werdenberg und wurde damit zum Stammvater der Familien Montfort und Werdenberg. Von seinen drei Söhnen wurde Heinrich I. von Montfort Bischof von Chur. Er vollendete den damals begonnenen Dombau, kaufte die Burg Aspermont und baute das Schloß Fürstenau im Domleschg. Sein Bruder Rudolf erhielt das Land links des Rheins (Werdenberg) und Bruder Hugo II. die rechtsrheinische Seite (Montfort).

Weil man es auf Werdenberg mit den Habsburgern hielt, die Montforter mit den Habsburgern dagegen in Fehde lagen, war in der Folge für genügend Abwechslung gesorgt. Als 1288 der damalige Bischof von Chur, ein Graf Montfort, in werdenbergisches Gebiet einfiel, überrumpelte ihn z.B. Hugo der Einäugige von Werdenberg bei Balzers und führte ihn als Gefangenen auf Schloß Werdenberg. Als der Bischof nach einjähriger

Unterhalb der wilden Schlucht der Via mala hat der Hinterrhein ein weites Plateau geschaffen, das sich heute als beliebte Ferienregion präsentiert.

Gefangenschaft über die Mauern von Werdenberg zu flüchten versuchte, riß das Seil und der Bischof stürzte zu Tode. Daß solches Ringen um die Vorherrschaft kein Einzelfall war, zeigt ein anderes Beispiel aus dem folgenden Jahrhundert, als 1392 wieder ein Graf von Werdenberg den Bischof von Chur, diesmal ein Graf aus dem Hause Werdenberg-Sargans, auf der Heimreise von Konstanz abfing und zwei Jahre auf der Festung Heiligenberg oberhalb von Meersburg gefangen hielt.

Wichtigstes adliges Machtzentrum war von Anfang an das Haus Werdenberg. Weil die Werdenberger sich früh auf die Seite Habsburgs schlugen, selbst mit den Waffen nicht zimperlich waren und auch beim Erben eine „glückliche Hand“ hatten, konnten sie im 14. Jh. eine erstaunliche Machtfülle im Bodenseeraum und am Alpenrhein auf sich vereinen. In ihrer Glanzzeit regierten sie vom Heiligenberg in Schwaben bis hinauf nach Disentis an der Ostrampe des Oberalppasses. Schon in der zweiten Hälfte des 14. Jh. jedoch ging es mit dieser Machtfülle genau so schnell wieder bergab. Bereits 1404 verloren die Werdenberger sogar ihre Stammburg und das Städtchen Werdenberg an die Österreicher. Mit Rudolf II. (gestorben 1421) und Hugo V. (gestorben 1428) starben die letzten Grafen von Werdenberg und mit ihnen das ruhmreiche Geschlecht.

Dem heutigen Besucher präsentiert sich Schloß Werdenberg nach umfassender Restaurierung, bei der der mittelalterliche Bestand aufs sorgfältigste gesichert wurde, wieder in altem Glanz. Der eindrucksvoll über Weiher und Rebhügel aufragende Bau entpuppt sich dem Besucher als ein im Grundriß fast quadratischer Gebäudekomplex, an dessen Südwestecke der wenig abgesetzte Bergfried aufragt. Zusammen mit der Ostfassade des Palas ist er durch polygonal ausgreifende Ringmauern abgeschirmt, die an der Südecke des Palas durch eine Quermauer in zwei Wehrabschnitte unterteilt sind.

Der Palas enthält im Unterbau nur einzelne Lichtschlitze, während die Obergeschosse, mit Ausnahme der kahlen Nordwestfront, reich mit Einzel-, Zwillings- und Staffelfenstern ausgestattet sind. Die Balkenlöcher unter dem obersten Wohngeschoß lassen den ehemaligen Wehrgang erahnen. Das steile Walmdach ruht auf dem spätmittelalterlichen Wehrgeschoß, das sich mit Zinnenkranz und rundbogigen Schußöffnungen verrät. Auch der aus roh zugehauenen Steinblöcken errichtete Bergfried trägt einen Zinnenkranz als Einfassung der alten Wehrplatte.

Im Inneren präsentieren der Rittersaal und das ehemalige Gerichtszimmer noch die 1695 eingebauten Felderdecken. In der Etage darüber gibt es Schlafkammern mit

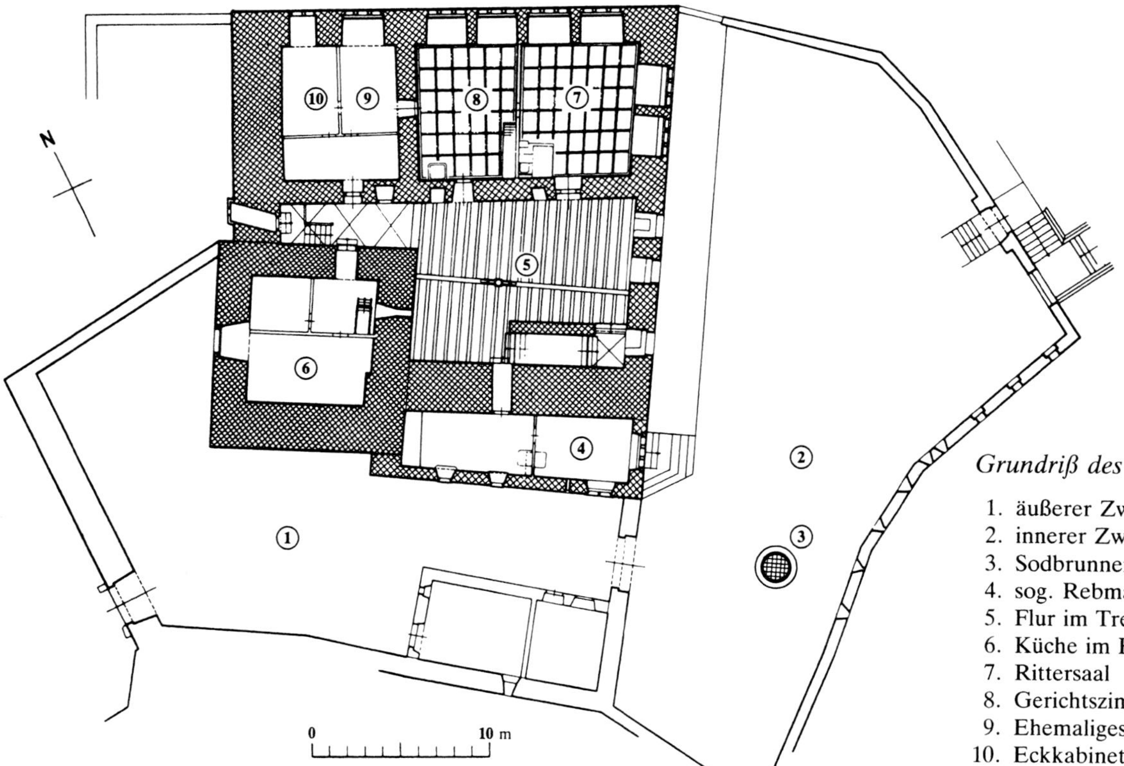

Grundriß des ersten Stockwerks:

1. äußerer Zwinger
2. innerer Zwinger
3. Sodbrunnen
4. sog. Rebmannswohnung
5. Flur im Treppenhaus
6. Küche im Bergfried
7. Rittersaal
8. Gerichtszimmer
9. Ehemaliges Archiv
10. Eckkabinett

Wichtigstes adeliges Machtzentrum am Alpenrhein war von Anfang an das Haus Werdenberg. In ihrer Glanzzeit regierten die Werdenberger Grafen vom Heiligenberg in Schwaben bis hinauf nach Disentis an der Ostrampe des Oberalppasses.

spätbarocken Kachelöfen. Noch einmal eine Treppe höher landet der Besucher im Dachboden der ehemaligen Kornschütte, wo sich heute das Rheinmuseum befindet. Hier diente im Mittelalter die Mauerkrone als Wehrgang mit Zinnen und größeren Bogenöffnungen zum Aufstellen der Geschütze. Der Dachstuhl selbst ist ein imposantes Balkenwerk, das durch Sprengwerke so raffiniert gestaltet wurde, daß auf Zwischenstützen weitgehend verzichtet werden konnte. Durch die ehemalige Waffenkammer gelangt man auf die Wehrplatte des Bergfrieds, von wo sich eine prächtige Aussicht auf das Tal des Alpenrheins bietet.

Gegenpol von Werdenberg war die Feldkircher Schattenburg der Herren von Montfort. Hugo I. von Montfort baute seine Stammburg an der engen Pforte des Ill-Tales um 1185, gründete das heutige Feldkirch und pflegte die Beziehungen zu den Churer Bischöfen. Mehrere von ihnen sollten später aus dem Hause Montfort kommen. Dies hinderte allerdings Rudolf IV. von Montfort nicht, Mitte des 14. Jh. aus der Schattenburg kurzerhand eine Raubritterburg zu machen und seine eigene Stadt zu überfallen. Die vornehmsten Bürger kamen ins Burgverlies, bis sie dem rabiaten Herrn alle seine Schulden gezahlt hatten.

Weitgehend zu ihrer heutigen Gestalt wuchs die Schattenburg, als ihr neuer Herr, Herzog Friedl „mit der leeren Tasche", 1415 unter die Reichsacht kam und deshalb Feldkirch und die Burg verpfänden mußte. Das Pfand erwarb 1417 Graf Friedrich von Toggenburg, der die Schattenburg bis 1423 zu seiner Residenz ausbauen ließ und die alten Mauern ein letztes Mal mit höfisch ritterlichem Leben füllte. Erst 1436 gelang es dem inzwischen wieder rehabilitierten Herzog Friedrich IV. von Österreich, Feldkirch und seine Burg für Österreich zurückzuerwerben. Kein Geringerer als Kaiser Maximilian I. war es schließlich, der von seinem Vogt, Hans von Königseck, zwischen 1490 und 1515 auf der Schattenburg die letzten Erweiterungsbauten vornehmen ließ. Heute ist in den alten Burgmauern ein Heimatmuseum untergebracht.

Weiter den Alpenrhein aufwärts häufen sich die alten Burgen. Sargans war schon zu Zeiten der Römer ein strategisch wichtiger Punkt mit eigenem Wachtturm. In der ersten Hälfte des 13. Jh. nisteten sich hier Werdenberger Abkömmlinge ein, die die kleine Burg als Raubritternest nutzten. Auf den Burgen Freudenberg, Brandis und Haldenstein saßen Ministeriale der Churer Bischöfe. Burg Ortenstein im Domleschg war die Stammburg der Freiherren von Vaz, jener Herren also, die dem Bischof von Chur in offener Schlacht die Stirn boten. Sie errichteten auch um 1250 den noch heute in der Burg erhaltenen Zentralturm.

Die bedeutendste dieser Bündner Burgen jedoch war Schloß Rhäzüns hoch über den Mäandern des Hinterrheins und im hohen Mittelalter Stammsitz des mächtigen Geschlechtes der Herren von Rhäzüns. Gut 1000 Jahre alt ist die Urkunde, mit der Kaiser Otto I. im Jahre 960 dem Churer Bischof Hartberg die Kirche in Castello Razunnes übergab. Damit ist gleichzeitig bestätigt, daß es im Bereich des heutigen Schlosses Rhäzüns schon damals eine Burg gab, und daß das seiner Fresken wegen weltberühmte Kirchlein St. Georg von Anfang an zur Befestigungsanlage über dem Hinterrhein gehörte.

Erste Herren von Rhäzüns waren Ministeriale der Churer Bischöfe, die es verstanden, aus ihrem Lehen nach und nach vererbbares Eigentum zu machen. Schon 1139 ist der erste Rhäzünser namentlich als Arnoldus de Ruzunne belegt, 1204 ist von den „Herren von Rhäzüns" die Rede und 1277 gelten sie als Freiherren. Wenig später schafften sie den Sprung zum Titel „Brun", dem rätoromanischen Ausdruck für Baron. Ihr erster Brun, Heinrich III., gründete Ende des 13. Jh. das heutige Schloß.

Das 14. Jh. nutzten die Rhäzünser zur stetigen Erweiterung ihrer Macht und ihres Besitzes. Dies wiederum rief den Bischof von Chur auf den Plan, dem die Rhäzünser langsam zu mächtig wurden. Weil sich Freiherr Ulrich II. von Rhäzüns nicht dem Bischof beugen wollte, keiner der beiden Gegenspieler aber den anderen ausschalten konnte, brach 1387 für knapp ein Vierteljahrhundert die Rhäzünser Fehde aus. Bei wem dabei die Sympathien der Bevölkerung lagen, läßt sich aus dem 1395 in Ilanz geschlossenen „Ewigen Bündnis" ablesen, das Ulrich II. von Rhäzüns mit Albrecht von Sax, den Talleuten aus dem Lugnez und der Gemeinde Disentis schloß. Pikanterweise schloß sich der Abt des Klosters Disentis diesem Bündnis an und stellte sich damit gegen den Bischof von Chur. Daß daraus 1424 der Graue Bund und damit der Kern des heutigen Kantons Graubünden entstand, sei nur am Rande vermerkt.

Ähnlich wechselvoll wie die Geschichte der Herrschaft Rhäzüns ist auch die Baugeschichte der Burg und des späteren Schlosses. Die heutige, langgestreckte Anlage im Dreieck über dem Steilufer des Hinterrheins läßt vor allem einen mittelalterlichen Bergfried vermissen. Ihn hatte es sehr wohl auf der äußersten Felsspitze gegeben, doch war der Untergrund auf die Dauer nicht tragfähig genug. Interessanter ist es da, das auf einem Waldhügel neben dem Schloß versteckte Georgskirchlein zu besuchen. Es ist das wohl reichste Beispiel eines vollständig ausgemalten, mittelalterlichen Kirchenraumes in der

Schweiz, hat Grundmauern aus karolingischer Zeit und wurde der Legende nach deshalb gegründet, weil der hl. Georg sich von hier mit einem Riesensatz über den Rhein vor seinen heidnischen Verfolgern gerettet haben soll.

Das heutige Kirchlein besteht aus einem flachgedeckten, romanischen Schiff und einem mit einem Kreuzrippengewölbe ausgestatteten, rechteckigen Chor aus dem frühen 14. Jh. Die Ausmalung im Chor, am Chorbogen und an Teilen der Schiffsnordwand schuf um 1350 der „Waltenburger Meister", die restliche an den Schiffswänden ist um einige Jahre jünger und ein Werk des „Rhäzünser Meisters".

Hauptthema des Waltenburgers ist die Georgslegende. Mit ihr füllte er die gesamte Chorbogenwand und den oberen Streifen der Nordwand des Schiffes. Auf den ersten Blick am eindrucksvollsten ist die langgezogene Darstellung des Kampfes mit dem Drachen auf der Nordwand. Beim näheren Hinsehen interessanter jedoch sind die zahlreichen, auf drei Streifen ineinanderübergehenden Einzelszenen aus der Georgslegende, weil es in ihnen so drastisch realistisch zugeht.

Auf der linken Seite oben wird die Königin Alexandria an den Haaren aufgehängt und enthauptet. Der für sie bittende Georg schmort in einem Kessel mit siedendem Brei, ohne daß dies den Heiligen zu stören scheint. Im Streifen darunter läßt der Zauberer Athanasius einen Dämon aus einem platzenden Stier steigen. Daneben wird der Heilige gerädert und darunter aufgehängt. Zur Dokumentation der „heilen" Seite läßt Georg aus dem Haus der barmherzigen Witwe Zweige sprießen, und im untersten Streifen schließlich segnet der Heilige das verkrüppelte Kind der Witwe.

Im kleinen Georgskirchlein von Rhäzüns hat der Waltensburger Meister um 1350 die Nordwand des Schiffes mit Einzelszenen aus der Georgslegende bemalt. Das Beispiel zeigt, wie der Heilige aufgehängt und gehäutet wird.

Im Freistaat der Drei Bünde

Die nahezu absolute Macht des Churer Bischofs über die Zugänge aus dem Rheintal zu den Bündner Alpenpässen weckte immer wieder Begehrlichkeiten von verschiedenen Seiten. Vor allem die Habsburger versuchten mehr und mehr, Einfluß auf den Bischof zu gewinnen und das Bistum selbst ihrem österreichischen Territorialstaat einzuverleiben. Zum einen sollte dadurch die Kontrolle über die Alpenübergänge gewonnen, und zum anderen verlorene eidgenössische Territorien zurückgewonnen werden.

Um die Habsburger Versuche zurückzudrängen und die Autarkie von Churrätien zu erhalten, wurde 1367 der Gotteshausbund gegründet. Er umfaßte das Churer Domkapitel, die Stadt Chur und die Gemeinden der Umgebung. Die Mitglieder versprachen sich gegenseitige Hilfe „mit Rat, Leib und Gut". Sie verlangten und erreichten Mitspracherecht in der weltlichen Regierung des Bischofsstaates und zwangen den Bischof, seine weltliche Macht einem von ihnen eingesetzten Vogt zu übertragen. Spätestens Ende des 14. Jh. erreichte der Gotteshausbund die Befreiung von der keineswegs gnädigen bischöflichen Herrschaft.

Etwa zur selben Zeit herrschten im Vorder- und Hinterrheintal Willkür und Faustrecht. Zwar gab es in den einzelnen Talschaften bereits eigene Gerichtsgemeinden, doch konnten sie sich gegen die überregionalen Dynastien noch keineswegs durchsetzen. Deshalb schlossen sich Ende des 14. Jh. die regionalen Territorialherren, nämlich der Abt Johann von Disentis, der Freiherr Ulrich Brun von Rhäzüns und der Freiherr Albrecht von Sax-Misox zum „Part Sura" zusammen. Dieser „Obere Teil" war Vorläufer des „Grauen Bundes", der 1424 in Truns im Vorderrheintal beschworen wurde. Seinen Namen erhielt er von den „Grauen Puren", den grauen Bauern, die ihren Namen wiederum von dem aus der Wolle weißer und schwarzer Schafe gewebten grauen Loden erhalten hat-

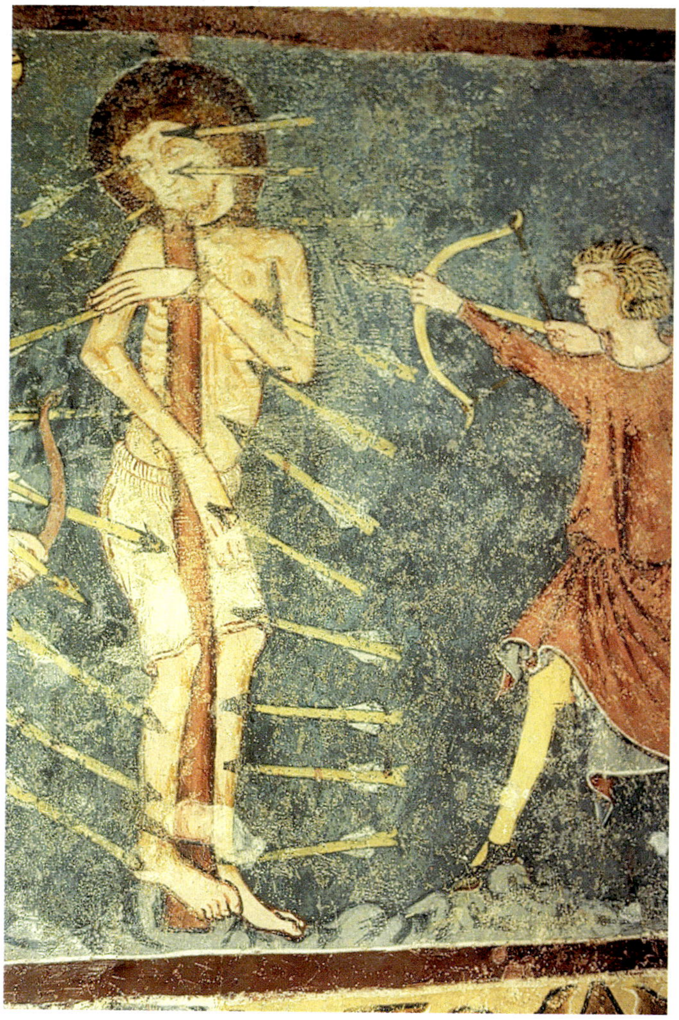

Das Hauptwerk des Waltensburger Meisters findet sich in der Dorfkirche von Waltensburg hoch über dem Vorderrhein. Hier schuf der Meister um 1340 im Stil der oberrheinischen

ten. Sie gaben letztendlich dem heutigen Graubünden seinen Namen.

Als Dritter im Bunde kam 1436 der Zehngerichtebund als Zusammenschluß der Gerichtsgemeinden um Davos und Klosters dazu. Auch sie gelobten, einander mit Leib und Gut beizustehen und legten Rechtswege und Gerichtsbesetzungen im einzelnen fest. Bis 1471 sollte es dann nur noch dauern, bis sich diese drei Bünde zum Freistaat der „Dryen Pündt“ zusammenschlossen. Geschehen ist dies im kleinen Weiler Vazerol an der uralten Heidstraße über dem trutzig blickenden Tiefencastel und über der wildschäumenden Albula. Damit war es den Bündnern gelungen, die politische Macht des Feudalismus zu überwinden. Die rätischen Bauern hatten sich als Mitglieder der Bündnisse den Landfrieden erkämpft und die Staatsgewalt erobert. Seine Verfassung erhielt dieser erste bündnerische Freistaat mit dem 1524 formulierten Bundesbrief.

Natürlich stoppte alleine die Existenz des neuen Freistaates die Begehrlichkeiten Österreichs keineswegs. Die Habsburger versuchten im Gegenteil alles, ihren Einfluß auf Graubünden auszuweiten, um das Rheintal und die Alpenübergänge kontrollieren zu können. Im März 1499 versuchte deshalb Kaiser Maximilian mit 8000 Tirolern den Zugriff übers Unterengadin. In der berühmt-berüchtigten Schlacht an der Calven gewannen die Bündner nicht nur ihren Nationalhelden Benedikt Fontana sondern auch den Sieg über den Kaiser. Auch ein zweiter Versuch noch im selben Jahr, bei dem der Graf von Sonnenberg mit 12000 Mann bis Livigno vorstieß, konnte abgewehrt werden.

Die folgenden drei Jahrhunderte brachten eine wechselvolle Geschichte mit zahlreichen Bedrohungen, Plünderungen und Hungersnöten. Sie alle aber konnten letztlich den Bestand des Freistaates Rätien nicht brechen. Erst im Juli 1800 wurde der Freistaat durch den Waffenstillstand zwischen Österreich und Frankreich in eine österreichische, eine französische und eine neutrale Zone aufgeteilt. Ein Jahr später sorgte ein Dekret Napoleons für die Beendigung dieses unmöglichen Schwebezustandes und für die Eingliederung Bündens in die Eidgenossenschaft. Am 20.3.1803 schließlich wurde aus dem Freistaat Rätien endgültig der neue schweizerische Kanton Graubünden.

Frühgotik eine eindrucksvolle Passionsgeschichte. Das Beispiel innen links zeigt das Martyrium des hl. Sebastian, das Beispiel innen rechts die Grablegung Christi.

Am Vorderrhein

Lebendig wird Bündner Geschichte auf Schritt und Tritt, wenn man das Vorderrheintal hinausfährt. In Disentis dominiert das gewaltige Kloster St. Martin wie eh und je das Tal. Nichts mehr ist zu spüren von den Plünderungen der Franzosen im Jahre 1799 oder von der gewaltigen Feuersbrunst im Jahre 1846. Über den mittelalterlichen Vorgängerbauten erhebt sich der großartige, 1712 fertiggestellte Neubau der Klosterkirche St. Martin. Er gilt als der schönste, barocke Sakralbau Graubündens und ist ein Werk der Vorarlberger Baumeister Caspar Moosbrugger und Franz Beer.

Die beiden Architekten errichteten eine eindrucksvolle, von toskanischen Pilastern gegliederte, zweitürmige Schaufassade. Das Innere der Kirche verrät mit eingezogenen Strebepfeilern und darüberliegenden Emporengängen die Vorarlberger Schule. Der von Wessobrunner Meistern geschaffene Stuck stammt aus der Bauzeit, die Gemälde in Chor und Schiff sind Werke des 20. Jh. Der frühbarocke Hochaltar wurde bereits 1656 von Johannes Selpelius gefertigt und stammt ursprünglich aus Bayern. Weitere neun Altäre aus dem 16. bis 18. Jh. bieten manche Kostbarkeit, vor allem der Michaelsaltar, der als Werk der Frührenaissance noch aus der Vorgängerkirche stammt und eine Stiftung von Sebastian von Castelberg von 1572 ist. Das schöne Régencechorgitter schließlich entstand in der ersten Hälfte des 18. Jh. nach dem Vorbild des Gitters in der Wallfahrtskirche des Klosters Maria Einsiedeln.

Ganz bestimmt von der Geschichte des Grauen Bundes ist das kleine Trun unter Tödi und Bifertenstock. Unterm Vorgänger des alten Ahorn neben der St. Annakapelle wurde unter Leitung des Abtes von Disentis der Graue Bund geschlossen und damit ein 27-jähriger Bürgerkrieg beendet. Erstmals hatten jetzt die Gemeinden das Übergewicht, erstmals gab es ein Bundesgericht. Es tagte in Trun im „Hof", dem ehemaligen Sitz der Bundesversammlung und Wohnung des Abtes von Disentis. Das 1674 bis 1679 erbaute Haus beherbergt heute ein Heimatmuseum mit einem Überblick über die Geschichte des Grauen Bundes. Besonderes Prunkstück ist die getäfelte Abtstube. Außerdem verdient auch noch die kleine Wallfahrtskirche St. Maria Licht einen Besuch. Ihr Chor und Vorchor stammen aus dem Jahre 1663 bis 1672, die Ausmalung von 1690.

Ein kunsthistorischer Schatz besonderer Güte findet sich im kleinen Weiler Waltensburg, wo um 1340 ein unbekannter Meister mit einem besonders einfühlsamen Pinsel arbeitete. Er dürfte ein Südtiroler gewesen sein, der am Wiener Hof der Habsburger gelernt hatte und von den Herren von Vaz nach Graubünden geholt worden war. Sein Werk in der Dorfkirche zeichnet sich durch eindeutige Charakteristika aus. So ist der Grund durchgehend blau, die Figuren tragen ockergelbe, rote oder olivgrüne Gewänder. Christus ist stets grau gekleidet. Die Szenen zeigen an der Nordwand eine eindrucksvolle Passionsgeschichte in zwei von horizontalen Ornamentsbändern gerahmten Streifen. Oben schließen sich einzelne Heilige, unten das Martyrium des hl. Sebastian an. Am Chorbogen sind Reste eines Apostelzyklus, auf dem Ostende der Südwand die hll. Konrad und Ambrosius erhalten.

Von einer zweiten Hand und rund 20 Jahre jünger sind die Fresken im Chor. Sie sind bereits ganz linear gehalten und können zum Weichen Stil gerechnet werden. Die Nord- und Südwand enthalten oben Apostel und weibliche Heilige, unten die Taufe Christi und die Gefangennahme des Täufers. Die von der Orgel sinnigerweise verdeckte Ostwand wäre mit der Enthauptung des Täufers, dem Gastmahl bei Herodes und der Verkündigung geschmückt. Die Innenseite des Chorbogens ziert das Jüngste Gericht, die Leibung ist mit weiblichen Heiligen gefüllt.

Ein völlig anderes Bild bietet sich in Obersachsen, auf der gegenüberliegenden Hochterrasse der südlichen Talseite. Hier siedelten im 12. Jh. aus dem Rhonetal eingewanderte Walser und gründeten die früheste Walsersiedlung Graubündens. „Gestrickte" Holzblockhäuser erinnern an die Zuwanderer.

In der Ebene des alten Rheinstausees erreicht man schließlich Ilanz, die erste Stadt am Rhein. Schon im 13. Jh. war Ilanz Stadt, hatte eine eigene Befestigung und war seit 1424 nach dem Zusammenschluß des Grauen Bundes Tagsatzungsort. Heute laden die winkligen Gassen zu einem Bummel vom Obertor zum Roten Tor, zur Casa Gronda, zur alten Pfarrkirche St. Martin mit ihren gut 500 Jahre alten Fresken und zur reformierten Pfarrkirche St. Margareten, in der 1526 die Disputation und der Übertritt zur Reformation erfolgte. In der Casa Carniec schließlich findet sich das sehenswerte „Museum Regional Surselva".

Am Hinterrhein

Der Hauptort am Hinterrhein ist das heute etwas verschlafen wirkende Thusis. Seine Lage am Nordende der Via Mala und über der Mündung der Albula hatte im Mittelalter für regen Verkehr gesorgt. Von hier aus ging es zu den Pässen Julier, San Bernardino und Splügen.

Hier hatte eine der wichtigsten Porten ihre Heimat, und hier arbeitete die für den Paßverkehr zuständige Suste. In ihr wurden die Waren für die Träger umgepackt, gewogen und der Zoll eingehoben. Schönster Bau des Dorfes ist seine spätgotische Kirche von 1506, ein Werk des Kärntner Baumeisters Andreas Bühler.

Wirklich interessant aber wird es, folgt man von Thusis aus dem Tal der Albula. Oberhalb ihrer Schinschlucht verstecken sich verschiedene kleine Dörfer mit teils sehenswerten Kirchen. Die schönste ist die 1680 fertiggestellte Lainer St. Luzienkirche. Sie birgt sorgfältig gearbeitete Stukkaturen des Misoxer Meisters Broggio und zwar etwas derbe aber eindrucksvolle Fresken. Darüber hinaus birgt die Kirche zwei kleine, aber sehr feine, spätgotische Flügelaltäre. Der eine stammt von 1509 und zeigt Maria und den hl. Luzius, der andere entstand 1520 und ist dem hl. Sebastian geweiht. Im Dorf selbst gibt es eine ganze Reihe wohl erhaltener Bauernhäuser aus dem 17. und 18. Jh.

Zu den faszinierendsten Kirchenbauten Graubündens zählt die einsam im Wald bei Mistail versteckte Kirche St. Peter. Sie stammt aus der zweiten Hälfte des 8. Jh. und ist die wohl älteste und zugleich besterhaltene, rätische Dreiapsidenkirche Graubündens. Die hoch und einsam im Bergwald über der Albulaschlucht gelegene Kirche gehörte ursprünglich zum 926 erstmals belegten Frauenkloster Wapitines, das bereits zwischen 1098 und 1150 aufgelöst wurde. Heute erinnert nur noch das rätoromanische Wort Mistail für das lateinische monasterium an dieses ehemalige Kloster. Nördlich und südlich der Kirche konnte die karolingische Klosteranlage durch Grabungen eindeutig nachgewiesen werden.

Das einsam über der Albula gelegene Kirchlein St. Peter in Mistail stammt aus der zweiten Hälfte des 8. Jh., ist die älteste rätische Dreiapsidenkirche Graubündens und gehörte ursprünglich zu einer karolingischen Klosteranlage.

Besonders interessant ist die Kirche vor allem deshalb, weil sie das älteste Beispiel dafür ist, wie sich im Zentralalpenraum aus den frühchristlichen Oratorien mit halbrundem Chorabschluß der Chor mit drei Apsiden entwickelte. In St. Peter sind sie hufeisenförmig, die mittlere ist deutlich breiter als die seitlichen. Eine vierte Apside konnte als nördlicher Anbau in den Grundmauern nachgewiesen werden. Turm und Sakristei kamen erst vor einer Neuweihe im Jahre 1397 hinzu. So erklären sich die Reste eines ursprünglichen Glockenjoches über den halbrunden, aus Granitplatten gelegten Kegeldächern der Apsiden ganz von selbst. Jede Apsis ist durch ein schmales, hoch angesetztes Rundbogenfensterchen belichtet.

Bei der jüngsten Restauration konnten im Schiff Fragmente der ursprünglichen, karolingischen Bemalung freigelegt werden. Hier sind vor allem die Reste eines Jüngsten Gerichtes an der Westwand interessant. Wesentlich jünger ist die Bemalung der Mittelapside. Sie dürfte vor 1397 entstanden sein und das Werk eines oberitalienischen Meisters sein. Die Kalotte enthält Christus mit den vier Evangelistensymbolen. Im Streifen darunter sind die zwölf Apostel, darunter der hl. Georg mit dem Drachen und Georg als junger Ritter dargestellt. Die Heiligen an der Nordwand des Schiffes entstanden in der Mitte des 15. Jh.

Wo die Wege zu Julier, Albulapaß und Septimer auseinandergehen, beherrscht Tiefencastel das Tal der Albula. Hier gab es auf dem Felskopf Plattas schon zur Bronzezeit eine Siedlung und Anfang des 9. Jh. einen Königshof zur Sicherung des Paßverkehres. Die Pfarrkirche St. Stefan ist ein 1652 vollendeter Neubau, zu dem Baumeister, Stukkateure und Maler aus dem Misox geholt worden waren. Entsprechend südländisch mutet denn auch die ganze Kirche an. Interessant ist das Chorgewölbe mit seinen vom Stuck geschaffenen Feldern. Sie sind ausnahmslos mit Einzelmotiven bemalt. Die gut gearbeitete Holzkanzel entstand um 1655, die lebensgroßen, eindrucksvollen Holzfiguren am Chorgestühl wurden um 1700 geschnitzt.

Die Via mala, die bis zu 600 m tief eingeschnittene Schlucht am Hinterrhein, wurde erst 1471 für den Verkehr mit Wagen erschlossen. Die noch heute bestehende Lokalstraße durch die Schlucht wurde sogar erst 1823 fertiggestellt.

Am Alpenrhein

Chur als Zentrum des mittelalterlichen Bischofsstaates wurde samt seiner Kathedrale bereits vorgestellt. Aufgrund des umfangreichen Verkehres zu den Bündner Alpenpässen wuchs neben dem Bischofssitz früh eine bürgerliche Siedlung, von der sich manch schönes Detail erhalten hat. Allem voran ist da die St. Luziuskirche im Osten der Kathedrale zu nennen. Sie liefert das beste Beispiel einer karolingischen Ringkrypta mit spätromanischem Hochchor.

Auch die St. Martinskirche geht auf karolingische Zeit zurück. Ähnlich wie die Kirche in Mistail hatte sie ursprünglich drei Apsiden aus der Zeit um 770. Der heutige Bau entstand in der Spätgotik als Werk des österreichischen Baumeisters Steffan Klains. Im Chor beeindruckt die Kirche mit einem Sterngewölbe von 1473, im Schiff mit einem Netzgewölbe von 1491. Die Reste des Chorgestühls wurden um 1490 gefertigt, die Holzkanzel wurde 1558 vollendet. Ab 1523 war die Kirche St. Martin der große Gegenpol der Kathedrale, verkündete von ihrer Kanzel doch Johannes Comander, ein Freund Zwinglis, die Reformation.

Nur einen Katzensprung von der St. Martinskirche entfernt steht das Rätische Museum, in dem in beispielhafter Weise die Geschichte Graubündens von prähistorischer Zeit bis ins 19. Jh. hinein dokumentiert ist. Wichtigster Bau der Altstadt ist das mächtige Rathaus an der Poststraße. Gebaut wurde es ab 1464 als Privathaus eines reichen Bürgers, vollendet wurde es dann 1494 bereits als Rathaus. Beeindruckend ist die Ratsstube mit ihrer dunklen Holzvertäfelung von 1583 und dem prächtigen Turmofen von 1632. Auch im Großen Ratssaal von 1494 steht ein besonders schöner Turmofen. In diesem Saal versammelten sich die Vertreter des Gotteshausbundes und des Bundestages der Drei Bünde. Im April 1803 konstituierte sich hier erstmals der Große Rat des neugeschaffenen Kantons Graubünden.

Reste der alten Stadtbefestigung aus der ersten Hälfte des 13. Jh. sind das Obertor im Südwesten sowie der Pulverturm an der Grabengasse. Die Altstadt selbst ist eine Fundgrube für interessante architektonische Details aus vielen Jahrhunderten. Liebevoll verzierte Erker, kunstvoll gestaltete Portale, bemalte Fensterumrandungen und phantasievoll gestaltete Brunnen warten hier auf Entdeckung.

Fährt man das Tal des Alpenrheins hinaus, reihen sich freundliche Dörfer mit jeweils kleinen Schlössern. Sie gehören mit ihren obst- und rebenreichen Berghängen zur sogenannten Bündner Herrschaft. Die Dörfer waren im Mittelalter Wegstationen an der Strecke nach Chur und gehörten später zum Gotteshausbund, in dessen Rahmen sie das Hochgericht der vier Dörfer bildeten.

Nach der Abzweigung der Walenseestraße wird der Alpenrhein zum Grenzfluß. Sein linkes Ufer bleibt schweizerisch, sein rechtes gehört nun zum Fürstentum Liechtenstein. Der gerade mal 25 km lange und durchschnittlich 6 km breite Zwergstaat schmiegt sich wie eine Mandel zwischen die Schweiz und Österreich und behauptet tapfer seine Souveränität im Rahmen einer demokratisch-konstitutionellen Monarchie.

Begründet wurde sie 1712, als Fürst Hans Adam Andreas von Liechtenstein die Grafschaft Vaduz kaufte und sie mit der Herrschaft Schellenberg vereinte. Weil die Liechtensteiner Herren aus dem Osten Österreichs kamen, waren bis nach dem Ersten Weltkrieg die Beziehungen zu Österreich besonders eng. Erst 1924 wurde der Zollvertrag mit der Schweiz und damit die engere Anbindung an den westlichen Nachbarn besiegelt. Seither gilt auch in Liechtenstein der Schweizer Franken als Währung, Zoll und Post werden ebenfalls von der Schweiz aus verwaltet, auch wenn die Liechtensteiner ihre eigenen Briefmarken verkaufen.

Wie ambivalent das Verhältnis der Liechtensteiner zu ihren beiden Nachbarn ist, drücken sie gern in einer Anekdote aus. Demnach schaut der eingesessene Liechtensteiner aus seinem Ostfenster nach Österreich, aus seinem Westfenster hinüber in die Schweiz und sucht dabei im Osten sein Herz und im Westen seine Geldtasche.

Residenz und Regierungssitz des Fürstentums Liechtenstein ist das Städtchen Vaduz am rechten Ufer des Alpenrheins. Wohnsitz der fürstlichen Familie ist das gut 100 Höhenmeter über dem Rheintal auf steilem Fels gelegene Schloß Vaduz. Es geht auf eine vor 1322 bestehende Burg der Herren von Montfort zurück. Diese Burg wechselte in rascher Folge ihren Besitzer, bis die Fürsten von Liechtenstein 1712 die Anlage kauften. Fürst Johann II. begann 1905 mit durchgreifenden Restaurierungsarbeiten, die bis 1912 abgeschlossen werden konnten. Seither dient das Schloß dem jeweiligen Fürsten als ständiger Wohn- und Regierungssitz.

Ältester Teil des Schlosses ist sein Bergfried, ein Wehrturm aus dem 12. Jh. Im ausgehenden Mittelalter kamen die beiden gewaltigen Rundbastionen an der Nordost- und der Südostecke dazu. Bauherr dieser Bastionen war Rudolf von Sulz, der damit einen kaiserlichen Auftrag zur Befestigung der Burg ausführte. 1531 wurde das nördliche, 1532 das südliche Rondell fertiggestellt.

Vor allem das Nordrondell beeindruckt mit seinen für damalige Verhältnisse gewaltigen Dimensionen. Immerhin beträgt sein Innendurchmesser knapp 20 m, zusammen mit der Mauerstärke von 5 m ergibt dies einen Gesamtdurchmesser von knapp 30 m. Erst in der Höhe des dritten Geschosses springt die Wandung um 1,60 m zurück, um einen ebenso breiten Laufgang zu ermöglichen. Die obere Brüstung ist dann immerhin auch noch stolze 2,80 m dick.

Während die gesamten Wohngebäude beim letzten Umbau erneuert wurden, blieb die Schloßkapelle im Original erhalten. Ihr wertvollstes Ausstattungsstück ist ein spätgotischer Flügelaltar, der um 1490 entstanden ist, aber erst später in die Kapelle gekommen sein dürfte. Er enthält in viereckigem Schrein eine Vespergruppe, die Flügel zeigen auf den Innenseiten die hl. Katharina und die hl. Barbara, auf den Außenseiten das Martyrium der 10 000 Ritter. Das Gegenstück dazu findet sich auf der Predella mit dem Martyrium der 11 000 Jungfrauen bei ihrer Ankunft in Köln: vom Ufer des Rheins aus schießen der Hunnenkönig Guan und sein Gefolge auf ein Schiff der hl. Ursula und ihr Gefolge.

Auch der Saalbau am Westende des Mitteltraktes ist weitgehend original erhalten. Er enthält im zweiten Obergeschoß einen 8 x 10 m großen Festsaal, der zwischen 1535 und 1544 mit Fresken bemalt wurde. Außer Ornamentik und Rankenwerk im Stil der Frührenaissance zeigen diese Dekorationen verschiedene weibliche Heilige, kniende Engel, die das Schweißtuch über dem Haupte Christi halten, sowie wappentragende Pagen.

Das Erlebnis Liechtensteins und damit des Zentrums des Alpenrheintales wäre unvollständig, würde man nicht die weiten Hänge oberhalb von Vaduz hinauffahren. Über Triesenberg und Masescha kommt man mit dem Auto bis hinauf nach Gaflei. Schon von dort ist die Aussicht über das gesamte Alpenrheintal und nach Westen hinüber auf Toggenburg, Churfirsten und Walenseefurche großartig. Das Tüpfelchen auf dem i aber kommt für den dazu, der in Gaflei die Wanderschuhe anzieht und über den Fürstensteig durch grandiose Felswände zum luftigen Grat der 2052 m hohen Drei Schwestern hinaufsteigt. Von diesem Grat aus erlebt man das Alpenrheintal wie aus dem Flugzeug. Nach Osten überblickt man die dunklen Wälder des Bregenzer Waldes, von Norden her blinkt der Bodensee, im Westen grüßen Säntis und Churfirsten, und von Süden leuchten die Firnfelder der Glarner und Bündner Hochalpen.

Wo die Ill in das hier breite Tal des Alpenrheins mündet, hatten die Herren von Montfort ihre stolze Burg errichtet. Darunter gedieh an der Weggabelung zwischen dem Weg nach Chur und zu den Bündner Alpenpässen einerseits und dem Zugang zum Arlberg andererseits früh eine umfangreiche Burgsiedlung. Frühen Reichtum brachte der Handel mit dem im Tiroler Halltal bei Innsbruck gewonnenen Salz, das über den Arlberg kam und in Feldkirch in einem eigenen Hafen auf Kähne verladen wurde und über die Ill und den Rhein zum Bodensee verschifft wurde.

Die strategische Bedeutung von Feldkirch führte zu Begehrlichkeiten und unzähligen Machtwechseln. Stets die Hand im Spiel hatten dabei die Habsburger, die bereits 1270 Feldkirch belagerten. Herzog Leopold III. kaufte dann Burg und Herrschaft von Graf Rudolf V. von Montfort, doch waren damit die Querelen noch keinesfalls beendet. Als Anfang des 15. Jh. der Abt von St. Gallen und die Habsburger Vorarlberg zu sehr bedrängten, schlossen die Vorarlberger 1405 den „Bund ob dem See“ und machten Feldkirch zu seinem Hauptort.

Wo heute die malerische Kirchenburg von Rankweil einen Inselberg im Tal des Alpenrheins ziert, gab es schon 1500 Jahre v. Chr. ein rätisches Heiligtum und danach keltische und römische Befestigungsanlagen.

Noch unter Kaiserin Maria Theresia kam es zu Aufständen und nach dem Wiener Kongress wurde man in Feldkirch sogar bayerisch. All das aber änderte nichts daran, daß Feldkirch früh eine Stadt der Wissenschaft war. Schon 1409 gab es eine Lateinschule, aus der eine Hochburg humanistischer Gelehrsamkeit wurde. Anfang des 16. Jh. brachte Feldkirch mehr Gelehrte hervor als Rom.

Bis heute blieben der mittelalterliche, regelmäßige Grundriß und die malerischen, von uralten Häusern mit Laubengängen eingefaßten Plätze erhalten. Der Verlauf der mittelalterlichen Stadtmauer ist noch überall anhand der zahlreichen Türme gut zu verfolgen. Katzenturm, Churer Tor, Wasserturm, Diebsturm, Pulverturm und Mühletor umreißen klar das ehemalige Stadtgeviert. Schönstes Beispiel der alten Befestigung ist der um 1500 errichtete, 40 m hohe und 38 m im Umfang messende Katzenturm.

Zentrum der Altstadt ist die von außen unscheinbare Dompfarrkirche St. Nikolaus. Der spätgotische, zweischiffige Bau hat einen asymmetrisch plazierten Turm am Ende des nördlichen Seitenschiffes. Das heutige spätgotische Langhaus wurde bis 1478 vom Göfiser Baumeister Hans Sturn fertiggestellt. Der Chor mit seinen Anklängen an die Renaissance wurde um 1520 vollendet. In ihrer Art einmalig ist die Kanzel. Auf einem eisernen Pfeiler mit Rundstreben und goldenen Ornamenten sitzt ein sechseckiger, mit Blattwerkornamenten reich verzierter Kanzelkorb. Auch der Aufsatz darüber ist aus Schmiedeeisen, in fünf Zonen gegliedert und mit Wimpergen, Fialen, Kielböden und Kreuzblumen reich verziert.

Das 1493 vollendete Rathaus besitzt im ersten Stock eine prächtige Halle. Die geschnitzte und reich verzierte Decke sowie die Einrichtung der Ratsstube entstanden um 1700. Entlang der vom Domplatz gegen die Schattenburg ziehenden „Neustadt", dem ältesten Straßenzug Feldkirchs, reihen sich lauter Gebäude mit Kernen aus dem 16. und 17. Jh. Haus Nr. 8 war das Amt der St. Galler Fürstabtei, Haus Nr. 12 gehörte dem Churer Domkapitel. Das Haus Nr. 45 beherbergte die als Keimzelle des Humanismus berühmtgewordene Lateinschule.

Das Kapuzinerkloster am Anfang der Bahnhofstraße wurde 1602 gegründet. Als Verwalter und Soldatenseelsorger diente dem Kloster 1621 Fidelis von Sigmaringen. Der Advokat der Armen wurde in Seewies im Landquarttal von reformierten Graubündnern auf der Kanzel erschlagen und deshalb 1746 vom Papst heiliggesprochen. Seither ist der Märtyrer der Feldkircher Stadtpatron.

Wenig unterhalb von Feldkirch überragt ein malerischer Inselberg den östlichen Talrand des Alpenrheins. Hier gab es schon 1500 Jahre v. Chr. ein rätisches Heiligtum und danach keltische und römische Befestigungsanlagen. Die Bischöfe von Chur ließen zu Beginn des 9. Jh. darauf eine erste Kapelle errichten, die bis zum Ende des 15. Jh. zur heutigen Kirchenburg ausgebaut wurde. Zwei Türme und eine auch den Friedhof mit einschließende Beringmauer mit hölzernem Umgang verraten noch heute den einst wehrhaften Charakter der Anlage. Kostbarstes Stück der Ausstattung ist das noch aus dem 13. Jh. stammende silberne Kreuz in der Apsis des Chores. Um den Inselberg gruppieren sich heute die Walserhäuser von Rankweil.

Unweit der Mündung des Alpenrheins in den Bodensee liegt an einer alten Flußschlinge das geschichtsträchtige Hohenems. Bis hierher waren im frühen Mittelalter die Alemannen gegen die Rätoromanen vorgedrungen. Zur Sicherung der Grenze gab es im 9. Jh. eine Burg, die Kaiser Barbarossa dem Ritter von Ems übertrug. Mächtigster Sproß dieses Hauses wurde Markus Sitticus, der spätere Fürsterzbischof von Salzburg.

Noch als Bischof von Konstanz begann er mit dem Bau des 1576 fertiggestellten Mittelteils des heutigen Palastes. Die beiden Seitentrakte und die Blendmauer gegen die Felsenseite wurden bis 1610 fertiggestellt. Der schöne Renaissanceinnenhof des Schlosses gibt im Sommer den romantischen Rahmen für vielbesuchte Schloßkonzerte. Die 1581 fertiggestellte Pfarrkirche ist mit dem Palast von Markus Sitticus durch einen Gang verbunden. Wichtigstes Stück ihrer Ausstattung ist ein Renaissancealtar mit einer spätgotischen Marienkrönung. Auch das Rathaus geht auf Markus Sitticus zurück. Er ließ es 1567 anläßlich eines Synode in Konstanz als Gästehaus errichten.

Bei St. Margrethen schließlich beginnt das große Mündungsdelta des Alpenrheins. An der bedeutenden Grenzstation zwischen Österreich und der Schweiz lohnt sich ein Blick in die kleine Friedhofskapelle St. Margaretha. Sie stammt aus dem Jahre 1090, ihr heutiger Bau wurde um 1300 fertiggestellt. Außer drei Altären im Knorpelstil aus der Zeit um 1663 enthält die Kirche vor allem wertvolle Fresken aus drei verschiedenen Perioden des 15. und 16. Jh. An den Chorwänden ist in zwei plastisch wirkende Bildstreifen die Leidensgeschichte der hl. Margaretha zu sehen. Diese Fresken stammen aus dem ersten Drittel des 15. Jh. Die nördliche Chorwand zeigt eine Kreuzigung aus der Mitte des 16. Jh. Die Südwand des Schiffes präsentiert die Himmelfahrt Christi. Gemalt wurde sie 1585.

Der Alpenrhein mündet in einem weiten Delta in den Bodensee. Seine Ausdehnung läßt sich am besten vom Pfänder oberhalb von Bregenz aus erahnen.

Das Schwäbische Meer, wie der Bodensee auch gerne genannt wird, ist zwar Deutschlands größter See, gleichzeitig aber auch ein etwas groß geratener Bauch des Rheins. Der Löwe an der Hafeneinfahrt von Lindau verrät, daß auch Bayern einen Miteigentumsanspruch am See hat.

Verhalten und turbulent
Bodensee und Hochrhein
Von Bregenz bis Basel

Im Nordwesten verliert sich der Bodensee in einer Vielfalt von einzelnen kleinen Seeabschnitten. Um die Halbinsel Mettnau herum ist das Wasser teilweise so flach, daß die Übergänge zwischen Wasser und festem Land fließend werden. Die amphibische Landschaft ist ein wohlgehütetes Paradies der Wasservögel.

Unterhalb von Schaffhausen stürzt sich der Hochrhein auf 150 m Breite in mehreren Stufen insgesamt 22 Höhenmeter in die Tiefe. Über dem Rheinfall thront das Schloß Laufen. Hier gibt es Fußwege zu den Aussichtspunkten Känzeli und Fischetz.

Strom im Versteck

„Wo von den Alpen herab sich ergießend
der herrliche Rheinstrom westwärts wendet
den Lauf, wird er zum stattlichen Meere.“

Als Wahlafried Strabo im 9. Jh. diese Zeilen schrieb, war er Abt des Klosters Reichenau auf der gleichnamigen Insel im Bodensee. Zusammen mit seinen Mönchen nutzte er schon damals all die Vorteile, die das „stattliche Meer“ bis heute bietet. Immerhin sorgt der zum größten deutschen See geweitete Rhein für ein besonders ausgeglichenes und damit für den Gemüse-, Obst- und Weinbau besonders geeignetes Klima. Der im See versteckte Rhein geriet deshalb früh zum Zentrum einer europäischen Kulturblüte, von der Reichenau aus wurden zeitweise sogar die Geschicke des Reiches gelenkt.

Kaum hat der Rhein bei Stein den Bodensee wieder verlassen, stürzt er sich im mächtigsten Wasserfall Mitteleuropas 22 m in die Tiefe, um sich anschließend als Hochrhein durch die Südhänge des Hotzenwaldes weiter nach Westen zu kämpfen. Erst in Basel darf er dann seine eigentliche Fließrichtung wieder aufnehmen.

Vom Strom zum See

Die anschauliche Vorstellung, die freundliche Topographie des Bodenseeraumes sei den formenden Kräften der Eiszeitgletscher zu verdanken, ist zwar nicht falsch, aber dennoch viel zu kurz gedacht. Erst die Einbeziehung der Vorstufen bei der Landschaftsbildung lange vor der Eiszeit liefert die richtigen Hintergründe: der Bodensee ist ebenso wie der Chiemsee im Osten oder der Genfer See im Westen Teil der großen tektonischen Senkungszone des nördlichen Alpenvorlandes. Dieser bis zu 150 km breite Senkungstrog entstand als Ausgleichsbewegung bei der Auffaltung der Alpen.

Aus dem Becken wurde ein flaches Meer, in das die jungen Alpenflüsse ihre Geschiebefrachten einbrachten. Aus diesen Sedimenten wurde eine stellenweise sogar mehrere Kilometer dicke Schicht aus weichem Sandstein: die Molasse. Je nach Salzgehalt unterscheiden die Geologen dann gleich vier verschiedene Molasseschichten. Die unterste begann sich vor etwa 60 Millionen Jahren zu bilden, die oberste war vor etwa 2 Millionen Jahren vollendet.

Während der Bildung der Molasseschichten hatte der Urrhein große Schwierigkeiten, sich für eine Fließrichtung zu entscheiden. So schwankte er lange zwischen dem Abfluß zum Mittelmeer (über die Rhone), zum Schwarzen Meer (über die Donau) oder zur Nordsee. Vor etwa 30 Millionen Jahren etwa floß der Urrhein nach Nordosten zum Tal der Urdonau und anschließend ins Schwarze Meer. Selbst die heutige Aare floß damals noch in die Urdonau.

Eine Entscheidungshilfe für seine endgültige Fließrichtung erhielt der Urrhein erst, als zu Beginn der Eiszeit vor etwa 1 Millionen Jahren sich mit dem südlichen Oberrheingraben ein Abflußtor nach Norden öffnete. Durch dieses Tor strömten nun die Wassermassen aus Alpenrhein, Aare und Molassemeer mit Macht nach Norden, Rhone und Donau waren für den Rhein damit kein Thema mehr.

Mit dem Vorstoßen der Alpengletscher begann die Überformung des gesamten Alpenvorraumes. Dabei stießen die Eismassen bis zur Donau und damit bis an den Fuß des Schwäbischen Juras vor. Mit dem mitgeführten Schuttmaterial wurde die oberste Molasseschicht zugedeckt. Nach dem Abschmelzen des letzten Eises vor etwa 15 000 Jahren blieb eine hügelige Moränenlandschaft aus Schotter und Kiesbänken. Das wellige Hügelland im südlichen Oberschwaben und im schweizerischen Bodenseeraum besteht also aus nichts anderem als den Grundmoränen der letzten Eiszeit.

Das Becken des Bodensees wurde zwar durchaus von den Gletschern ausgehobelt, doch gelang dies nur, weil die tektonische Senkung während der Tertiärzeit hier ihre stärkste Ausbildung gefunden hatte. Der Gletscher des Rheins konnte deshalb ein bis zu 400 m tiefes Gletscherzungenbecken graben, das der Gletscher später jedoch mit seinen Endmoränen selbst wieder um etwa 150 Höhenmeter auffüllte. Deshalb ist der Bodensee heute an seiner tiefsten Stelle nur noch etwa 250 m tief. Dafür dehnte sich der See am Ende der Eiszeit wesentlich weiter aus. Im Süden reichte er zeitweise bis nach Chur, über den Walensee stand er mit dem Zürichsee in Verbindung. Erst als es dem Hochrhein gelang, sich an den Südhängen des Hotzenwaldes einzutiefen, sank auch der Seespiegel auf sein heutiges Niveau.

Rheinwege im See

Auch heute noch ist der Bodensee ein gewaltiges Absatzbecken für große Geschiebemengen, die der Alpenrhein aus seinem Einzugsgebiet in Rätien herbeitransportiert.

Die vielfältige Gliederung des südöstlichen Bodenseeufers verrät die Vogelperspektive. Hinter der Nonnenhorner Nase ragt die Halbinsel Wasserburg in den See, im Mittelgrund ist die Halbinsel Lindau zu sehen. Den südlichen Rahmen bildet der Pfänder oberhalb von Bregenz.

Mit den im Durchschnitt 12 Milliarden m^3 Wasser im Jahr befördert der Alpenrhein immerhin rund 4 Millionen m^3 Sand und Schlamm in den See. Aus der Luft ist vor dem Mündungsdelta zwischen Bregenz und St. Margrethen die Spur des grauen, stark mit Sediment angereicherten Flußwassers weit in den See hinein gut zu sehen. Vor allem während der Schneeschmelze oder nach heftigeren Regengüssen hebt sich der Fluß hunderte von Metern vom Seewasser auf beiden Seiten deutlich sichtbar ab.

Wohl dieses Phänomen dürfte es gewesen sein, das den Syrer Ammianus Marcellinus im 4. Jh. n. Chr. zur Meinung veranlaßte, der Rhein fließe wie ein geschlossener Strom mit Wellen und Wirbeln durch die stehenden Gewässer des Sees. Wörtlich hielt der Chronist von Kaiser Julian Apostata fest: „In diesen See ergießt sich also der Strom brausend in schäumenden Wirbeln und die träge Ruhe der Wellen durchfließend, schneidet er ihn mitten durch wie mit einer bis zum Ende reichenden Geraden, und wie ein durch ewige Zwietracht getrenntes Element trennt er sich, ohne daß die Wassermassen, die er hineintrug, sich vergrößert oder verkleinert hätten. Mit unverändertem Namen und unveränderter Kraft ergießt er sich, ohne auch in der Folge irgendwelche Einbuße zu erleiden, in die Fluten des Ozeans. Was aber das Wunderbarste ist: weder wird das stehende Wasser durch den reißenden Strom bewegt, noch wird der eilende Fluß durch das schlammige Seewasser aufgehalten und sein Wesen nicht vermengt und vermischt. Wenn nicht der Augenschein lehrte, daß es so ist, würde es schwerlich geglaubt werden, daß sie sich so getrennt verhalten können."

Auch in späteren Zeiten gab es immer wieder Bodenseekarten, in denen der angebliche Verlauf des Flusses durch den See eingezeichnet war. Demnach wäre der Bodensee nur ein zufällig erweitertes Stück des Rheins, Überlinger und Zeller See wären ebenso zufällige Anhängsel. Nicht umsonst heißt es deshalb bei Wahlafried Strabo: „Die durch ihr Alter bereits zerfallene Stadt Bregenz gab dem See, der vom durchfließenden Rhein gebildet, den Namen Bregenzer See, welcher mit einem anderen Namen nach griechischer Etymologie auch Potamicus, d.h. Fluß-See, genannt wird."

Der sachlich geographischen Einschätzung des Reichenauer Abtes steht das Empfinden der Bevölkerung diametral entgegen. Wer einen Seebewohner fragt, ob er am Rhein wohne, wird auf völliges Unverständnis stoßen. Für ihn ist der See selbstverständlich die übergeordnete Größe, der Rhein ist nur eine entfernte Zugabe, obwohl er dem See 70 % seines Wassers bringt. Auch wer mit der Fähre den See zwischen Meersburg und Konstanz quert, mit dem Dampfer befährt oder per Segelyacht erobert, wird kaum auf die Idee kommen, auf dem Rücken von Vater Rhein zu fahren.

Und dennoch: die Limnologen haben in umfangreichen Untersuchungen anhand von Wasserhärte und elektrischer Leitfähigkeit längst festgestellt, wie sich der Rhein durch den See bewegt. Demnach fließt der Rhein zunächst rund 1,5 km lang geradeaus in den See, ohne sich mit dem Seewasser zu vermischen. Dafür lädt der Alpenrhein auf dieser Strecke den größten Teil seines Geschiebes ab, so daß sich dort am Seeboden ein bis zu 80 m hoher Wall aus Sand und Kies gebildet hat. Danach taucht das Flußwasser in durchaus turbulenter Bewegung, einem unterirdischen Wasserfall nicht unähnlich, in den See ab. Weil sich dadurch auf der Oberfläche sogar weiße Schaumkronen bilden, erhielt dieses Phänomen den Namen Rheinbrech.

Nach dem Abtauchen des Rheins zieht eine Hauptströmung Richtung Lindau und Meersburg, nicht ohne einen Seitenkreisel in der Bregenzer Bucht zu verursachen. Vor Friedrichshafen zweigt von der Hauptströmung ein Ast ab, der quer über den See Richtung Rohrschach und dem Schweizer Ufer entlang nach Konstanz läuft. Er vereinigt sich in Konstanz mit dem von Meersburg herüberkommenden Hauptstrom. Damit bleibt das Zentrum des Obersees vom Rheindurchfluß unberührt – ein Phänomen, das bis heute nicht geklärt werden konnte. Auch der Überlinger See wird übrigens vom Rhein direkt nicht tangiert.

Nach dem Ausfluß unter der Konstanzer Rheinbrücke (hier beginnt die offizielle Rheinkilometrierung mit 0) ergießt sich der Rhein in den Untersee, Zeller See und Gnadensee werden von ihm nicht tangiert. Der Zeller See liefert vielmehr einen auf den ersten Blick keineswegs sichtbaren, dafür aber um so kräftigeren Zufluß. In den Zeller See nämlich mündet die Radolfzeller Aache, die ihr Wasser wiederum aus dem Aachtopf, Deutschlands größter Karstquelle, erhält. Sie liefert dem See und damit dem Rhein pro Sekunde bis zu 20000 Liter – Wasser, das der Donau durch Versickerung entzogen wurde.

Mit ein Grund, warum man dem Bodensee seine Eigenständigkeit zubilligen muß, ist sicher seine Größe. Beim mittleren Wasserstand ist er immerhin 539 km^2 groß, seine Uferlänge beträgt dann insgesamt 263 km. Das Fassungsvermögen beträgt knapp 50 Milliarden m^3, und der Rhein bräuchte immerhin gut 5 Jahre, um das leere Seebecken zu füllen. Welche Dimensionen tatsächlich im Spiel sind, verdeutlicht vielleicht am besten die Seewölbung. Infolge der Erdkrümmung gibt es zwischen

Bregenz und Konstanz immerhin einen „Wasserberg“ von 44,25 m, sogar zwischen Rohrschach und Friedrichshafen beträgt seine Höhe noch 12,3 m.

Seit jeher war der Bodensee Trinkwasserlieferant für all seine Anwohner. Bis in die Mitte unseres Jahrhunderts hinein konnten die Wasserwerke dem See das Trinkwasser sogar ungefiltert entnehmen. 1894 wurde bei Rohrschach das erste Seewasserpumpwerk zur Versorgung von St. Gallen in Betrieb genommen. Seit 1958 versorgt die Bodenseewasserversorgung mit einer Entnahme von 9000 l/sec in 60 m Tiefe aus dem Überlinger See bald 200 Gemeinden in Baden-Württemberg sowie die Landeshauptstadt Stuttgart mit Trinkwasser. Insgesamt hängt damit die Trinkwasserversorgung von rund 4 Millionen Menschen vom See ab.

Die Trinkwasserentnahme war lange völlig problemlos, denn der große Bauch des Bodensees galt als klassisches Beispiel für einen oligotrophen See. Dieser Typ ist in den oberen Wasserschichten nährstoffarm, in der Tiefe aber sauerstoffreich. Noch Anfang unseres Jahrhunderts hatte der Obersee in seinen tiefen Schichten eine Sauerstoffsättigung von bis zu 80 %. Deshalb konnte noch 1920 passieren, was heute wie ein Märchen aus Tausendundeiner Nacht anmutet.

Damals wurde gewaltig über die Fischarmut des Obersees geklagt. Untersuchungen ergaben dann, daß eine der Hauptursachen der absolute Phosphatmangel war. Deshalb machte der Leiter des Langenargener Instituts für Seeforschung und Seenbewirtschaftung, ein Geheimrat Demoll, den Vorschlag, den See künstlich zu düngen. Dafür sollten Abwässer der Städte mit Spezialschiffen zur Seemitte gebracht werden!

Der „mutige“ Vorschlag des Geheimrats wurde allerdings schnell von der Entwicklung überholt. Mit dem Aufkommen der modernen Dünge- und Waschmittel schnellte der Phosphatgehalt des Sees schlagartig in die Höhe. Wo es 1948 erst schwache Phosphatspuren gab, wurden 1976 bereits 90 mg/m^3 gemessen. Im flachen Untersee hat der Phosphatgehalt längst 1000 mg/m^3 überschritten. Die Überdüngung des Sees führte zu einem überproportionalen Algenwachstum. Die abgestorbenen Algen wiederum sanken in die Tiefe und zehrten dort den Sauerstoff auf. Von den ursprünglich 80 % Sauerstoffsättigung blieben rasch weit weniger als 20 %. Abhilfe konnte hier nur durch den Bau umfangreicher Abwasserkläranlagen geschaffen werden. Seither wurden viele Milliarden in inzwischen lückenlosen Abwasseranlagen rund um den See investiert. Damit konnte die weitere Eutrophierung des Sees gestoppt und die Wasserqualität wieder verbessert werden.

Klimagunst am See

Die 50 Milliarden m^3 Wasser des Bodensees wirken wie eine überdimensionale Speicherheizung. Sie sorgt für eine Erhöhung der Jahresdurchschnittstemperatur um beinahe 2° Celsius gegenüber dem „normalen“ Alpenvorland. Ein frühes Frühjahr und ein später Herbst machen den Raum um den See zur klimatisch mildesten Gegend Deutschlands. Zum Ausgleich allzu starker Temperaturschwankungen sorgt auch die Tatsache, daß nur in den Monaten März bis Juli die Luft wärmer als der See ist. In allen übrigen Monaten des Jahres ist der See wärmer als die Luft, die von ihm stetig geheizt wird. Bestes Beispiel für die Gunst des Klimas am See ist die weltberühmte Blumeninsel Mainau im Überlinger See. Hier wachsen sogar subtropische Pflanzen.

Der Wärmeüberhang im See sorgt auch dafür, daß selbst in strengen Wintern der See selten ganz zufriert. Das außergewöhnliche Ereignis der „Seegfrörne“ ist seit der Zeit der Karolinger gerade 34 mal belegt. In unserem Jahrhundert fand sie einmal 1963 statt. Damals konnte man mit dem Auto von Friedrichshafen nach Romanshorn fahren, zwischen Meersburg und Konstanz hatten die Sportflieger einen Flugplatz eingerichtet, um den Leuten das Ereignis aus der Luft zeigen zu können!

Eine weitere Besonderheit der Klimagunst des Sees sind die unterschiedlichen Winde am Tag und in der Nacht. Aufgrund der unterschiedlichen Erwärmung von Land und See weht der Wind bei Hochdruckwetter tagsüber vom See landeinwärts, nachts weht er umgekehrt und trägt damit ebenfalls zum Temperaturausgleich bei.

Keineswegs vom See verursacht ist dagegen eine ganz andere Winderscheinung. Aufgrund großräumiger Druckunterschiede gibt es im Tal des Alpenrheines bei Südwind sehr starke Fallwinde, die als Föhnsturm über den See fegen können. Der warme Wind ist bei den Winzern zwar als Traubenkocher beliebt, bei wetterfühligen Anwohnern aber auch gefürchtet. Auch alle Wassersportler haben Grund, den Föhn argwöhnisch zu beobachten, erreicht er doch nicht selten beinahe schlagartig Sturmstärke und wird damit zur ernsten Gefahr.

Weht der Föhn dagegen im Herbst mit nur mäßiger Stärke, beschert er dem Bodenseeraum wunderschöne Tage mit frühlingshaften Temperaturen und überwältigendem Ausblick auf die meist schon frisch verschneiten Schweizer Alpengipfel. An solchen Tagen muß man auf den Hausberg des Sees, den Pfänder oberhalb von Bregenz, hinauffahren und die überwältigende Aussicht über den gesamten See, das Tal des Alpenrheins und die Alpengipfel genießen.

Da der Bodensee wie eine überdimensionale Speicherheizung wirkt, kann die weltberühmte Blumeninsel Mainau im Überlinger See nicht nur mit der größten Dahlienpracht sondern sogar mit tropischen Gewächsen die Besucher erfreuen.

Strom im Rausch

Zwischen der Rheinbrücke von Stein am Rhein, wo der Rhein den Untersee des Bodensees verläßt, und der alten Brücke beim Baseler Rheinknie, wo der Rhein nach Norden in den Oberrheingraben schwenkt, schlängelt sich der Hochrhein durch die Nahtstelle zwischen Schwarzwald und Schweizer Jura. Anders als im Tal des Alpenrheins, wo es für den jungen Rhein lange keine festen Ufer gab, ist der Hochrhein in ein festes Bett aus dem Sedimentgestein der Molasse gefesselt. Anders als beim Alpenrhein, wo das mitgeführte Geschiebe das Wasser graugrün erscheinen läßt, ist das Rheinwasser nun klar und zeigt ein helles Grün, denn alle Geschiebeteile sind im Bodensee zurückgeblieben.

Nach dem Verlassen des Bodensees strömt der Hochrhein bis zum Baseler Rheinknie für rund 145 km in westliche Richtung. Dabei macht der Fluß so manche Schleife, um um die vielen Berge herumzukommen. Beinahe bei allen gelingt ihm das auch, nur beim Schaffhauser Ortsteil Neuhausen gelang dies nicht. Nach der letzten Eiszeit „verirrte" sich der Hochrhein bei Flurlingen südwärts auf eine harte Jurakalkplatte, statt sie weiter nördlich wie in der Zwischeneiszeit zu umfließen. Weil der harte Riegel nicht zu durchnagen, dahinter aber eiszeitlicher Rinnenschotter wegräumbar war, entstand bis vor etwa 6000 Jahren der heutige, weltberühmte Schaffhauser Rheinfall.

Auf 150 m Breite stürzt sich der Hochrhein hier über mehrere, insgesamt 22 m hohe Felsstufen nicht im freien Fall, wohl aber als riesige Kaskade in die Tiefe. Dabei wirbelt der Fluß wie in einem riesigen Rausch Wolken von Gischt auf, die bei entsprechendem Sonnenstand prächtige Regenbogen bilden. Bis zu 1 Millionen l/sec donnern zur Zeit der Schneeschmelze hier zu Tal. Einzelne Kalkfelsen teilen die Flut in zwei größere und drei kleinere Ströme. Vom rechtsrheinischen Schlößchen Wörth aus kann man sich per Boot zum großen Mittelfelsen bringen lassen. Vom Park von Schloß Laufen am linken Rheinufer gibt es Fußwege zu den Aussichtspunkten Känzeli und Fischetz.

Unterhalb des Rheinfalls wird der Hochrhein von steilen Sandsteinwänden der tertiären Molasse bis hinunter nach Reckingen geführt. Danach bilden wieder Kiese und Sande der letzten Eiszeit sein Bett. In großzügigen Bögen kann sich der Fluß hier durch die weiten Wiesenflure schlängeln. Insgesamt hat der Hochrhein ein einnehmendes Wesen. An seiner rechten Seite sammelt er nach und nach alle südlichen Abflüsse aus dem Schwarzwald ein: Wutach, Steina, Schwarza, Alb, Murg und Wehra. Noch weit ergiebiger ist, was auf der linken Seite mündet: Thur, Töß, Glatt und Aare.

Vor allem die Aare bringt dem Hochrhein die gesamte Wassermasse von der Nordseite der Schweizer Zentralalpen und aus der zentralen Schweizer Seenplatte. Wie sich das auswirkt, zeigen am besten nackte Zahlen: Bei Mittelwasser beträgt der Abfluß bei Konstanz knapp 350 m^3/sec, unterhalb der Mündung der Aare sind es dann schon gut 1000 m^3/sec und damit mehr, als die Elbe bei Hamburg aufzuweisen hat. Verwunderlich ist es da nicht, daß der gesamte Hochrhein inzwischen zu einer einzigen Kraftwerkstreppe ausgebaut wurde. Die Großschiffahrt endet deshalb bei Rheinfelden, die Bodenseeschiffahrt bei Schaffhausen.

Bis zu einer Million Liter Rheinwasser in der Sekunde donnern zur Zeit der Schneeschmelze im Rheinfall bei Schaffhausen 22 m in die Tiefe. Der große Mittelfelsen im linken Bild kann per Boot angefahren und über eine Steiganlage erklommen werden.

Die Bodenseeregion ist eine von vielen Jahrtausenden geprägte Kulturlandschaft. Älteste Zeugnisse sind die etwa fünf Jahrtausende alten keltischen Pfahlbauten. Wie sie ausgesehen haben könnten, zeigt ein Rekonstruktionsversuch in Unteruhldingen.

Ein See als Kulturzentrum

Prähistorische Siedler, römische Eroberer, gallische Missionare, karolingische Mönche, Stauferkaiser und immer wieder Bischöfe und Äbte haben über mehr als drei Jahrtausende dazu beigetragen, aus der Bodenseeregion eine unvergleichliche Kulturlandschaft zu machen. Begonnen hatten die Kelten schon in der jüngeren Steinzeit mit Pfahlbauten rund um den See. Die römische Besatzung behinderte die Entwicklung der einheimischen Kelten nicht, sondern brachte ihnen „zivilisierte" Sitten und Gebräuche bei und den Wein an den See.

Als es im 3. Jh. den Alemannen gelang, die Römer zunächst vom Nord- und wenig später auch vom Südufer des Sees zu vertreiben, kamen die heutigen Dialekte an den See. Aus der anfangs überall gesprochenen, alemannischen Sprache der Sueben (daraus wurden die Schwaben) entwickelten sich die heutigen Dialekte. Am wenigsten verändert hat sich das ursprüngliche Alemannisch am österreichischen und bayerischen Ufer. Weiter westlich folgt für ein kurzes Stück das Oberschwäbische, am badischen Seeufer und um den Bodanrück herum ist die badische Spielart, bekannt auch als „Seehasendialekt", gebräuchlich. Auf der Südseite des Sees schließlich ist das Schwyzerdütsch zu Hause, ebenfalls eine rein alemannische Mundart.

Völlig Neues begann, als im 7. Jh. irische Wandermönche den Alemannen das Christentum zurückbrachten. Das Bistum Konstanz und die Klöster St. Gallen und Reichenau wurden in karolingischer und ottonischer Zeit zu Kulturzentren ersten Ranges. In St. Gallen entstanden die ersten Zeugnisse geschriebener deutscher Sprache, und auf der Reichenau wurde sogar Reichspolitik betrieben. Im Jahre 839 entstand am Überlinger See die karolingische Kaiserpfalz Bodema (das heutige Bodmann). Ihre einstige Bedeutung läßt sich darin ablesen, daß ihr Name zum Namen für den ganzen See wurde.

Keltische Pfahlbauten

Das angenehme Klima im Bodenseeraum war auch ein gutes Siedlungsklima. Schon vor 6000 Jahren lebten deshalb die Menschen am See außer von Jagd und Fischfang auch bereits vom Anbau von Früchten. Samenfunde der Archäologen belegen, daß längstvergessene Getreidearten wie Emmer, Einkorn, Lein und Dinkel angebaut wurden. Gelebt haben die Menschen am See in Pfahlbausiedlungen im Uferbereich. Rund 100 verschiedene solcher Siedlungen wurden rund um den See nachgewiesen, die ältesten sind etwa 5000 Jahre alt.

Das erste prähistorische Pfahldorf am Bodensee wurde 1856 in der Bucht von Wangen am Untersee entdeckt. Ab 1922 entstand deshalb in Unteruhldingen die Rekonstruktion von zwei Dörfern, das eine aus der Jungsteinzeit (um 2200 v. Chr.), das andere aus der späten Bronzezeit (um 1100 v. Chr.).

Beide Dörfer zeigen Bauten, die so irgendwo am See gestanden haben könnten, von denen aber keineswegs sicher ist, daß sie genauso ausgesehen haben müssen. Immerhin entstanden ihre Konstruktionen im romantisierenden Geist der Jahrhundertwende und mit Seitenblicken auf ähnliche Bauten im pazifischen Raum. Was in Unteruhldingen im Wasser steht, wurde von den Kelten wohl eher auf festem, aber teilweise feuchtem Grund errichtet.

Der Grund für die Siedlungstätigkeit im Nahtbereich zwischen Wasser und festem Boden dürften Sicherheitsüberlegungen gewesen sein. Zum einen boten die Pfahlbauten einen gewissen Hochwasserschutz, zum anderen hatten weder wilde Tiere noch feindliche Menschen allzu leichten Zugang. Nicht zuletzt erleichterten die Bauten natürlich auch den Fischfang. Ein weiterer Grund dürfte die leichte Verfügbarkeit gewesen sein. Immerhin mußte man für die Siedlungen keine eigenen Inseln in den damals noch dichten Eichenmischwald roden. Vorhandene Lichtungen nutzte man lieber zum Ackerbau.

Römische Bastionen

Mit dem Bodensee scheinen die Römer nicht allzu viel im Sinn gehabt zu haben. Da er zunächst keine strategische Bedeutung besaß, entstanden an seinen Ufern auch keine größeren Kastelle. Lediglich auf dem Boden der heutigen Oberstadt von Bregenz war solch ein Kastell zur Sicherung des Weges von Chur in die Provinzhauptstadt Augsburg notwendig. Deshalb entstand ab dem Jahre 69 n. Chr. östlich der Mündung des Alpenrheins in den Bodensee das Castra Brigantium, das heutige Bregenz. Um eine 9 m breite Hauptstraße errichteten die Römer damals ein Forum, eine Basilika, Thermen, verschiedene Tempel und eine Scola. An den abzweigenden Nebenwegen hatten die Handwerker und Händler ihre Quartiere. Auch den Hang hinunter zum See bebauten die Römer zumindest teilweise, am See selbst legten sie einen Hafen an. Als die Alemannen Mitte des 3. Jh. diese erste Römerstadt zerstörten, bauten sie die Römer zum wohlbefestigten Kastell aus. Dies zu erobern, gelang den Alemannen erst um 450.

Die für die Römer zunächst harmlose Situation änderte sich im Bereich von Bodensee und Hochrhein mit dem zunehmenden Druck der Alemannen spürbar. Im 4. Jh. wurden See und Hochrhein zur nassen Grenze gegen die vordrängenden Alemannen. Kaiser Valentinian I. sah sich im Januar 365 mit Germaneneinfällen konfrontiert, wobei die Alemannen den gefrorenen Rhein nutzten, um die Grenzgebiete auf der Südseite des Hochrheins zu plündern. Valentinian ließ daraufhin sowohl das Südufer des Sees als auch das linke Ufer des Hochrheins mit starken Befestigungen ausbauen.

In Arbon entstand nun das Kohortenkastell Arbor Felix, in Konstanz wurde Confluentes befestigt. Entlang des Hochrheins wurde das gesamte südliche Ufer mit einer dichten Kette von insgesamt 42 burgi, also steinernen Wachttürmen und Minikastellen mit Wall und Graben befestigt. Zur Zentrale dieser Befestigungsanlage wuchs die Legionsfestung Augusta Raurica, das heutige Kaiseraugst. Dort war die Legio I Martia stationiert, eine besonders ausgerüstete Pioniertruppe. Sie verstärkte die burgi planmäßig zu kleinen Festungen.

Gegründet allerdings wurde Augusta Raurica nicht erst zur Zeit der Alemanneneinfälle sondern bereits um 27 v. Chr. Entsprechend großzügig war diese Römersiedlung mit Hauptforum, Tempel, Basilika, Theater und Thermen ausgebaut. Besonders eindrucksvoll ist das teilweise wiederhergestellte Theater aus der Zeit um 120–150 n. Chr. 1959 konnte sogar noch das längst vermutete Amphitheater entdeckt werden. In einem eigenen Museum sind die schönsten Fundstücke der Ausgrabungen zu sehen.

Bischöfliches Konstanz

Kaiser Constantius Chlorus gab nach seinem Sieg über die Alemannen der schon von den Kelten bewohnten Fischersiedlung Konstanz ihren Namen. Auf dem heutigen Münsterplatz errichtete er ein kleines Kastell zur Sicherung des Rheinübergangs gegen die Alemannen. Wirklich bedeutsam wurde Konstanz aber ab dem Ende des 6. Jh., als das spätrömische Bistum Vindonissa (Windisch im Aargau) nach Konstanz verlegt wurde und daraus die größte deutsche Diözese erwuchs.

Vor diesem Hintergrund scheint es durchaus glaubhaft, daß um 615 die erste Bischofskirche auf dem heutigen Münsterplatz stand. Urkundlich belegt ist sie jedenfalls im Jahre 780. Danach ging es Schlag auf Schlag: um die Jahrtausendwende wurde ein karolingischer Bau teilweise abgebrochen und durch einen Neubau ersetzt, der allerdings 50 Jahre später wieder einstürzte. Ab 1089 entstand im Anschluß daran bereits der Kern des heutigen Münsters. Zwischen 1497 und 1505 bekam die Westfassade mit dem Mittelturm ihr heutiges Aussehen. Bis 1883 sogar dauerte es, bis die letzten Wölbungen des Mittelschiffes geschlossen werden konnten.

Als Bischofskirche des größten deutschen Bistums hatte das Konstanzer Münster wohl eine wichtige Stellung. Nicht umsonst tagte hier von 1414 bis 1418 das Konzil, dem der zweifelhafte Erfolg gelang, Jan Hus am 6. Juli 1415 als Ketzer verurteilen und anschließend verbrennen zu lassen. Den Konstanzer Bischöfen gelang aber auch noch anderes. So hatten sie bis 1370 einen Schuldenberg aufgetürmt, der das zwanzigfache Jahreseinkommen des Bistums überstieg. Als Konstanz 1526 die Reformation übernahm, setzten sich Bischof und Domkapitel über den See in die alte bischöfliche Fluchtburg nach Meersburg ab und kehrten von dort selbst dann nicht zurück, als Konstanz wieder katholisch wurde. 1821 war es mit der Bischofsherrlichkeit für Konstanz dann endgültig vorbei, die verbliebenen Reste des Bistums wurden der Erzdiözese Freiburg zugeschlagen.

Von der ohnehin nie sehr kostbaren Ausstattung des Münsters ließen die reformeifrigen Bilderstürmer wenig übrig. Glanzpunkte der Innenausstattung sind so die vier vergoldeten Kupferplatten aus dem 11. bis 13. Jh., die sogenannten Konstanzer Goldscheiben, die Kanzel, das Chorgestühl, der steinerne Treppenturm „Schnegg" von 1438, die frühromanische Krypta aus dem 10. Jh., die aus dem 13. Jh. stammende und vom hl. Bischof Konrad gegründete Mauritiusrotunde, das hl. Grab, ein zwölfeckiger Sandsteinbau von 1260 und zwei erhaltene Flügel des Kreuzganges mit dem großen, dreischiffigen Kapitelsaal von 1480 darüber.

Karolingische Hausklöster

Eine spätbarocke Kathedrale und der schönste Bibliotheksraum der Schweiz sind heute von dem Kloster geblieben, ohne das die Kulturgeschichte des Bodenseeraumes anders verlaufen wäre. Gegründet wurde es 612 mitten im Urwald, weil der irische Mönch Gallus während einer Reise nach Italien in Arbon krank wurde. In den folgenden zwei Jahrhunderten wurde aus der Zelle des irischen Mönches ein Benediktinerkloster, das schon nach kurzer Zeit zu den bedeutendsten Kulturstätten des

Die Insel Reichenau war in karolingischer Zeit eines der wichtigsten Kulturzentren des Reiches. Die Oberzeller Stiftskirche St. Georg ist eine Säulenbasilika aus dem Ende des 10. Jh. Sie birgt den größten mittelalterlichen Freskenschatz Deutschlands.

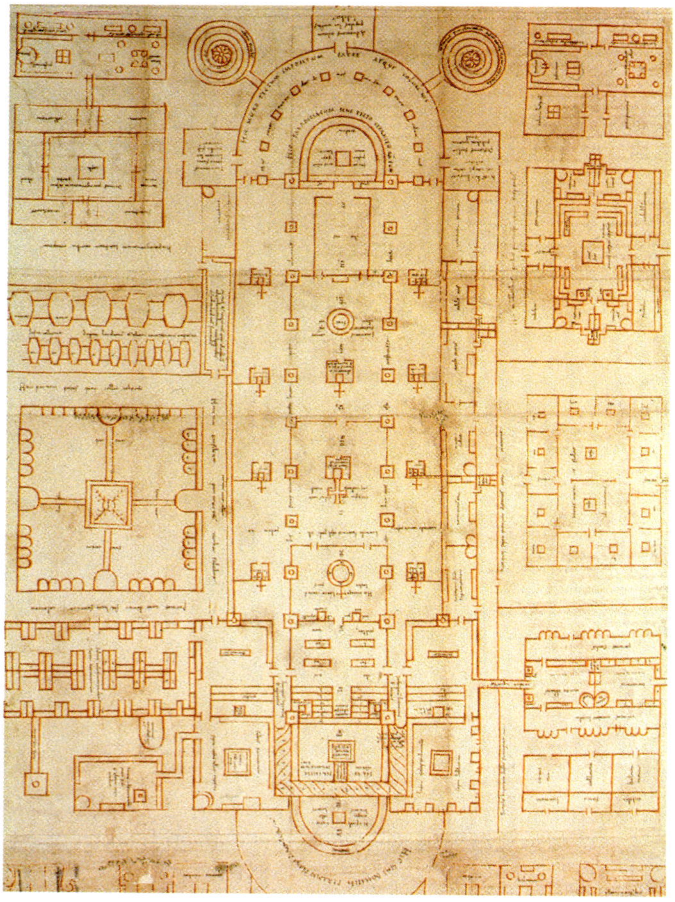

Die karolingische Kunst am Bodensee war überaus vielfältig. Die Beispiele zeigen oben zwei Freskenausschnitte aus der Reichenauer St. Georgskirche, links unten ein Ausschnitt aus dem St. Galler Klosterplan, und die Elfenbeinschnitzerei rechts unten präsentiert die Himmelfahrt Mariens mit dem hl. Gallus und dem Bär.

Abendlandes zählte, vom 9. bis zum 11. Jh. seine Blütezeit erlebte und den ganzen süddeutschen Raum geistig, kulturell und praktisch formte.

Die größte Leistung erbrachten in dieser Zeit Schule und Scriptorium (Schreibstube) des St. Galler Klosters. Hier förderten die Mönche die Entstehung der ersten Literatur des Karolingerreiches zunächst in lateinischer dann auch in deutscher Sprache. Keineswegs zufällig entstand so schon um 800 in St. Gallen der Abrogans, ein Glossar mit lateinischen Wörtern und ihrer deutschen Entsprechung. Dieses älteste Buch deutscher Sprache gehört zu den unschätzbaren Kostbarkeiten der Klosterbibliothek.

In den folgenden Jahrhunderten entstanden berühmte Übersetzungen religiöser und weltlicher Literatur, darunter eine Handschrift des Nibelungenliedes. Kostbarstes Stück aus der Überfülle der Bibliotheksschätze mit gut 2000 Handschriften und über 1700 Wiegendrucken ist der karolingische Klosterplan von St. Gallen, der vor 830 auf der Reichenau entstand und als Grundlage für den Neubau des Klosters diente. Er zeigt das Idealschema für ein mittelalterliches Kloster. Vor diesem Kloster entstand die von Handwerkern und Bauern bewohnte „Villa Sancti Galli", aus der bis 1212 die Freie Reichsstadt St. Gallen wurde.

Die ehemalige Stiftskirche und heutige Kathedrale reicht mit ihren Vorgängerbauten bis auf das Jahr 720 zurück, als die Zelle des irischen Mönches Gallus in den Besitz des Benediktinerordens kam. Die heutige Kirche ist ein barocker Neubau aus der Zeit von 1755 bis 1766 und gehört deshalb ebenso wie die Stiftsbibliothek zu den barocken Himmelspforten (vergl. S. 71).

Das zweite, nicht minder wichtige Kulturzentrum des Bodenseeraums in karolingischer Zeit stand auf der Insel Reichenau. Wie St. Gallen war auch es einer der geistigen Mittelpunkte des gesamten Abendlandes. Seine Geschichte begann, als der westgotische Wanderbischof Pirmin im Jahre 724 auf der Insel ein Benediktinerkloster gründete. Neben dem Kloster gründeten die Mönche gegen Ende des 8. Jh. eine Gelehrtenschule, bauten eine Bibliothek auf und schufen prächtig illustrierte Handschriften. Die Schriftkünstler machten aus der Reichenau das Zentrum der deutschen Buchmalerei, lieferten aber auch in Auftragsarbeit, von der einfachen Urkunde bis zum Klosterplan, was gerade gewünscht wurde.

Mindestens genauso bedeutend war die Reichenau im politischen Bereich. Abt Heito I. etwa war nicht nur ein Freund von Kaiser Karl dem Großen sondern erreichte auch 811 die Anerkennung des Karolingerreiches durch Ostrom. Abt Heito III. lenkte als Erzkanzler Kaiser Arnulfs an der Wende vom 9. zum 10. Jh. die Geschicke des Reiches. Literarischen Ruhm erwarb die Reichenau durch Wahlafried Strabo mit der Othmarlegende oder durch Hermann den Lahmen mit seiner Weltchronik, in der die Zeitrechnung vor und nach Christus eingeführt wurde.

Der Niedergang des Klosters begann im 12. Jh., als der ortsansässige Adel durchsetzte, daß ausschließlich seine Mitglieder im Kloster aufgenommen und erzogen werden durften. Das endgültige Ende kam 1540, als nach stetigem Niedergang die Abtwürde an den Bischof von Konstanz verkauft wurde.

Leider überlebten zwei der ursprünglich fünf Kirchen sowie die alte Kaiserpfalz in Mittelzell die Säkularisation von 1803 nicht. Um so kostbarer sind die drei erhaltenen Kirchen in Oberzell, Mittelzell und Niederzell. In der Oberzeller Stiftskirche St. Georg, einer Säulenbasilika aus dem Ende des 10. Jh., ist der größte mittelalterliche Freskenschatz Deutschlands erhalten. Unter dem Chor von St. Georg findet sich eine der ältesten deutschen Hallenkrypten. Der einfache Raum mit seinen vier Säulen enthält das Reliquiengrab für den Kopf des hl. Georg. Ihn hatte Abt Heito III. 896 von Papst Formosus als äußerliche Anerkennung der Machtstellung der Reichenau zum Geschenk erhalten.

Das klösterliche Zentrum der Reichenau stand in Mittelzell, wo bereits der hl. Pirmin seine erste kleine Kirche errichtet hatte. Hier ließ Kaiser Otto III. 995 eine prächtige Pfalz erbauen, und hier entstand bis 1048 das heutige Münster. Seine zwei Querhäuser erinnern symbolisch an die Spannungen im mittelalterlichen Macht- und Herrschaftsverhältnis. Das westliche Querhaus war dem Kaiser vorbehalten, das östliche war das geistliche Zentrum, zu dem selbst der Kaiser keinen Zutritt hatte. Den heutigen Besucher beeindrucken vor allem die romanischen Bögen und die Wucht des Dachstuhles, für den die Eichen immerhin bereits 1236 gefällt wurden.

Die nordwestliche Inselspitze Niederzell ziert die ehemalige Stiftskirche St. Peter und Paul, deren basilikaler Grundriß noch aus der Zeit vor 800 stammt. Die heutige, zweitürmige Säulenbasilika entstand im 11. und 12. Jh. Aus dieser Zeit stammen auch die im Chorraum freigelegten Fresken.

Merowingische Burgenherrlichkeit

Als der erste Konstanzer Bischof sich so langsam einrichtete und seine erste Kirche bauen ließ, erreichten die Merowinger mit ihrem König Dagobert I. den Höhepunkt ihrer Macht. Dieser Dagobert legte zum einen die

Konstanzer Diözesangrenzen fest, zum anderen ließ er um 628 am Meersburger Hochufer, gegenüber von Konstanz die Merdesburch (= Martinsburg) errichten. Sie sollte als strategischer Stützpunkt gegen Rätien und sein mächtiges Bistum Chur sowie zum Schutz des Schiffsverkehrs nach Konstanz dienen. Noch aus dieser Zeit stammt der mit seinen gotischen Stufengiebeln weit über den See grüßende Dagobertsturm, ein ursprünglich nur über Leitern zugänglicher Wehrturm aus riesigen Buckelquadern und mit bis zu 3 m dicken Mauern.

Ein Jahrhundert später diente der Wehrturm des Merowingerkönigs Karl Martell, dem Großvater Karls des Großen, als Hauptquartier, als dieser gegen die aufständischen Alemannenherzöge zu Felde ziehen mußte. Kaiser, Könige und Bischöfe gaben sich in der Folge buchstäblich die Klinke in die Hand. Welfische und hohenstaufische Grafen waren die Burgherren, der große Hohenstauferkaiser und „Wandler der Welt", Friedrich II., war ebenso hier zu Gast wie Konradin, der letzte Hohenstaufer. Er nahm hier Abschied von Deutschland, als er zu seinem tragischen Italienfeldzug aufbrach, um seine Erblande zurückzuerobern.

Im Jahre 1268 fiel die Anlage an die Bischöfe von Konstanz, die zusätzlich noch im gesamten Einflußbereich der Burg den Zehnten kauften. Bis zur Säkularisation im Jahre 1803 residierten hier immerhin 44 Konstanzer Bischöfe. Zunächst nutzten sie die Burg als Sommersitz, als sich Konstanz jedoch für den Protestantismus entschied, wurde die Burg ab 1526 ständige fürstbischöfliche Residenz. Diese Funktion verlor sie erst 1740, als das unter Beratung von Balthasar Neumann gebaute Neue Schloß fertiggestellt wurde.

Die Baugeschichte der mit Abstand ältesten deutschen und nie zerstörten Burg mutet wie ein Spaziergang durch sämtliche Stilepochen der Kunstgeschichte an, da kaum ein Jahrhundert keine Spuren mit An-, Aus- oder Erneuerungsbauten hinterließ. Auch die Innenräume spiegeln die lange Entwicklung der Burg aufs schönste wider. Wie spartanisch es einst zuging, ist in der aus gut 3 m dicken Mauern um 1100 errichteten Dürnitz zu sehen. Zwar stammt die mächtige Balkendecke erst aus gotischer Zeit, doch läßt sich sehr wohl nachempfinden, wie hier die Mannschaft gehaust haben mag. Auch der aus dem 13. Jh. stammende Rittersaal im Palas zeigt diese Kargheit noch überdeutlich. Vor allem im Winter muß es hier äußerst ungemütlich gewesen sein.

Sehr viel wohnlicher wurde es schon in der Gotik. Noch einmal einen gewaltigen Sprung vorwärts symbolisiert ein Gemach aus der Renaissance, das bereits geschnitzte Möbel, einen Ulmer Schrank und einen Ofen mit Darstellungen aus dem Landleben enthält. Einen ganz besonderen Akzent setzte der Aufenthalt von Annette von Droste-Hülshoff, die die letzten sieben Jahre ihres Lebens auf der Meersburg verbrachte. Ihr Wohn- und Sterbezimmer ist ebenso original erhalten wie ihr Arbeitszimmer im runden Südturm. Hier entstand das Wertvollste von dem, was sie zur unvergessenen Dichterin machte.

Seit dem Jahre 628 ziert die Merdesburch = Martinsburg das Meersburger Hochufer über dem Bodensee. Noch aus dieser Zeit stammt der mit seinem gotischen Stufengiebel weit über den See grüßende Dagobertsturm, ein ursprünglich nur über Leitern zugänglicher Wehrturm.

In Meersburg steht nicht nur die älteste Burg Deutschlands. Hier gibt es auch viele malerische Winkel mit alten Fachwerkhäusern. An vielen sind noch die vorkragenden Erker mit den Kranbalken für die Lastenaufzüge erhalten.

Mittelalterliche Kleinodien

Bodensee und Hochrhein erlebten im Mittelalter eine ganz besondere, städtische Blüte. Zwischen Lindau und Basel sorgten selbstbewußte Bürger für das Gedeihen ihrer Gemeinden. In Lindau erreichten sie bereits 1220 den Status einer Freien Reichsstadt und dienten 1496 dem Reichstag als Tagungsort. In Konstanz gelang es den Bürgern sogar schon gegen Ende des 13. Jh., sich aus der Herrschaft des Bischofs zu lösen und 1192 zur Reichsstadt aufzusteigen.

Mit etwas Verzögerung gelang dies auch dem einst mächtigen Stein, das 1267 das Stadtrecht und bald darauf die Privilegien der Freien Reichsstadt erreichte. Dem alten Stapelplatz Schaffhausen am Großen Rheinfall gelang die Reichsfreiheit 1218, die prägende Zunftverfassung wurde 1411 eingeführt. In Basel schließlich sorgte der 1225 gelungene Brückenbau über den Rhein für genügend Wohlstand, so daß Handwerker und Zünfte sich von Bischof und Adel lösen konnten. Welch humanistischer Geist hier herrschte, verrät die Universitätsgründung im Jahre 1460.

Lindau – Die Stadt im See

Noch vor 150 Jahren bestand die Lindauer Stadtinsel aus drei Einzelinseln, die schon Kelten und Römern als Zuflucht gedient hatten. Einen ersten Entwicklungsschub gab es durch die Gründung eines Frauenklosters im 9. Jh. Als Freie Reichsstadt hatte Lindau ab 1396 sogar die Hohe Gerichtsbarkeit, seine Bürger trieben Handel vor allem mit Italien. Glückliche Umstände sorgten dafür, daß vieles aus dieser Blütezeit bis heute erhalten blieb.

In der Altstadt prägen Bauwerke aus Gotik, Renaissance und Barock das Straßenbild. Bestes Beispiel ist die Maximiliansstraße, wo alte Patrizierhäuser wie etwa „Sünfzen“, „Schnegg“, „Bären“ und „Regenbogen“ mit Erkern, Fachwerk und Laubengängen nebeneinander stehen. Am Bismarckplatz erhebt sich das zwischen 1422 und 1436 erbaute und 1578 im Renaissancestil umgebaute Alte Rathaus. Seine reich bemalte Hauptfront mit volutenverziertem Staffelgiebel dominiert den Reichsplatz. Er war der Versammlungsort der Bürger bei Kundgebungen. Im Inneren beeindruckt vor allem der Große Ratssaal mit seiner geschraubten Holzsäule in der Mitte, die eine gewölbte Holzdecke trägt. Im Haus ist heute die ehemalige reichsstädtische Bibliothek mit Werken vom 14. Jh. bis zur Gegenwart untergebracht.

Den Schrannenplatz ziert die ehemalige Peterskirche, Lindaus älteste Kirche. Errichtet wurde sie bereits um die Jahrtausendwende. Ihr Inneres birgt die einzigen, erhaltenen Fresken von Hans Holbein d. Ä. aus der Zeit zwischen 1485 und 1490.

Auch von der spätmittelalterlichen Stadtbefestigung sind noch große Teile erhalten. Zur ältesten Wehranlage gehörte die Heidenmauer am Ostzipfel der Insel gegenüber der Spielbank. Allerdings stammen die Mauerreste nicht aus heidnischer Zeit sondern aus dem 12. Jh. Der Petersturm an der ehemaligen Peterskirche war einst der Wachtturm der Fischersiedlung. Er steht auf Fundamenten aus dem 11. Jh., seine heutige Gestalt erhielt der Turm bis 1425. Ebenfalls zum Mauerring des 12. Jh. gehörte der Mangturm am Hafenplatz, der dann bis zur Hafenerweiterung 1856 als Leuchtturm diente. Der Diebsturm wurde um 1375 als Beobachtungsturm am höchsten Punkt der Insel erbaut. Von der Erweiterung der Stadtmauer um 1500 kündet noch der damals errichtete Pulverturm.

Daß auch nach dem Ausgang des Mittelalters Lindauer Bürger prächtige Häuser errichten konnten, beweist das 1729 erbaute Haus „Zum Cavazzen“. Der dreistöckige Barockbau mit seiner geschwungenen Dachkontur und reicher Bemalung gilt als das schönste Bürgerhaus am Bodensee. Dem unbekannten Meister der Fresken gelang es hervorragend, Figuren, Ornamente und Architekturdetails zu einem harmonischen Ganzen zu kombinieren.

Konstanz – Die Stadt des Konzils

Die zwischen Rhein, Bodensee und Schweizer Grenze eingezwängte Universitätsstadt war zu allen Zeiten die wichtigste Stadt am Bodensee. Zunächst sorgte der Bischof des größten deutschen Bistums für überregionale Bedeutung. Danach brachte die Lage am Kreuzungspunkt wichtiger Fernhandelsstraßen den Bürgern soliden Wohlstand.

Zwischen Münster und Rhein erstreckt sich mit der Niederburg der älteste Stadtteil. Ein Bummel durch das ursprünglich von Fischern und Handwerkern bewohnte Gassengewirr ist ein Ausflug in die Vergangenheit. Östlich der spätgotischen Stephanskirche, die mit einem bemerkenswerten Chorgestühl aus der Zeit um 1300 ausgestattet ist, steht das „Hohe Haus“. Mit fünf Stockwer-

Auf der Lindauer Stadtinsel prägen bis heute Bauwerke aus Gotik, Renaissance und Barock das Straßenbild. Besonders malerisch ist der Diebsturm, ein Rest der alten Stadtbefestigung.

Zu den eindrucksvollsten Häusern Lindaus gehört das zwischen 1422 und 1436 erbaute Alte Rathaus. Seine reich bemalte Hauptfront mit volutenverziertem Staffelgiebel dominiert den Reichsplatz.

ken war es für die Bauzeit von 1294 eine ungewöhnliche Bauleistung. Südlich davon findet sich an der Hohen-Haus-Gasse in einem Hof der ebenfalls fünfstöckige Wohnturm „Zum Goldenen Löwen", der mit seiner üppigen Fassadenbemalung von 1580 glänzt.

Gegen den Hafen hin steht das Konzilgebäude. Der wuchtige Baukörper von 1388 diente einst dem Leinwandhandel. 1417 fand hier das Kardinalsenklave zur Papstwahl statt. Zur selben Zeit entstand in der ehemaligen Augustinerkirche der berühmte Freskenzyklus mit der Geschichte des Augustinerordens. Sein Auftraggeber war kein Geringerer als König Sigismund selbst. Deshalb sind die Bogenzwickel mit Heiligen aus seinem Geschlecht geschmückt. Auch Anspielungen auf das Konzil fehlen nicht.

Im Haus „Zur Kunkel" am Münsterplatz schließlich sind die weltbekannten, bereits um 1306 entstandenen Weberfresken zu bewundern. Das Haus war zur Entstehungszeit der Fresken im Besitz des Kanonikers Konrad von Überlingen, der wohl die Fresken mit ihrem so frühen, profanen Inhalt in Auftrag gab. Dargestellt sind Frauen bei der Leinwand- und Seidenherstellung, bei der Hausarbeit und beim Baden.

Stein – Das Rothenburg des Hochrheins

Nirgendwo am gesamten Rhein gibt es ein so mittelalterliches, von Fachwerkgiebeln und Erkern geprägtes Stadtbild wie in dem kleinen Städtchen am Westzipfel des Untersees, wo der See wieder zum Rhein wird. Steins eigentlicher Aufstieg begann ab 1005 mit der Errichtung des Benediktinerklosters St. Georg an der Rheinbrücke. Nur zwei Jahre später erhielt das Kloster das Münzrecht, 1024 das Marktrecht und 1094 gab es schon eine erste Ortsbefestigung. Das 13. Jh. brachte das Stadtrecht und die Privilegien der Freien Reichsstadt. Diese Reichsfreiheit und damit die Selbständigkeit wurde 1459 zugunsten eines Beitritts zur Eidgenossenschaft aufgegeben.

Der augenfällige Reiz von Stein beruht auf seinen zahlreichen, liebevoll gepflegten Bürgerhäusern. Aus der Fülle seien hier nur wenige herausgegriffen: gegenüber dem Rathaus etwa steht der spätgotische „Weiße Adler" mit seiner Fassadenbemalung aus der Renaissance, gefertigt wahrscheinlich von Thomas Schmid um 1520. Dargestellt sind die Tugenden in allegorischen Figuren. Die Häuser „Hirsch" und „Krone" präsentieren prächtige, fünfseitige Holzerker, das Haus „Vordere Krone" hat Fenster aus dem 16. Jh. und eine Bemalung von 1734. Den „Roten Ochsen" gab es bereits 1446, bemalt wurde das Haus 1615 mit Allegorien und Figuren aus der römischen und biblischen Geschichte. Das Haus „Zur Steinernen Traube" glänzt mit einer Barockfassade von 1688 und Fresken von 1900. Das gotische Haus „Zur Brotlaube" diente bereits ab 1555 als Bäckerladen.

Das Rathaus selbst, eines der zentralen Prachtstücke von Stein, wurde 1539 erbaut und erhielt 1746 das Fachwerkgeschoß mit dem behäbigen Mansarddach und dem

Das Städtchen Laufenburg wurde um 1207 vom Habsburger Rudolf II. gegründet. Hier gibt es auf beiden Seiten der Brücke einen städtischen Brückenkopf. Im Bild ist es der rechtsrheinische deutsche.

Uhr- und Glockentürmchen. Die Bemalung mit historischen Szenen aus der Landes- und Stadtgeschichte lieferten Christian Schmidt und Carl von Haeberlin im Jahre 1900.

Eine Sehenswürdigkeit ganz eigener Art ist das ehemalige Benediktinerkloster St. Georg. Das von König Heinrich II. gegründete und 1524 aufgehobene Kloster mit seinen Gebäuden aus dem 14. bis 16. Jh. ist heute als Museum eingerichtet und vermittelt ein lebendiges Bild vom spätmittelalterlichen Mönchsleben. Zu den besonders interessanten Räumen gehört die 1511 fertiggestellte Stube des Abtes David von Winkelsheim. Ihre Wandmalereien stellen Szenen aus der römischen Geschichte sowie christliche Themen dar. Auch die älteste Ansicht von Stadt und Kloster findet sich hier. Das eigentliche Prunkstück des Klosters ist der 1516 fertiggestellte Bildersaal des gleichen Abtes. Er enthält großartige Historienbilder mit Szenen aus der römischen und karthagischen Geschichte, gearbeitet von Ambrosius Holbein und Thomas Schmid.

Schaffhausen – die Stadt des Stapelrechts

Garant von Schaffhausens Wohlstand war von Anfang an der große Rheinfall. Alle auf dem Hochrhein verschifften Handelsgüter mußten zum Transport um die Stromschnellen umgeladen werden. Die Handhabung dieses Stapelrechtes geriet in geordnete Bahnen, als Kaiser Heinrich III. dem Grafen Eberhard von Nellenburg 1045 das Stapelrecht bekräftigte und zusätzlich das Münzrecht verlieh. Zusammen mit dem um 1050 gegründeten Benediktinerkloster Allerheiligen reichte dies, um Schaffhausen Stadtrecht und Reichsfreiheit zu ermöglichen. Im Jahre 1501 schloß sich die Freie Reichsstadt Schaffhausen für immer dem Ewigen Bündnis der Eidgenossen an.

Zentrum der malerischen Altstadt ist der Fronwagplatz, geziert vom Mohrenbrunnen von 1520 und vom Metzgerbrunnen von 1524. Im Fronwagturm hat die 1564 gebaute Astronomische Uhr alle Gefährdungen der Zeit überstanden. Neben der aktuellen Zeit verkündet sie auch den Wochentag, das Tierkreiszeichen, den Mondlauf sowie die Jahreszeiten. Eine eigene Mondkugel zeigt sogar an, ob der Mond zu- oder abnimmt.

Östlich des Fronwagplatzes steht in der Vordergasse das bis 1412 errichtete Rathaus. Sein Erdgeschoß hatte ursprünglich als Kornspeicher gedient, sein Großratssaal besticht mit einem Portal von 1624 und Wandvertäfelungen aus derselben Zeit. Wenige Schritte daneben steht das Haus „Zum Ritter", das wohl berühmteste und wohl bedeutendste Profangebäude der Stadt. Es ist 1566 aus dem Zusammenbau von zwei mittelalterlichen Vorgängerbauten entstanden. Seine Spätrenaissancefresken wurden 1570 von Tobias Stimmer gemalt. Dargestellt sind griechische und römische Mythologien. Am untersten Geschoß findet sich die allegorische Darstellung der Kirche als Frau mit Mitra und des Staates als König mit Krone.

Südlich des Fronwagplatzes liegt der Herrenacker mit dem im Renaissancestil errichteten Alten Kornhaus von 1679. Seine Fenster sind noch spätgotisch, interessant ist auch das mächtige Gaubendach. Wenig östlich gegen das Münster hin findet sich das ebenfalls im Renaissancestil errichtete Alte Zeughaus von 1617. Es beeindruckt mit einem interessanten Portal und einem volutenverzierten Treppengiebel, auf dem wilde Drachen zur Vertreibung böser Geister sitzen.

Am Münsterplatz steht das ehemalige Benediktinerkloster Allerheiligen, in dessen 1529 profanierten Räumen heute das Historische Museum untergebracht ist. Auch das Münster, die heutige evangelische Stadtkirche, gehörte einst zum Kloster. Die eintürmige Säulenbasilika entstand zwischen 1087 und 1150 in mehreren Bauabschnitten, wobei jeweils das Baukonzept geändert wurde. Dennoch gilt die Münsterkirche heute als der am reinsten erhaltene, romanische Sakralbau der Schweiz. Auf der Südseite des Münsters schließt sich der Kreuzgang mit Arkaden aus dem 12. Jh. an. An seinem Ostflügel markiert ein kleiner Hof den 1522 abgerissenen Kapitelsaal. Dort steht heute die 1486 gegossene Osannaglocke, die Schiller zu seinem Lied von der Glocke anregte.

Nicht vergessen seien die vielen schönen Patrizierhäuser aus Gotik, Renaissance, Barock und Rokoko. Auch Reste der einst umfangreichen Stadtbefestigung sind vor allem in Form von Türmen erhalten. In der Grabenstraße steht noch der Diebsturm von 1414. Das Schwabentor aus dem 14. und das Obertor aus dem 13. Jh. sicherten die Zugänge im Westen und Norden der Stadt

Das von weitem sichtbare Wahrzeichen Schaffhausens aber ist die von 1564 bis 1585 zum Schutz der einzigen rechts des Rheins liegenden, eidgenössischen Stadt errichtete Festung Munot. Mit ihrem Rundbau wurden die Grundsätze von Albrecht Dürers Befestigungslehre verwirklicht. So gibt es im mächtigen Rundturm eine Spiralschnecke als Aufstiegsrampe für Reiter und Geschütze. Im Inneren befindet sich eine gewaltige, schußsichere Kasematte, die von einer 6 m dicken Decke geschützt wird. Die Mauern des Turmes sind bis zu 5 m dick.

Das kleine Städtchen Stein am Rhein am Westzipfel des Untersees, dort wo der Bodensee wieder zum Rhein wird, gilt als das Rothenburg des Hochrheins. Nirgendwo sonst gibt es ein so mittelalterliches, von Fachwerkgiebeln und Fresken geprägtes Stadtbild.

Das von weitem sichtbare Wahrzeichen Schaffhausens ist die bis 1585 unmittelbar über dem rechten Rheinufer errichtete Festung Munot. Bei ihrem Bau wurden die Grundsätze von Albrecht Dürers Befestigungslehre verwirklicht.

Basel – Die Stadt der Humanisten

Kein Geringerer als Karl Jaspers meinte über Basel: „Hier bin ich ein freier Bürger“. Diese Meinung kommt nicht von ungefähr, war die Stadt im Dreiländereck des Rheins doch schon im Mittelalter ein Zentrum des geistigen Lebens in Europa. 1460 wurde hier 80 Jahre nach Köln die zweite Alma Mater am Rhein und die älteste Universität der Schweiz gegründet, 1529 wurde die Reformation eingeführt, nachdem die Stadt 1501 der Eidgenossenschaft beigetreten war.

Gründungsvater der Basler Universität war Enea Silvio Piccolomini, der Konzilsschreiber beim ergebnislosen Basler Konzil, der Kanzlist des Kaisers und spätere Papst Pius II. Installiert wurde die Uni in einem Zunfthaus unter dem Turm der Martinskirche und damit unmittelbar am Rhein. Ein halbes Jahrtausend lang konnte so die nie abreißende Kette erlauchter Geister stets den Blick auf das abwechslungsreiche Treiben auf dem Strom genießen.

Den Basler Humanismus verkörperten so souveräne Geister wie Erasmus von Rotterdam, Geiler von Kaysersberg, Thomas Murner, Sebastian Brant oder Johannes Reuchlin. Würdige Nachfolger in der Tradition des Humanismus wurden Jacob Burckhardt mit seiner „Kultur der Renaissance in Italien“ oder Friedrich Nietzsche mit seiner „Geburt der Tragödie“.

Mittelalterliches Herzstück der Stadt war der Münsterplatz an der Südseite des Rheinknies. Roter Vogesensandstein und ein buntes Dach prägen das äußere Erscheinungsbild dieses gotischen Kleinods, das 1356 nach einem Erdbeben seine heutige Form fand. Die Baugeschichte des Münsters ist gut am reichen Skulpturenschmuck abzulesen. Die Spannweite reicht von den hochromanischen Apostel- und Vincentiustafeln aus der Zeit um 1090 über spätromanische und lombardisch beeinflußte Chorkapitelle bis zum bedeutendsten, spätromanischen, um 1180 fertiggestellten Figurenportal der Schweiz. Die Archivolten und Standfiguren der Westfassade zeigen ebenso verspielte Spätgotik wie die beiden Turmhelme oder die Kanzel von 1486.

Das frühe Figurenwerk des Münsters weist dem späteren Basler Humanismus geradezu symbolhaft den Weg: An den Kapitellen im Chorumgang ist die antike

Basel am Dreiländereck des Rheins war schon im Mittelalter ein Zentrum des geistigen Lebens in Europa. Schon 1460 wurde hier die älteste Universität der Schweiz gegründet.

Eindrucksvollste Bauten sind das mächtige Münster im Hintergrund und das bis 1513 in burgundischer Spätgotik errichtete Rathaus im Vordergrund.

Geschichte von der Himmelfahrt Alexanders im Greifengespann ebenso zu finden wie die von Pyramus und Thisbe. Phantastische Ungeheuer stehen neben Propheten, Fabelwesen neben Figuren der deutschen Heldensagen und der Gesta Romanorum. Mit am deutlichsten aber wird die Vereinigung von Antike und Mittelalter in der als Glücksrad gestalteten Fensterrose über dem Gallusportal. Von ihm führt eine direkte Linie zu Sebastian Brants „Narrenschiff", dem Symbol für das ewige Auf und Ab des Lebens.

Ein Prachtstück für sich ist das bis 1513 in burgundischer Spätgotik errichtete Rathaus. Seine reich bemalte Fassade, seine farbig glasierten Dachziegel und sein eindrucksvoll verzierter Turm lassen das ausgehende Mittelalter unmittelbar anklingen.

Noch von der alten Stadtbefestigung stammen das Spalentor und das St. Alban-Tor. Beide wurden um 1370 errichtet. Vor allem das Spalentor fällt durch seinen reichen Schmuck auf. Nicht umsonst gilt es deshalb als schönstes Stadttor der Schweiz.

Das Basler Münster besitzt einen überaus reichen Skulpturenschmuck. Die Beispiele zeigen oben Ausschnitte aus dem um 1180 fertiggestellten Figurenportal und unten zwei der um 1090 gefertigten Vincentiustafeln.

Barocke Himmelspforten

Natürlich blieb auch der weite Bodenseeraum nicht von den Folgen des reformatorischen Bildersturmes verschont. In Konstanz hatte man den Bischof verjagt, zahllose Kirchen waren von den Reformatoren „gesäubert“ worden. Aber wie jedes Pendel zurückschlägt, so schlug auch hier die Stunde der Gegenreformation. Während sie andernorts meistens von den Jesuiten getragen wurde, waren rund um den Bodensee und am Hochrhein die Klöster die treibenden Kräfte.

Überall besannen sich die Äbte auf ihre uralten Traditionen und versuchten nun erst recht, das Gotteslob mit gleißendem Gold, prächtigen Farbspielen und illusionistischen Kunstfertigkeiten zu singen. Um die Schöpfungsherrlichkeit aus den Himmelssphären in unsere irdische Wirklichkeit herunterzuholen, war jedes Mittel recht, arbeiteten Baumeister, Maler und Stukkateure Hand in Hand und schufen so Festsäle, die weltweit ihresgleichen suchen.

St. Galler Klosterträume

Die Kathedrale der St. Galler Benediktinerabtei erhielt ihr endgültiges Gesicht erst im Zuge des barocken Neubaus zwischen 1755 und 1766. Hauptbaumeister waren dabei Peter Thumb und Johann Michael Beer. Sie errichteten eine doppelchorige Wandpfeileranlage ohne Emporen, dafür aber mit einer zentralen Kuppel. Bei der Innenausstattung wirkten führende Künstler der Zeit kongenial zusammen.

Die farbenfrohen, mit Stuck eingerahmten Deckenfresken im Schiff schuf Christian Wenzinger, den Stuck im Chor fertigten die Gebrüder Gigl. Das Deckengemälde in der Kuppel mit dem Blick in den Himmel mit Gottvater, Sohn und hl. Geist, umgeben von Heiligen und wichtigen Figuren der Klostergeschichte, steuerte Joseph Wannenmacher bei. Das vergoldete Chorgitter lieferte der Hofschlosser Joseph Meyer, das beschwingte Chorgestühl mit Szenen aus dem Leben des hl. Benedikt stammt von Joseph Anton Feichtmayr und Johann Georg Dirr. Den klassizistischen Hochaltar baute Joseph Simon Moosbrugger erst 1810 ein. Von ihm stammt auch die Orgelempore.

Im Westtrakt des südlichen Klostergevierts ist St. Gallens größte Sehenswürdigkeit zu finden: die Stiftsbibliothek. Den rechteckigen, über zwei Stockwerke reichenden Saal errichteten Vater und Sohn Peter Thumb bis 1759. Die Geschoßteilung leistet eine Holzgalerie, die elegant um die nach innen verlegten Strebepfeiler verläuft.

Sämtliche Wände sind mit Bücherschränken ausgebaut. Die Deckengemälde in den flachen Stichbogengewölben schuf Joseph Wannenmacher. Dargestellt ist die Rechtgläubigkeit, wie sie in den ersten ökumenischen Konzilien verkündet worden war. Die Kartuschen zieren je vier griechische und lateinische Kirchenlehrer. Die lebendigen Stukkaturen fertigten die Brüder Johann Georg und Mathias Gigl. Alle Holzarbeiten sowie der phantasievolle Einlegeparkettboden stammen von Klosterbrüdern unter der Leitung von Gabriel Loser. Die 20 allegorischen Puttenfiguren schließlich lieferte Joseph Schwaiger. Sie verkörpern die Wissenschaften und Künste.

Birnauer Rokokojuwel

Die Überlinger scheinen auch dann streitbare Herren gewesen zu sein, wenn es gar nicht um ihre eigene Kirche, sondern um ein von anderer Seite betreutes Heiligtum ging. Nur so jedenfalls ist es zu erklären, daß die Salemer Zisterzienser 1746 das von ihnen seit 1348 in einer am Rand von Überlingen stehenden Kapelle betreute Gnadenbild der Muttergottes wegen Streitigkeiten mit den Überlingern in ihr Kloster nach Salem zurückholten und damit begannen, auf eigenem Boden und ohne Einmischungsmöglichkeit der Überlinger, dem Heiligtum einen neuen, würdigen Rahmen zu geben.

Als Bauplatz wählten sie einen Südwesthang am Ufer des Überlinger Sees, der auch noch die Möglichkeit für die Anlage eines barocken Terrassengartens geboten hätte. Laut erhaltenem Plan sollte eine großzügige Treppe zur Fassade hinaufführen. Auf halber Höhe sollte ein Rondell mit Brunnen in der Mitte den Besucher zum Verweilen einladen. Auch wenn diese Parkanlage nicht ausgeführt wurde, präsentiert sich die Kirche mit ihrer dem See zugewandten Eingangsfassade mehr wie ein kleines fürstliches Sommerschloß denn als Kirche.

Die so gar nicht „kirchenmäßige“ Fassade ist Folge des Bauauftrags von Abt Stephan II. Enroth an den Vorarlberger Baumeister Peter Thumb. In ihm heißt es: „Das Priester- oder Caplan-Hauß solle Vorderhalb an die Kürch angebaut werden, also daß man durch das Hauß underhalb gleich als durch einen Vorhoff in die Kürch

Hinein gehe." So kam zustande, daß die Schauseite der Kirche ein Abteigebäude wurde, dessen durch Portal und Turmaufbau betonter Mitteltrakt als Eingangshalle zur Kirche dient.

Peter Thumb folgte auch in Birnau seinem Vorarlberger Bautyp und errichtete eine Wandpfeileranlage mit umlaufenden Emporen. Die Wandpfeiler reduzierte er auf schlanke Pilaster, die sich auf halber Höhe als gekehlte Lager für den Emporengang nach außen biegen und im Obergeschoß die Gewölbe tragen. Da sich der Emporengang um die gesamten Langhauswände schlängelt, ergibt sich ganz von selbst ein zweigeschossiger Wandaufbau und ein überaus großzügig wirkender Hallenraum. Dieser Eindruck wird noch dadurch verstärkt, daß das gesamte Langhaus mit einer Mulde mit eingeschnittenen Kappen über den Fenstern gewölbt ist. Eine Flachkuppel im Vorchor und eine eigene kleine Kuppel über der Apsis führen optisch zum Heiligtum auf dem Hochaltar.

Zur bezauberndsten Rokokokirche am Bodensee wurde Peter Thumbs Bau jedoch durch die Zusammenarbeit des genialen Stukkateurs Joseph Anton Feichtmayr mit dem Ausgsburger Maler Gottfried Bernhard Goetz. Sie schufen bis 1750 aus der Weite Thumbs mit Farben und Formen des Rokoko einen „himmlischen Festsaal", der selbst den sprödesten Besucher nicht gleichgültig läßt. Das Verdienst Feichtmayrs ist es dabei, mit seinem beschwingten Rocaille-Stuck den Architekturformen Leben einzuhauchen und so die Wände fast schwerelos wirken zu lassen. Daß ihm darüber hinaus der Schalk buchstäblich aus den Augenwinkeln blitzt – man denke nur an den „Honigschlecker" – gibt dem Ganzen auch noch angenehm menschliche Züge.

Die gesamte Gewölberegion wurde von dem aus Böhmen stammenden und in Augsburg seßhaft gewordenen Goetz übrigens nach dem von den Zisterziensern vorgegebenen und dem Marienleben gewidmeten Bildprogramm gestaltet.

Katharinentaler Resolutheit

In Diessenhofen am Hochrhein hatte es bereits um 1230 ein Augustinerinnenkloster gegeben. Es wurde 1245 von Dominikanerinnen übernommen und 1251 aus dem Lärm der Stadt heraus ins ruhigere Katharinental verlegt.

Von 1712 bis 1738 regierte in diesem Kloster die Priorin Josepha von Rottenburg, die eine ebenso resolute wie heiligmäßig lebende Dame gewesen sein muß. Immerhin gelang ihr die komplette Erneuerung des Klosters und seiner Kirche. Dabei ging sie mit ihren Baumeistern wohl alles andere als zimperlich um, bestand energisch auf eigenen Vorstellungen und sorgte so dafür, daß ihre Kirche zu einer der ausgewogensten Raumschöpfungen des Barocks im Bodenseeraum wurde. Gleichzeitig lieferte sie mit ihrer Konzeption im kleinen Rahmen die Vorlage für die Kathedrale von St. Gallen.

Offizielle Architekten der Kirche waren Franz Beer beim Entwurf und Johann Michael Beer bei der Bauausführung. Geistige Mentorin von beiden war die resolute Priorin. Zusammen schufen die Drei ein gedrungen rechteckiges, fast quadratisches Schiff mit eingezogenem quer-rechteckigem Altarhaus, das sich in einem tiefen Chor gleicher Breite nach Osten fortsetzt. Das hallenartige Schiff hat ein eingestelltes Pfeilerpaar, wodurch sich zwei quadratische Hängekuppeljoche ergeben. Der eher strengen Raumgestaltung entsprechen die Stukkaturen von Nikolaus Schütz.

Die Decken- und Wandmalereien sind ein Werk von Jakob Carl Stauder, der in Ölharztemperatechnik arbeitete und damit eine gemäldeähnliche Wirkung erzielte. Seine dargestellten Personen hat er theatralisch gruppiert und jeweils in Scheinarchitekturen positioniert. Dargestellt sind auf Wunsch der Priorin Bilder der schmerzensreichen, freudensreichen und glorreichen Rosenkranzgeheimnisse. Derselbe Maler lieferte den Entwurf des Hochaltars und das darin gefaßte Gemälde der mystischen Vermählung der hl. Katharina.

Zur verhaltenen Festlichkeit der Kirche paßt die 1736 fertiggestellte große Orgel mit Rückpositiv. Wenn ihre 19 Register erklingen, beginnt der Raum zu leben und den nüchternsten Besucher vom Charme des Barock zu überzeugen.

Die Klosterkirche von Birnau ist die bezauberndste Rokokokirche am Bodensee. Peter Thumb als Baumeister, Joseph Anton Feichtmayr als Stukkateur und Gottfried Götz als Maler schufen bis 1750 einen himmlischen Festsaal, der weit und breit seinesgleichen sucht. Daß es dabei nicht nur theologisch streng zuging, verrät der „Honigschlecker" auf der linken Seite.

In Basel beginnt dort, wo sich der Rhein endgültig nach Norden wendet, die Passagierschiffahrt. Mit großen Kabinenschiffen kann man von hier den ganzen Rhein abwärts bis in die Nordsee fahren.

Für die Schiffahrt gebändigt

Der südliche Oberrhein

Von Lörrach bis Karlsruhe

Zwischen Rheinhausen und Kappel erinnert das Naturschutzgebiet „Taubergießen“ daran, wie es am südlichen Oberrhein einst tatsächlich ausgesehen hat. Die Rheinregulierung hat davon nur kärgliche Reste übriggelassen.

Das Karlsruher Schloß ist das Paradebeispiel einer Stadtgründung am Reißbrett. Mittelpunkt war der achteckige Turm, Symbol der fürstlichen Gnadensonne. Wie Speichen von der Nabe eines Rades wurden vom Turm aus 32 schnurgerade Straßen in alle Himmelsrichtungen gezogen, das Schloß selbst wurde ebenfalls auf zwei dieser Radialen errichtet.

Vom Rhein zur Rinne

Nördlich von Basel mußte der Rhein nie um ein Bett kämpfen. Der riesige, im Durchschnitt etwa 30 km breite und auf weiten Strecken beinahe topfebene Oberrheingraben bot sich dem Strom als hindernisfreie Flußbahn an. Allerdings nutzte der Strom das Angebot, problemlos nordwärts fließen zu können, auf seine Weise. Ähnlich wie schon als Alpenrhein nutzte auch der Oberrhein die volle Breite der Talsohle mit riesigen, immer wieder wechselnden Schlingen aus. Untiefen, riesige Wanderkiesbänke und immer wieder überflutete Talauen machten eine Nutzung für Schiffahrt und Landwirtschaft lange unmöglich.

Seit der Römerzeit bis zum Ende des Zweiten Weltkrieges war der Strom zudem stets umstrittene Grenze. Die Römer kämpften an ihm nahezu ein halbes Jahrtausend mit den Alemannen. Wenig später teilten die Söhne Karls des Großen das kurze Zeit geeinte Frankenreich wieder auf, begann im Westen ein von Anfang an zentralistisch ausgerichtetes Frankreich und im Osten ein unendlich zersplittertes deutsches Kaiserreich eigene Interessen zu verfolgen. Am Rhein trafen beide ungebremst aufeinander. Über Jahrhunderte versuchte Frankreich die Rheingrenze für sich zu sichern, über Jahrhunderte versuchte Deutschland genau das zu verhindern. Im Ergebnis blieb nur das Oberrheinstück zwischen Hüningen im Süden und Lauterbourg im Norden als deutsch-französische Grenze übrig.

Deutsche und Franzosen versuchten teils alleine, teils gemeinsam, den Talboden im südlichen Oberrheintal nutzbar und den Fluß schiffbar zu machen. Beiden zusammen gelang es im Ergebnis, den Strom als Schleusen- und Kraftwerkstreppe zu betonieren, die Franzosen erreichten sogar durch den Bau des Grand Canal d'Alsace, den Strom auf ihr Gebiet zu verlegen. Beiden gelang aber auch, den Oberrheingraben für die Landwirtschaft nutzbar und aus der einstigen Auenlandschaft ein Stück Intensivlandwirtschaft zu machen. Daß dabei nur wenige Altauen übrigblieben, steht auf einem anderen Blatt.

Der Oberrheingraben

Der weitläufige Talboden zwischen Vogesen und Schwarzwald verleitet auf dem ersten Blick zum Glauben, hier habe sich der Rhein eben ein großzügiges Bett geschaffen. Beim näheren Hinsehen zeigt es sich dann allerdings schnell, daß keineswegs die Erosionskraft des Stromes diese markante Erdfurche ausgeräumt und geformt hat. Sie ist vielmehr das Ergebnis tektonischer Verschiebungen tief im Erdinneren.

Als die europäischen Mittelgebirge aufgefaltet wurden, entstanden dabei Spannungen, die sich vor etwa 45 Millionen Jahren in einem Bruch auf einem Streifen zwischen Basel und Frankfurt lösten. Dabei geschah zweierlei: zum einen senkte sich das Grabenzentrum, zum anderen hoben sich die Grabenschultern. Beide Vorgänge dauerten bis vor etwa 10 Millionen Jahren und erfaßten auch noch das Rheinische Schiefergebirge bis hinunter zur Niederrheinischen Bucht. Damit hat der Oberrheingraben die Nordhälfte Mitteleuropas über eine Nord-Süd-Linie gespalten.

Die kräftigste Ausbildung erreichte der Graben in seiner Südhälfte. Im Maximum betrug die Differenz zwischen dem Grabenboden und seinen Rändern stolze 4400 m. Allerdings wurde dieser Riesencanyon noch im Tertiär wieder mit Sedimenten verfüllt. Zusätzlich wurden die Grabenränder von der Erosion abgetragen und in den Graben hineingeschwemmt. Später ergänzte der Rhein die Auffüllarbeit, so daß heute mit einer Höhendifferenz von rund 1000 m zwischen Talboden und Schwarzwaldhöhen nur noch knapp ein Viertel der ursprünglichen Tiefe übriggeblieben ist.

Ganz zur Ruhe gekommen ist der Graben übrigens bis heute nicht. Genaue Messungen haben ergeben, daß die Grabensohle pro Jahrhundert weiterhin um 7 cm sinkt. Im gleichen Zeitraum wandern Schwarzwald und Vogesen um 5 cm auseinander. Die Grabenränder, also die Höhenzüge von Vogesen und Schwarzwald, scheinen dagegen nicht mehr weiter wachsen zu wollen.

Der ungezähmte Oberrhein

Zwischen Bad Bellingen und Neuenburg schieben sich die Ausläufer des Schwarzwalds besonders weit nach Westen ins Oberrheintal vor. Bei Istein und Engelberg stehen rund 350 m hohe Vorberge unmittelbar über dem Oberrhein. Den südlichen, den 349 m hohen Isteiner Klotzen, nutzte der romantische Maler Peter Birmann Anfang des 19. Jh., um die von hier aus gut zu überblickende Auenlandschaft im Bild festzuhalten. Zu sehen ist ein weitläufiges Gewirr aus weiten Rheinschlingen, Totwasserarmen und dichten Auwäldern. Insgesamt vermittelt das Bild den Eindruck einer menschenfeindli-

Der gesamte südliche Oberrhein ist heute kanalisiert und für die Schifffahrt durch riesige Schleusenanlagen sicher befahrbar. Aus der einst weiten Auenlandschaft wurde ein von Intensivlandwirtschaft eingefaßter Betonkanal.

Wie industriell der Oberrhein heute funktioniert, zeigt die Einfahrt zur Schleuse Vogelgrün bei Straßburg (oben). Dennoch gibt es auch am betonierten Oberrhein noch malerische Winkel wie hier bei der Mündung der Ill auf der Höhe von Straßburg (unten).

chen, amphibischen Landschaft mit eigener Gesetzmäßigkeit und eigenen Freiheiten.

Erinnert man sich dazu kartographischer Aufnahmen aus gleicher Zeit, dann darf man diesen, nach Süden beschränkten Ausschnitt ohne weiteres nach Westen und Norden übertragen. Die Mäander und Auen des Oberrheins reichten damals von den Füßen des Schwarzwalds bis hinüber zu den Vogesen, zahllose Rheinarme und Nebenströme füllten den gesamten Talboden. Von der Eiszeit her gab es noch genügend Moränenschutt, mit dem der Rhein immer noch spielen konnte. Nach Belieben schuf er Stromschnellen, Untiefen, Kiesbänke oder Inseln. So verzeichnet eine Rheinkarte aus dem frühen 19. Jh. auf der 110 km langen Strecke zwischen Basel und Straßburg mehr als 1600 Inseln. Bis Karlsruhe kamen noch einmal 2000 weitere dazu.

Es liegt auf der Hand, daß diese wilde Auenlandschaft zwar ein Naturparadies war, als menschliches Siedlungsgebiet jedoch wenig geeignet erschien. Wohl sorgten die periodischen Überschwemmungen für eine besondere Fruchtbarkeit, doch konnte niemand gewiß sein, daß ein in einem Jahr genutzter Bereich im nächsten noch verfügbar wäre. Selbst auf den seitlichen Niederterrassen waren die Menschen keineswegs sicher, denn auch diese wurden bei größeren Hochwassern immer wieder angenagt oder gänzlich weggerissen.

Ein gutes Beispiel dafür bietet Breisach am Südfuß des Kaiserstuhls. Zwar überragt der Vulkankegel des Breisacher Münsterberges die Rheinebene, doch der Rhein nahm sich immer wieder die Freiheit, mal auf der Ostseite, mal auf der Westseite, mal an beiden Seiten des Berges zugleich vorbeizufließen. Im 15. Jh. fielen Neuenburg, im Jahrhundert darauf Rheinau völlig den Fluten zum Opfer und mußten total neu errichtet werden. Von zahlreichen Dörfern und Siedlungen ist bekannt, daß sie vom Oberrhein sang- und klanglos mitgerissen und nie wieder aufgebaut wurden.

Natürlich hatte die Auenlandschaft auch erhebliche Vorteile. Die weiten Mäander des Stromes sorgten für einen ganzjährig hohen Grundwasserstand, die periodischen Überschwemmungen für Düngerschübe aus Sedimenten organischer Substanzen. Im südlichen Teil des Oberrheins erreichten diese Sedimentschichten Stärken von bis zu 60 cm, im nördlichen Teil sogar bis zu 120 cm. Die starke Feuchtigkeit des Talbodens sorgte zudem für eine hohe Luftfeuchtigkeit und damit für insgesamt freundlichere Durchschnittstemperaturen gerade auch in der kälteren Jahreszeit.

Auf den Inseln bildeten sich je nach Feuchtegrad Weichholz- oder Hartholzauenwälder. Auf Inseln, die weniger als die Hälfte des Jahres trocken waren, wuchsen Silberweiden, Erlen und Pappeln, auf den nur bei Hochwasser überschwemmten Inseln gediehen Stieleichen, Eschen, Feldulmen, Silberpappeln und Grauerlen. Tier- und Pflanzenwelt der Auen bildeten damit ein stabiles Gefüge, von dem ein Forstmann noch im vorigen Jahrhundert feststellen konnte: „Mit ihrem üppigen, fast tropisch zu nennendem Wachstum bilden die Auenwaldungen unsere holzartenreichsten Wälder mit über 30 Holzarten, einer reichen Vogelwelt und großem Fischreichtum."

Allein der Fischreichtum bot einer ganzen Zunft Leben, Arbeit und Brot. Wohl waren die Fischereirechte meist im Besitz der Landesherren oder von Klöstern, die sie jedoch an einzelne Fischer verpachteten. Schon 1399 legte eine Fischereiordnung genau fest, wann, wie und wo und mit welchem Fanggerät gefischt werden durfte. Fangmaße und feste Schonzeiten sorgten schon damals für den Fortbestand der Artenvielfalt. Gefangen wurden vor allem Lachse, Aale, Forellen und Hechte.

Welche Bedeutung die Fischerei in der Auenlandschaft am Oberrhein jahrhundertelang hatte, belegt vielleicht am besten das Beispiel jenes Ortenauer Fischers, der noch am 1.7.1916 einen Stör von immerhin 1,05 m Länge und 10,5 kg Gewicht aus den Fluten zog. Der Straßburger Fischmarkt war jahrhundertelang für sein überreiches, stets frisches Fischangebot aus dem Oberrhein berühmt. Immer wieder ist belegt, daß pro Tag durchaus mehr als 100 große Lachse frisch aus dem Rhein angeboten wurden.

Einen ganz besonderen Schatz bargen die Kiesbänke der Rheinauen. Schon der griechische Geograph Strabo nannte nicht umsonst um die Zeitenwende herum den Rhein den „Goldreichen". Zwei Jahrhunderte später findet sich bei Athenaios ein detaillierter Bericht über die Goldwäscherei im Rhein, und im Jahre 868 berichtete Otfried von Weißenburg, daß im rheinischen Frankenland aus dem Sand Gold gewaschen werde.

Vor diesem Hintergrund macht die Goldene Bulle von 1356 Sinn, in der den vier rheinischen Kurfürsten das sonst nur dem König zustehende Recht der Goldmünzung verbrieft wurde. Die von ihnen geprägten Rheingolddukaten hatten die Inschrift „Aus Rheinsand". Noch 1838 wurden allein in Baden gut 400 Goldwäscher gezählt. In den Jahren 1804 bis 1834 erhielt die Münze in Karlsruhe noch insgesamt 145,5 kg Gold abgeliefert. 1874 schließlich hatte die Rheinkorrektur die Ansammlung von Gold in Kies und Sand unmöglich gemacht, so daß auch der letzte hauptamtliche Goldwäscher seinen Beruf aufgeben mußte.

Die Rhein-Rectification

Die Auenlandschaft des Oberrheins hatte jahrhundertelang ihr Gleichgewicht im stetigen Wechsel gefunden. Anfang des 19. Jh. nun versuchte der Mensch, diesen Wechsel durch Dauer zu ersetzen. Um die landwirtschaftlichen Nutzflächen zu sichern und zu vergrößern, wurden Dämme gebaut und Auwälder wurden abgeholzt. Mehr und mehr wurde damit aber auch die Wasserfläche eingeengt. Zwangsläufig mußten die Hochwasserstände steigen. Wo sich früher die reißenden Fluten weit ausbreiten konnten und sich ihre Zähne an den Auwäldern ausbissen, gab es nun zwar schmalere, dafür aber um so freiere Bahnen. Im gleichen Maße wie die Nutzung der Aulandschaft zunahm, häuften sich die Hochwasserkatastrophen. Schon 1740 war das Wasser des Oberrheins sogar ins relativ hochgelegene Philippsburg vorgedrungen.

Der mehr und mehr eingeengte Strom rächte sich, ähnlich wie schon der Alpenrhein, mit einer besonders tückischen Reaktion: er schüttete sein Bett immer höher auf. Dadurch entstand zu den Ufern des Oberrheingrabens hin ein Gefälle, so daß die Folgen von Hochwasser immer gravierender wurden. Immer höhere Schutzdämme mußten gebaut werden, doch halfen sie wenig und sorgten sogar eher dafür, daß die niedrigen Landstriche in den Randbereichen zu versumpfen begannen. In dieser Situation gab es nur noch die Alternative, die Auen wieder dem Rhein zu überlassen oder den Ausbau der Kulturlandschaft konsequent fortzusetzen. Weil niemand weichen wollte, begann das Ende der Oberrheinischen Auenlandschaft. Zu ihrem Totengräber wurde Johann Gottfried Tulla, als Oberingenieur in den Diensten des Markgrafen von Baden und zuständig für den Rheinbau sowie den Ausbau der badischen Nebenflüsse.

„Kein Strom oder Fluß, also auch nicht der Rhein, hat mehr als ein Flußbett nötig.“ Nach dieser Maxime begann der markgräfliche Flußbaumeister die Bändigung des wilden Oberrheins anzustreben. Die Einzelziele Hochwasserschutz, Absenkung der Wasserstände, Trockenlegung von Sümpfen und Landgewinn sollten mit der Einfassung des Oberrheins in ein geschlossenes Bett gemeinsam erreicht werden. Im Jahre 1812 legte Tulla seine Pläne vor und forderte, daß „dem Rhein ein ungeteiltes, in sanften der Natur anpassenden Bögen oder auch da, wo es tunlich, ein in gerader Linie fortziehendes Bett angewiesen wird.“ Dem politischen Hintergrund wurde Tulla mit dem Satz gerecht: „Die Rectificationslinie des Rheins wird als Eigentumsgrenze zwischen Frankreich und Baden, der Talweg aber als die Hoheitsgrenze angenommen.“ Diesem Vorschlag stimmte auch Frankreich 1818 zu.

Für den Flußlauf bedeuteten Tullas Pläne, daß der Oberrhein zwischen Basel und der damaligen badisch-hessischen Grenze südlich von Worms ein einheitliches Flußbett von maximal 250 m Breite erhalten sollte. Sämtliche Flußschlingen, Windungen und Totarme sollten abgeschnitten werden. Aus den damals noch 354 Flußkilometern sollten 273 km werden, also insgesamt 81 km weniger als der natürliche Rhein bisher in Anspruch nahm.

Große Überschwemmungen in den Jahren 1816 und 1817 trieben den Beginn der Arbeiten rasch voran, so daß noch 1817 die ersten Durchstiche erfolgten. Als sich bei den nächsten Hochwassern zeigte, daß im Bereich der Durchstiche keine Schäden entstanden, beschleunigte dies die Arbeiten wesentlich.

Natürlich standen dem markgräflichen Wasserbauingenieur nicht die technischen Mittel zur Verfügung, die heute bei solch einem Unternehmen eingesetzt würden. Deshalb behalf sich der findige Mann mit einem Trick: er überließ die Hauptarbeit dem Fluß selbst. Wo immer ein Durchstich gemacht werden sollte, wurde im Trockenen ein etwa 20 m breiter Leitgraben ausgeschachtet. Sobald ein höherer Wasserstand absehbar war, wurde dieser Graben an beiden Enden geöffnet. Das einströmende Wasser wurde durch das größere Gefälle beschleunigt und erweiterte deshalb ganz automatisch den Leitgraben. Sobald die vorgesehene Gesamtbreite erreicht war, wurden die Ufer in der damals üblichen Weise befestigt.

Als Tulla 1828 starb, war dennoch erst ein Bruchteil seines Gesamtplanes verwirklicht. Aufzuhalten aber war die weitere Durchführung nicht mehr, so daß 1879 die Korrektur des Oberrheins abgeschlossen wurde. Erreicht wurde damit, daß die gut fünf km breiten Rheinauen und und damit auch die versumpften Niederungen trockengelegt werden konnten und daß das Grundwasser auf eine vernünftige Höhe sank. Nun war eine starke Ausdehnung der Landwirtschaft ebenso möglich wie völlig neue Besiedelungsstandorte. Malaria, Ruhr und Typhus hörten auf, Dauergäste bei der Bevölkerung zu sein. Tulla hatte also – zunächst jedenfalls – auf ganzer Linie gesiegt.

Probleme hatte allerdings noch die Schiffahrt. Tullas bis zu 250 m breites Flußbett ermöglichte dem Strom ein Hin- und Herpendeln zwischen seinen Ufern und nach wie vor ein Spiel mit Kies und Sand. Noch Ende des 19. Jh. war deshalb Mannheim das Ende für die Großschifffahrt. Wohl war bereits 1868 in der „Mannheimer Akte“ das Ziel festgeschrieben worden, die Schiffahrt zunächst bis Straßburg und später bis Basel ganzjährig und sicher

Auf der Höhe von Karlsruhe durchströmt der Rhein den ersten großen Binnenhafen. Seine Verästelungen zeigt die Luftaufnahme, aufgenommen von einem Motorsegelflugzeug aus.

Die Altwasserarme im Naturschutzgebiet „Taubergießen“ sind ein Paradies für Amphibien und seltene Wasservögel. Der urwaldähnliche Auwald bietet ihnen ungestörte Ruhezonen.

zu ermöglichen. Bis 1906 sollte es dann allerdings dauern, bis man daran ging, die Kiesbänke im Flußbett durch Buhnen zu fixieren und eine gesicherte Niederwasserfahrrinne auszubauen. Zwischen Mannheim und Straßburg war sie 88 m breit, fertiggestellt wurde sie 1924. Sechs Jahre später war Breisach erreicht, noch einmal sechs Jahre später Basel.

Was die Schiffer freute, brachte den Anliegern jedoch vermehrt Probleme. Die Erosionsarbeit des Stromes hörte nicht auf, Jahr für Jahr verfrachtete er viele Millionen m^3 Geschiebe. Sohlenvertiefungen von bis zu 8 m waren die Folge – natürlich verbunden mit entsprechendem Absinken des Grundwasserspiegels. In der Folge traten erste Versteppungserscheinungen auf, die Landwirte schlugen Alarm. Noch aber konnte all dies mit stetigem Nachregulieren halbwegs beherrscht werden. Wie lange dies möglich gewesen wäre, bleibt eine theoretische Frage, denn nun kam die große Politik ins Spiel.

Der Grand Canal d'Alsace

Nach dem Ende des Ersten Weltkriegs stand Frankreich 1918 auf dem Siegertreppchen und konnte deshalb ein Jahr später im Vertrag von Versailles in Artikel 358 sich selbst das Recht nehmen, „zur Speisung der bereits gebauten oder noch zu bauenden Schiffahrts- und Bewässerungskanäle oder für jeden anderen Zweck, Wasser aus dem Rhein zu entnehmen.“ Außerdem beanspruchte es für sich das Recht auf die „durch die Nutzbarmachung des Stroms erzeugte Kraft mit dem Vorbehalt, daß die Hälfte des Wertes der gewonnenen Kraft an Deutschland vergütet werden muß.“ Damit war der Fahrplan für die Zukunft am Oberrhein festgeschrieben.

Um die Erzeugung von elektrischer Energie und die Schiffahrt auf dem Oberrhein in die eigene Hand zu bekommen, griff die französische Regierung einen schon 1902 gefertigten Plan für den Bau eines Rheinseitenkanals zwischen Kembs (nördlich von Basel) und Straßburg auf. Mit diesem Kanal sollten die rund 110 m Gefälle zwischen Kembs und Straßburg in acht Staustufen zerlegt und zur Stromgewinnung genutzt werden. Dafür sollten dem Rhein bis zu 1200 m^3 Wasser pro Sekunde entnommen werden. Der Tulla-Rhein wäre damit zu einer Art „Restrhein“ verurteilt gewesen, dessen Funktion sich auf Hochwasserzeiten beschränkt hätte. Zu normalen Zeiten wäre nur ein vertrocknetes Rinnsal übrig geblieben.

Frankreich begann den Ausbau des Kanals 1928 mit der Staustufe Kembs. Dabei war man nicht gerade zimperlich: der Kanal erhielt eine Wassertiefe von 12 m, eine Sohlenbreite von 80 m und eine Oberflächenbreite von 150 m. Die beiden Schleusen wurden mit einer Breite von 25 m und einer Länge von 100 bzw. 185 m gebaut. Das eingebaute Kraftwerk brachte eine Jahresleistung von 840 Millionen kWh. Um das Ganze im wahrsten Sinne des Wortes wasserdicht zu machen, wurde die Kanalsohle betoniert und damit der Zusammenhang mit dem Grundwasser unterbrochen.

Weil 1932 bei der Fertigstellung des Kraftwerks niemand so viel Strom brauchen konnte, wurde der Weiterbau des Kanals zunächst eingestellt und der Rhein unterhalb des Kraftwerks wieder in den Tulla-Rhein geleitet. Dort setzte sofort eine kräftige Sohlenerosion ein, die sich bis weit über Breisach hinaus fortsetzte. Der Restrhein neben dem Kanal aber verkam erwartungsgemäß zum bloßen Rinnsal, das zudem noch wie ein zusätzlicher Entwässerungsgraben wirkte – mit allen Folgen für den Grundwasserspiegel.

Auch nach dem Zweiten Weltkrieg baute Frankreich zunächst ohne Rücksicht auf die deutsche Seite munter am Kanal weiter. Immerhin gab es nun genügend Abnehmer für elektrische Energie, und die Schiffahrt versprach stetigen Aufschwung. Zwischen 1950 und 1959 entstanden so die Staustufen und Kraftwerke Ottmarsheim, Fessenheim und Vogelgrün. Ihre Turbinen lieferten pro Jahr 3,5 Milliarden kWh, und ihre Schleusenkammern wurden wieder 185 m lang und 23 m breit. Auch diesmal wurde die Kanalsohle betoniert, nun schon auf einer Gesamtlänge von 53 km. Entsprechend sank auf dieser gesamten Strecke der Grundwasserspiegel.

Eine Wende im rein nationalen Denken bahnte sich 1956 an, als im Rahmen der deutsch-französischen Verständigung ein neuer Vertrag zwischen Deutschland und Frankreich über den Ausbau des Oberrheins bis Straßburg unterzeichnet wurde. Dabei behielt Frankreich zwar noch das ausschließliche Recht auf die Nutzung der Wasserkraft, doch verzichtete es auf den Weiterbau des Kanals. Vereinbart wurde vielmehr eine „Schlingenlösung“, bei der die neuen Staustufen zwar neben dem Tulla-Rhein gebaut, der Rhein davor und danach aber in seinem eigentlichen Bett bleiben durfte. Damit blieb der gut ausgebaute Hafen Breisach erhalten und das Problem der Grundwasserspiegelsenkung war zumindest entschärft. Bis 1970 wurden nach dieser Vereinbarung die Kraftwerksstufen Marckolsheim, Rheinau, Gerstheim und Straßburg gebaut.

Ein weiterer Schritt in Richtung Vernunft gelang mit dem weiteren Ausbau des Oberrheins zwischen Straßburg und Karlsruhe. Am 4. Juli 1969 hatten Frankreich und Deutschland vereinbart, dieses Rheinstück gemeinsam auszubauen. Die Staustufen Gambsheim und Iffezheim wurden je zur Hälfte mit deutschem und französischem Kapital errichtet, auch die anfallende elektrische Energie wird geteilt. Erstmals gelang es auch, Kraftwerk und Schleusen im verbreiterten Strom selbst und in der gleichen Querachse zusammenzufassen. Nicht zu Unrecht steht deshalb an der Staustufe Gambsheim eine Skulptur mit einem Zitat von Robert Schumann: „Europa entsteht nicht von heute auf morgen, auch nicht nach einem fertigen Plan. Es entsteht durch sichtbare Werke, die zunächst eine Gemeinschaft der Tat schaffen."

Das Taubergießen

Aus Goethes Straßburger Zeit stammt die später in „Dichtung und Wahrheit" aufgenommene Schilderung des Blicks vom Straßburger Münster auf die Oberrheinauen: „Und so sah ich denn die ansehnliche Stadt, die weit umherliegenden, mit herrlichen dichten Bäumen besetzten und durchflochtenen Auen, diesen auffallenden Reichtum der Vegetation, der, dem Laufe des Rheins folgend, die Ufer, Inseln und Werder bezeichnet." Reste dieser einstigen Pracht sind heute nur noch im Naturschutzgebiet „Taubergießen" auf etwa zehn km Länge und bis zu zwei km Breite zwischen Rheinhausen und Kappel erhalten geblieben.

So wie in diesem Reservat sah einst die gesamte Rheinauenlandschaft vor Tullas Flußkorrektur aus. Während heute im gesamten übrigen Oberrheintal der Grundwasserspiegel extrem tief abgesunken ist, tritt er im Altrheingebiet Taubergießen in Form kristallklarer Quellen (= Gießen) zutage. Als frische Quellbäche fließt das Wasser über blanken Kies durch dichten Auwald zu den vom Hauptstrom längst abgeschnittenen Nebenarmen und füllt diese wieder auf.

Zwischen den offenen Wasserbereichen wächst ein imposanter Auwald aus Stieleichen, Ulmen, Schwarzpappeln und Eschen. Selbst Feld- und Bergahorn sind in den trockeneren Bereichen zu finden. Silberpappeln, Wildapfel, Winterlinde und Traubeneiche ergänzen das Angebot. Im Stockwerk darunter wachsen in dichter Fülle Pfaffenhut, Traubenkirsche, Weißdorn und Hasel. Weil auch Hopfen, Waldrebe und Efeu ihr Recht fordern, präsentiert sich der Auwald in urwaldartiger Szenerie, ein Eindruck, der durch das besonders günstige Treibhausklima noch verstärkt wird. Immerhin gibt es hier die höchsten Julitemperaturen am ohnehin schon besonders warmen Oberrhein.

Die Altwasserarme sind deshalb ein bevorzugter Lebensraum für alle Amphibien und besonders viele und seltene Arten von Wasservögeln. Äußerst eindrucksvoll präsentieren sich Seidenreiher, Purpurreiher und Fischadler. Auch der Kormoran überwintert hier. So richtig erleben allerdings kann man das Taubergießen nur vom Wasser aus. Dafür muß man sich am besten früh morgens einem der Fischerkähne aus Kappel, Rust oder Rheinhausen anvertrauen.

Die Rastatter Rheinaue

Zwischen der Iffezheimer Staustufe und der Mündung der Murg liegt im Übergangsbereich des Oberrheins zwischen der ehemaligen „Wildwasserzone" und der noch heute in Ansätzen vorhandenen „Mäanderzone" die alte Rastatter Rheinaue. Das gut sieben Kilometer lange und etwa ein Kilometer breite Naturschutzgebiet umfaßt insgesamt rund 850 ha und fünf „Rückzugsgebiete", in denen der Wald natürlich wachsen und seltenen Pflanzen und Tierarten Heimat bieten darf. Da es sich um eine sehr feuchte Weichholzaue handelt, wachsen hier vor allem prächtige Silberweiden, doch auch die Grauerle ist zu finden.

Obwohl das Auengebiet erst seit 1984 geschützt ist, gibt es inzwischen wieder über 90 Brutvogel-, 45 Libellen- und 440 Schmetterlingsarten. Für den Besucher am augenfälligsten sind die Graureiher, der Schwarzmilan und die Kormorane, die mit eindrucksvollen Flugbildern die Blicke auf sich ziehen.

Gotischer Himmelssturm

Zur Zeit der Gotik gehörte der Oberrhein zum Einflußbereich der Habsburger, der Fluß war noch nicht Gegenstand deutsch-französischer Rivalitäten. Die entscheidenden Kraftzentren waren die Reichsstädte, in denen die Bürger versuchten, ihrem gerade gewonnenen Selbstbewußtsein angemessenen Ausdruck zu verleihen. Nichts war dafür geeigneter als der Kirchenbau nach dem Vorbild von St-Denis. Der hochstrebende Raum, die Auflösung der schweren Mauern, die gewagte Balance von Druck und Schub, die Transparenz zum Himmel waren schlagartig die neuen Ideale.

Am Oberrhein waren es die beiden Reichsstädte Freiburg und Straßburg, die sich am Wettbewerb um die schönsten Münsterkirchen beteiligten. Colmar und Thann folgten in bescheidenerem Rahmen, in Breisach baute man dem romanischen Münster wenigstens einen gotischen Chor an. Allen gotischen Kirchenbauten am Oberrhein aber ist gemeinsam, daß sie nicht nur französischen Vorbildern folgten, sondern Einflüsse aus Ost und West aufnahmen. So hatte der Meister des Straßburger Münsters zwar in Chartres gearbeitet, die farbigen Muster auf den Ziegeldächern aber kamen aus Wien. Ein nicht unwichtiges Vorbild war auch die Pfalzkapelle von Aachen mit ihren bis zum First reichenden Glasfenstern.

Weil der Oberrhein ausnahmsweise ohne politische Spannungen war, baute man die drei schönsten gotischen Kirchen in Freiburg, Straßburg und Thann im gleichen Geist, der nur das Streben nach Höhe kannte. Die Elsässer aber fanden dennoch die feinen Unterschiede heraus mit dem Spruch: „S'Schtroßburger Münschter isch's höchscht, s'Friburger s'dickscht, awer s'Thanner s'fienscht."

Das „dickste" Münster in Freiburg

Die eigentliche Geburtsstunde Freiburgs als „freie burgum" (freie Stadt) schlug 1118, als Herzog Berthold III. von Zähringen Händler und Handwerker einlud, zu Füßen seiner Stammburg planmäßig eine neue Stadt aufzubauen. Bis 1146 bauten die Bürger der neuen Stadt am Platze des heutigen Münsters ihre erste Pfarrkirche als dreischiffige Basilika mit einer Haupt- und zwei kleineren Seitenapsiden. Von dem um 1200 begonnenen Erweiterungsbau sind das Querhaus mit der Vierungskuppel und die unteren Teile der seitlichen Hahnentürme im heutigen Münster integriert.

Rund 150 Jahre baute man dann an Turm und Langhaus, 1354 wurde der Grundstein zum hochgotischen Chor gelegt. Auch an ihm wurde nach Plänen von Johann Parler noch einmal rund 150 Jahre gebaut, bis das Münster 1513 endgültig geweiht werden konnte.

Das beeindruckendste Erlebnis deutscher Gotik bietet die Einturmfassade mit dem Hauptportal auf der Westseite. Weil das Münster eigentlich eine Pfarrkirche war (zur Kathedrale wurde es 1827), durfte nur ein Hauptturm gebaut werden, dem allerdings die ganze Liebe der Freiburger gegolten zu haben scheint. Immerhin zählt sein 45 m hoher, erstmals völlig durchbrochener Helm zu den absoluten Spitzenleistungen deutscher Gotik. In seinem Fuß ist die Eingangshalle und zwischen zwei mächtigen, abgestuften Strebepfeilern mit feinen Säulen auf schräggestellten Wänden das Hauptportal eingebaut. Sein Skulpturenzyklus repräsentiert zusammen mit dem der Vorhalle einen Höhepunkt hochgotischer Bildhauerkunst in Deutschland. Schon am Eingang wird so der Besucher mit der bildlichen Darstellung der wichtigsten Eckpfeiler christlichen Gedankengutes empfangen.

Links vom Eingang lockt das personifizierte Böse in Form des mit Gewürm bedeckten Satans und der verführerisch modellierten Frau Welt. Die fünf Klugen und die fünf Törichten Jungfrauen sind ebenso vertreten wie die Allegorien auf die sieben Freien Künste als Repräsentanten der Wissenschaft. Den Bezug zur Heilsgeschichte im Alten und Neuen Bund stellen die Figuren der Ecclesia und der Synagoge her. Die Hohlkehlen der Torleibung sind mit den Hauptvertretern des Alten Testamentes gefüllt, auf dem Mittelpfeiler des Tores empfängt die Muttergottes den Besucher. Das dreigeteilte Tympanon schließlich berichtet die Heilsgeschichte des Neuen Bundes von der Geburt Christi bis zu seiner Ankunft vor Gericht.

Der Innenraum des Münsters wird von den sechs hohen Spitzarkaden über mächtigen Bündelpfeilern beherrscht. Da Emporen oder Triforien völlig fehlen und die Fenster des Mittelschiffes recht hoch angesetzt sind, wird der Eindruck von einem imposanten, hochgotischen Raum noch verstärkt, auch wenn die Farbfenster des Obergadens nicht erhalten sind.

Zu den kostbarsten Schätzen des Münsters zählen die Glasgemälde in den Seitenschiffen. Mit ihren leuchtenden und dennoch fein abgestimmten Farben übernahmen sie in der gotischen Sakralkunst die Funktion der Wand-

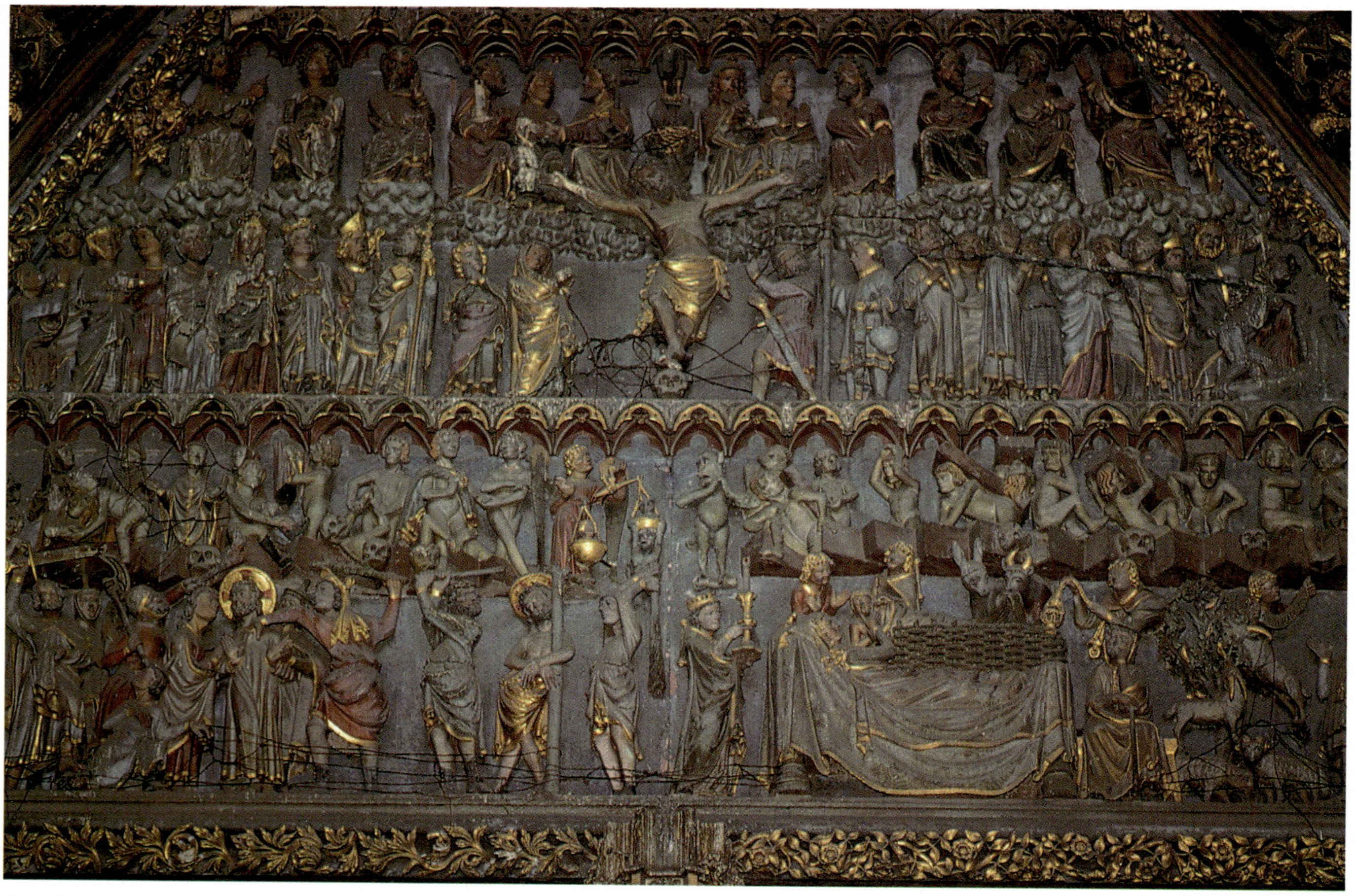

Das Freiburger Münster ist berühmt für seine romanischen Glasfenster. Das Beispiel oben verrät durch die drei Brezeln, daß das Fenster von der Bäckerzunft gestiftet wurde. Das überreiche Figurenfeld im unteren Bild stammt vom Tympanon des Westportals.

malerei in der Romanik. Da sämtliche Fenster Stiftungen von wohlhabenden Bürgern oder Zünften waren, tragen nahezu alle Wappen oder Erkennungszeichen des jeweiligen Stifters. Eine Brezel oder eine Schere sind also nichts ungewöhnliches, sondern belegen lediglich den Stifter.

Die Ausstattung der zwölf Kapellen im Chorumgang sind wie die Farbglasfenster durchwegs Stiftungen. Da die Kapellen die geistlichen Fest- und Repräsentationsräume der Freiburger Patrizier, des Adels und des Kaiserhauses waren, wurden sie entsprechend kostbar ausgestattet. Als Beispiel sei nur der herrliche, zwischen 1521 und 1524 von Hans Sixt von Staufen für die Locherer-Kapelle geschnitzte Altar mit der Schutzmantelmadonna erwähnt.

Das „höchste" Münster in Straßburg

Bevor die Ill in den Rhein mündet, verzweigt sie sich vielfach und bildet zahlreiche Inseln. Auf der am besten geschützten siedelten schon die Kelten, gründeten die Römer ihr Kastell Argentoratum und bauten die Alemannen ihr Stratisburgo (Burg an den Straßen). Ab der Zeit der Karolinger beherrschten Bischöfe die Stadt, bis es den Straßburgern in der Schlacht bei Oberhausbergen 1262 gelang, die bischöfliche Bevormundung abzuschütteln. Als Freie Reichsstadt rangierte Straßburg danach noch vor Köln, Augsburg, Nürnberg und Frankfurt.

Wo heute das Münster steht, hatten schon die Kelten ihr Heiligtum und die Römer den Tempel ihres Kastells. In karolingischer Zeit gab es eine erste Kirche, ab 1015 errichtete Bischof Werinher von Habsburg eine erste Steinkirche im ottonisch-romanischen Stil. Von ihr stammt noch der Ostteil der heutigen Krypta. Welche Dimensionen diese Kirche erhalten sollte, ist am besten daran abzulesen, daß ihr geplanter Grundriß auch für die folgenden Bauherren in staufischer Zeit richtungweisend blieb. Chor, Apsis und ein Teil des südlichen Querschiffes des heutigen Münsters stehen auf dem damaligen Grundriß. In diesen Bereichen sind auch noch romanische Elemente vorhanden.

Um 1220 begann die entscheidende Phase für den Bau des heutigen Münsters. Der damalige Baumeister kam von Chartres und errichtete als Beweis seines Könnens bis 1230 den südlichen Querhausarm mit dem einzigartigen Engelspfeiler und der Portalwand an der Stirnseite. Mitte des 13. Jh. wurde der Umbau des Langhauses der romanischen Vorgängerkirche begonnen. 1277 schließlich gab Bischof Konrad von Lichtenberg den Westbau in Auftrag. Baumeister war nun Erwin von Steinbach, nach dessen Plänen die Portalzone und die große Rose ausgeführt wurden. In seine Zeit fiel der Wechsel des Bauherrn. Bis 1286 waren Domkapitel und Bischof maßgebend, danach übernahm die Bürgerschaft die Bauleitung.

Bis 1365 war die Westfassade bis zur Plattform gediehen. Ab 1382 sollte Michael Parler mit dem Bau der beiden Fassadentürme beginnen. Sein Werk setzte ab 1399 der von Ulm nach Straßburg berufene Ulrich von Ensingen mit der Errichtung des Nordturmes fort. Seine Fertigstellung gelang dem aus Köln berufenen Johannes Hültz 1439 mit der Vollendung des kunstvoll durchbrochenen Helmes. Mit seinen 142 m Höhe war er bis ins 19. Jh. hinein der höchste Kirchturm Europas.

Pläne für den Ausbau des Südturmes gab es in jedem Jahrhundert, in Angriff genommen wurde dieser Turm jedoch nicht mehr. Sogar der vorhandene Nordturm konnte nur mit Mühe und List erhalten werden. Während der Französischen Revolution nämlich wurden am Münster nicht nur über 200 Statuen zerschlagen. Die politischen Fanatiker verlangten auch die Abtragung des Turmes, weil er ihrer Meinung nach die Gleichheit aller Gebäude verletze. Nur der schlitzohrige Vorschlag, ihn mit einer riesigen Jakobinermütze aus Blech zu verkleiden, rettete den Turm vor dem Abriß.

Wer heute vor der Westfassade steht, mag an Victor Hugo denken, der schlicht feststellte: „Ich habe noch nie etwas Erhabeneres gesehen." Obwohl an dieser Fassade die verschiedensten Meister gearbeitet haben, wirkt sie wie ein Schaubild aus einem Guß. Obwohl belegt ist, daß Bauherr und Baumeister immer wieder heftigst über die Gestaltung einzelner Zonen debattierten, könnte der Gesamteindruck nicht homogener sein. Dieser Eindruck wird noch verstärkt durch die Zweischichtigkeit des Wandaufbaus: freistehendes Stab- und Maßwerk überspielt die zurückgenommene Wand.

Die gesamte Fassade ist bis zum Ansatz des Turmes in drei horizontale Stockwerke gegliedert. Der unterste Bereich ist die Portalfront mit den drei Portalen, die jeweils der Breite der Kirchenschiffe entsprechen. Jedes Portal besitzt ein überreich mit Figuren besetztes Tympanon, die Gewände der Portale sind mit Großplastiken besetzt. Die mittlere Etage nimmt die 13,5 m große, riesig wirkende Rose ein. Über ihr verläuft eine Galerie mit den Bildwerken der Apostel.

Auch die beiden Seitenportale an den Querhäusern stehen in nichts den drei Hauptportalen nach. Das Südportal ist noch aus zwei romanischen Rundbögen gebildet und enthält Reminiszenzen an das klassische Griechenland. Berühmt sind die beiden Symbolfiguren der

Ecclesia und Synagoge. Sie sollen den Sieg des Christentums über das Judentum symbolisieren.

Im Inneren ist zwar viel von der einst überaus reichen Ausstattung verlorengegangen. Die Fanatiker der Reformation zerstörten über 50 kostbare, gotische Altäre, die der Französischen Revolution insgesamt 235 Skulpturen. Der großartigen Architektur aber konnten beide Reformbewegungen nichts anhaben. So wirkt der dreizonige Wandaufbau aus spitzbogigen Arkaden mit Laubkapitellen, Triforien mit filigranartig durchbrochenen Vierpässen und dem Lichtgaden mit seinen monumentalen Farbfenstern bis heute überaus festlich.

Eine ganz wesentliche Komponente beim Gesamteindruck sind natürlich die überaus farbenprächtigen Glasmalereien aus der Zeit vom 12. bis 14. Jh. Sie sind das umfassendste Zeugnis mittelalterlicher Glasmalerei im Elsaß. Die ältesten Fenster im nördlichen Querschiff stammen noch aus der Romanik. Gefertigt wurden die Salvatorscheiben um 1200. Im nördlichen Seitenschiff sind die überaus prächtigen Kaiserfenster aus dem 13. und 14. Jh. eingebaut. Das südliche Seitenschiff aus dem frühen 14. Jh. zeigt die neutestamentliche Heilsgeschichte. Die Farbfenster der mächtigen Rose an der Westfassade soll Erwin von Steinbach entworfen haben. Allerdings gingen die Originale verloren, so daß 1845 nach alten Vorlagen ergänzt werden mußte.

Das „fienscht" Münster in Thann

Während in Freiburg und Straßburg die Münster jeweils auf Bischofskirchen zurückgehen, verdankt das Thanner Münster sein Entstehen einer Heiligenlegende. Ihr zufolge brachte ein Diener des Bischofs Theobaldus von Gubbio den Daumen des Bischofs mit dem Bischofsring zurück in dessen Heimat Lothringen. Im Tal der Thur ließ sich der Pilgerstab mit der darin verborgenen Reliquie plötzlich nicht mehr aus dem Boden ziehen. Erst als Graf Pfirt von der nahegelegenen Engelburg die Errichtung einer Wallfahrtskirche gelobte, ließ sich der Pilgerstab wieder bewegen.

Tatsächlich bewirkte der Kult um den hl. Theobald zwischen 1320 und 1516 den Bau des unverhältnismäßig großen, dreischiffigen, gewölbten Münsters von Thann. Aufgrund seiner relativ späten Bauzeit ist es ein Werk der Spätgotik, dessen raffinierte Gewölbeformen und „flammendes" Maßwerk aber ihresgleichen am Rhein suchen. Unterstrichen wird dies durch einen überschwenglichen Reichtum an Schmuckformen aller Art. Das Schwelgen in Szenen und Verzierungen gipfelt in dem mit über 500 Figuren ausgestatteten Hauptportal.

Von weitem fällt der elegante Turm des Münsters auf, der nach dem Vorbild des Freiburger Münsterturms errichtet wurde. Im unteren Teil ist er durch Blendarkaden gegliedert, in denen vollplastische Figuren der Apostel stehen. Den Mittelteil bilden zwei überhöhte Stockwerke mit langgezogenen, gotischen Fenstern mit geschweiften Spitzbögen. Am schönsten ist, ähnlich wie in Freiburg, der oberste Teil mit der durchbrochen gearbeiteten und mit Krabben besetzten Turmspitze.

Für den eigentlichen Ruhm des Thanner Münsters sorgt jedoch das überaus figurenreich gestaltete, riesige Portal in der Westfassade. Es zählt zu den schönsten und eindrucksvollsten von ganz Ostfrankreich. Seinen großen rahmenden Bogen bilden vier mächtige Spitzbögen mit Figurengruppen in den Kehlungen. Das Tympanon dazwischen ist in vier Horizontalreihen gegliedert, in denen Szenen des Marienlebens dargestellt sind. Die beiden kleineren Bogenfelder über den eigentlichen Portalen präsentieren Szenen aus dem Leben Christi.

Im Inneren beeindruckt zunächst die Höhe des Raumes. Jeweils vier Arkaden tragen die Seitenwände, in denen die schlanken Dienste ohne Kapitelle bis zum Gewölbe emporsteigen. Im Chor sind die Strebepfeiler zwischen den Fenstern so extrem schmal gestaltet, daß die Wände wirklich wie aus Glas gefertigt erscheinen. Diese Fenster entstanden zwischen 1422 und 1450. Sechs von ihnen geben die Genesis, die Zehn Gebote, das Leben Christi, die Passion, das Marienleben und die Wunder des hl. Theobald wieder. Eines der Fenster ist eine Stiftung von Katharina von Burgund, der Gemahlin Herzog Leopolds von Österreich.

Der Großartigkeit der Farbfenster steht das Chorgestühl in nichts nach. Es entstand als Folge des Baseler Konzils, in dem die Kirche des hl. Theobald zur Stiftskirche erhoben wurde. Danach blieb der Chor den Stiftsherren vorbehalten, für die natürlich nun auch ein entsprechendes Gestühl eingebaut werden mußte. Fertiggestellt wurde es 1442, wobei entsprechende Gestühle im Ulmer Münster und in der Pfarrkirche von Memmingen Pate standen. Beide aber werden vom Thanner Gestühl mit eindrucksvoller Formenvielfalt übertroffen. Einfallsreiches Blattwerk, Fabeltiere, Fratzen und hockende Figuren erweisen die elsässischen Schnitzer als Meister ihres Fachs.

Nicht versäumen sollte man auch noch einen Blick auf die Figurenvielfalt im Inneren des Münsters. In der Marienkapelle findet sich eine freistehende Madonna von 1629. Die an einen Pfeiler gelehnte Winzermadonna aus der Mitte des 16. Jh. ist eine Stiftung der Winzer. Deshalb versteckt das von Maria auf dem Arm getragene

Das Straßburger Münster muß man erlebt haben – hier erfuhr Goethe die Bedeutung von Kunst und Victor Hugo stellte schlicht fest: „Ich habe noch nie etwas Erhabeneres gesehen." Allein an der Westfassade arbeiteten drei verschiedene Baumeister im Auftrag von zwei verschiedenen Bauherren und dennoch gibt es kaum etwas homogeneres als gerade diese Fassade.

Beispiele für die Kunst am Oberrhein sind die im frühen 16. Jh. gefertigte Winzermadonna von Thann (links oben), das Detail vom Breisacher Altar von Hans Loy (rechts oben) und das Tympanon im Westportal des Münsters von Thann (unten).

Kind schelmisch eine Traube hinterm Rücken. In der Theobaldkapelle schließlich finden sich noch zwei Statuen des Heiligen, einmal zusammen mit zwei Engeln und einmal zusammen mit dem Stifterehepaar.

Die Meister von Pinsel und Schnitzmesser

Was die Baumeister der Gotik ohne Statik und Computerberechnung leisteten, ist gewiß bewundernswert. Kaum weniger bewundernswert ist, was ihre Kollegen mit Pinsel und Schnitzmesser zur Ausstattung und damit zur Vervollkommnung des Gesamtkunstwerkes beitrugen. Am Oberrhein gab es von diesen genialen Meistern gleich mehrere.

Allen voran war es natürlich der aus Würzburg stammende Mathias Grünewald (1460–1528), der Meister des „Isenheimer Altars". Mathis Nithart, wie der Maler eigentlich hieß, wurde zu Lebzeiten nur Mathis der Maler genannt und lebte lange in Aschaffenburg. Dort fertigte er für die Stiftskirche den Maria-Schnee-Altar, dessen Mittelbild als „Stuppacher Madonna" weltberühmt wurde. Sein Hauptwerk aber wurde der Isenheimer Altar, gefertigt ab 1505 für das damals mächtige Antoniterkloster Isenheim. 1793 kam der Altar nach Colmar, wo er heute das Prachtstück des Museums Unterlinden darstellt.

Der Altar ist ein Wandelaltar mit zwei feststehenden und vier aufklappbaren, beidseitig bemalten Flügeln. Werktags blieb der Altar geschlossen, zu sehen war dann die Kreuzigung in einem vorher nie gekannten, krassen Naturalismus dargestellt. Damit sollte gezeigt werden, daß alle menschlichen Leiden vom Gekreuzigten bei weitem übertroffen worden waren. Mit der ersten Öffnung an Sonn- und normalen Feiertagen wurde die apokalyptische Stimmung der Kreuzigung durch strahlende Freude ersetzt. Nun verkündete die Gottesmutter in paradiesischer Landschaft die Menschwerdung. Flankiert wurde dieses Bild von Verkündigung und Auferstehung.

Bei der zweiten Öffnung schließlich, die nur an hohen Festtagen erfolgte, wurde der geschnitzte Schrein von Nikolaus Hagenauer mit der Statue des hl. Antonius Eremita sichtbar. Die seitlichen Tafeln Grünewalds zeigten den Überfall der Höllengeister und der Dämonen des Schreckens und der Ängste auf den Heiligen. Insgesamt zeigt der Altar in zuvor nie gekannter Realistik die wilde Kraft der gesamten menschlichen Gefühlswelt.

Der zweite Maler von Weltgeltung am Oberrhein war Martin Schongauer aus Colmar (1430–1491), dessen Wohnhaus bis heute in Colmar steht. Sein Meisterwerk ist die „Madonna im Rosenhag" von 1473. Schongauer stellte hier die Gottesmutter mit dem Kind auf dem Arm dar, sitzend auf einer Steinbank, angezogen mit einem roten Mantel, dessen Saum auf einem Erdbeerbeet liegt. Den Hintergrund bildet eine Rosenhecke mit bunt gefiederten Vögeln. Zwei schwebende, blau gekleidete Engel halten eine kostbare Goldkrone über das Haupt der Madonna. Nicht umsonst nannte man dieses Bild die „deutsche sixtinische Madonna". Jedenfalls ist es das bedeutendste Marienbild vor Dürer, Grünewald und Holbein.

Weitere Meisterwerke Martin Schongauers finden sich im Museum Unterlinden in Colmar. Allen voran sind hier der 1470 fertiggestellte Orliac Altar und der 1480 vollendete Passionsaltar der Dominikanerkirche in Colmar zu nennen. Der Passionsaltar ist ein aus 24 Tafeln bestehender Wandelaltar, der ähnlich wie der Isenheimer Altar dem Kirchenjahr angepaßt werden konnte.

Der dritte der großen oberrheinischen Meister war Hans Baldung Grien (1485–1545), der aus Weyersheim bei Straßburg stammte. Sein Meisterwerk ist der Hochaltar, den er zwischen 1512 und 1516 für das Freiburger Münster malte, und der zu den großen Meisterwerken des frühen 16. Jh. zählt. Das Mittelbild seines Flügelaltars zeigt die Krönung Mariens durch Gottvater und Christus, darüber den Heiligen Geist. Die Seitenflügel enthalten die zwölf Apostel in hervorragender Charakterisierung. Wird der Altar geschlossen, zeigt er vier Szenen aus dem Marienleben. Hans Baldung Grien, seiner Zeit weit voraus, gelang es in der ausklingenden Gotik, seinen gotischen Formen schon nahezu barocke Ausdruckskraft zu verleihen.

Daß nicht nur mit dem Pinsel Kostbarkeiten geschaffen werden konnten, beweist der knapp 12 m hohe, geschnitzte Flügelaltar im Breisacher Münster. Er ist das Werk von Hans Loy und zeigt im Mittelschrein in überlebensgroßen, von geradezu überirdischer Schönheit beseelten Figuren die Krönung Mariens durch Gottvater, auf den Seitenflügeln die Diakone Stephanus und Laurentius sowie die beiden Stadtpatrone Protasius und Gervasius. Die Predella präsentiert die vier Evangelisten als gelehrte Männer und gleichzeitig als Symbole der vier Lebensalter.

Barocke Planmäßigkeit

Als Kardinal Mazarin 1661 starb, erklärte der 22jährige Ludwig XIV. am Tag darauf seinen Ministern: „Bis jetzt hat es mir gefallen, meine Angelegenheiten durch den verstorbenen Kardinal leiten zu lassen. In Zukunft werde ich selbst mein erster Minister sein. Sie werden mich mit Ihren Ratschlägen unterstützen, wenn ich Sie befrage. Ich verbiete Ihnen, irgend etwas ohne meinen Befehl zu unterzeichnen." Damit schlug die Stunde des absolutistischen Königtums, das in wenigen Jahren im Ausbau von Versailles seinen einmaligen Höhepunkt finden sollte.

Politisch war damit der schon von Richelieu 1629 erhobene Anspruch auf die Ausdehnung des Staates bis zum Rhein verbunden. Ludwig XIV. sah in einer Eindämmung Habsburgs und im Erreichen der Rheingrenze Hauptziele seiner Politik. Um sie zu erreichen, führte er zahllose Kriege, besetzte rund 600 deutsche Städte und Dörfer und überfiel zum Beispiel 1681 mitten im Frieden Straßburg. Entgegen seiner Absicht gelang es Ludwig jedoch keineswegs, den Rhein als französische Ostgrenze zu besetzen und durch einen Festungsgürtel am rechten Rheinufer zu sichern. Mißwirtschaft und exorbitante Ausgaben des Königs ruinierten die Staatsfinanzen und verhinderten damit letztendlich die vom König so sehnlichst erhoffte französische Hegemonie auf dem Kontinent.

Daß Ludwig XIV. im Ergebnis politisch gescheitert war, hinderte seine Bewunderer auf dem gesamten Kontinent nicht daran, ihm in zwei Dingen nachzueifern: im Anspruch auf die absolute Macht in ihrem jeweiligen Bereich und beim Bau ihrer, diesem Machtanspruch entsprechenden Residenzen. Dies war auch am Oberrhein nicht anders, obschon die kleinen Herrscher dort die Folgen beim großen Vorbild hätten sehen können. Gesehen aber wurde nur die angenehme Seite – gebaut wurde nach dem Vorbild von Versailles.

Versailles am Oberrhein

Markgraf Ludwig Wilhelm von Baden-Baden war zeit seines Lebens ein kriegerischer, von keinen Selbstzweifeln geplagter Mann. Mit ganzen 34 Jahren war er bereits Oberbefehlshaber bei der Vertreibung der Türken und der Rückeroberung Ungarns. In den Schlachten von Nisch und Slankamen kämpfte er so erfolgreich gegen die Heerscharen des Halbmondes, daß er als „Türkenlouis" in die europäische Geschichte einging. Dabei waren seine Verdienste als Oberbefehlshaber im Pfälzischen Erbfolgekrieg und dann im Spanischen Erbfolgekrieg keineswegs weniger bedeutsam. Dennoch blieb ihm für alle Zeiten das „Türkenetikett".

Bei soviel kriegerischem Einsatz dürfte wenig Zeit für die Regierung in der heimatlichen Residenz geblieben sein – möchte man unterstellen und läge damit bereits völlig falsch. Immerhin scheute sich der vielbeschäftigte Markgraf nicht, seine Residenz aus dem hügeligen Baden-Baden in die Ebene von Rastatt zu verlegen und dafür dort eine völlig neue Schloß- und Stadtanlage errichten zu lassen.

In Anlehnung an das Versailler Vorbild entwarf der Wiener Baumeister Domenico Egidio Rossi eine großzügige Dreiflügelanlage mit breitem Fürstentrakt und langgezogenen, niedrigeren Flankenkörpern. Die Stadt der markgräflichen Untertanen sollte sich um drei sternförmig auf die Hauptfassade des Schlosses zulaufenden Straßen ansiedeln. Als Gegenpol zum Schloß wurde der von Kirche und Rathaus gerahmte Marktplatz verstanden, den die drei Radialstraßen durchschnitten und auch rein optisch in der angemessenen Distanz zum Schloß hielten. Gegenpol zur Stadtseite im Westen sollte im Osten eine ausgedehnte Parkanlage werden.

Im Jahre 1705 war der Schloßbau so weit gediehen, daß der Türkenbezwinger von Baden-Baden nach Rastatt in sein kaum halbfertiges, neues Residenzschloß umziehen konnte. Nur knapp drei Jahre waren ihm dort allerdings gegönnt, bevor er 1707 nur 52jährig starb. Einem der ersten deutschen Barockschlösser drohte damit ein vorzeitiges Ende, hätte es da nicht die Witwe, Markgräfin Sibylla Augusta aus dem Hause Sachsen-Lauenburg, gegeben. Sie war energisch genug, das Begonnene planmäßig nach dem Konzept Rossis fertigstellen zu lassen. Der Nordflügel mit der Schloßkirche ist ihr ebenso zu verdanken wie der Südflügel mit den Theaterräumen. Heute birgt das Schloß unter anderem ein wehrtechnisches Museum.

Viel mehr als der Weiterbau ihrer Residenz (die Witwe regierte für ihren minderjährigen Sohn) lag der Markgräfin das von ihr 1710 begonnene Lustschloß Favorite am Herzen. Es entstand in einem Waldgelände auf halbem Wege zwischen Baden-Baden und Rastatt unter der Leitung des Hofbaumeisters Michael Ludwig Rohrer, den die Bauherrin aus ihrer böhmischen Heimat geholt hatte. In nur zwei Jahren brachte Rohrer den durchgehend dreigeschossigen Rechteckbau mit angedeuteten Seitenflügeln unter Dach, bis 1717 wurde der Innenausbau fertiggestellt.

Auf der Hofseite deuten die kurzen Seitenflügel einen kleinen Ehrenhof an, die Fassade selbst ist mit Pilastern, geschwungenen Fensterkronen und mit einem skulpturverzierten Dreiecksgiebel ausgeschmückt. Ihre optische Fortsetzung finden die Seitenflügel in zwei langgestreckten Arkadentrakten hinter je einer Baumallee. Auf der Gartenseite wirkt der Bau weit weniger streng, da hier eine großzügig angelegte, doppelläufige Freitreppe zum Obergeschoß die Vertikale gliedert.

Das Innere zeigt überdeutlich die Handschrift der Bauherrin. Mit Ausnahme des großen, über die ganze Höhe des Gebäudes reichenden Eß- und Gartensaales, sind die Räume für barocke Vorstellungen eher klein geraten. Um so kostbarer ist dafür ihre Ausstattung ausgefallen. Chinesische Papier- und Seidentapeten wetteifern mit Fayencefliesen in „Delfter Manier", florentinische Pietra-dura-Arbeiten zieren ebenso die Wände wie feinste Petit-point- und Perlenstickereien. Das Spiegelkabinett zieren nicht weniger als 313 Spiegel, allesamt eingelassen in vergoldete Stuckornamente. In die Zimmer der ebenso kunstsinnigen wie kunstverständigen Schloßherrin selbst schließlich wurde geradezu der Garten hereingeholt: sie sind mit hochrankenden Seidenblumen ausgestaltet.

Den eigentlichen Ruf von Schloß Favorite macht heute aber die mit wenigen Ausnahmen ganz auf die Markgräfin zurückgehende, äußerst kostbare Porzellan- und Fayencensammlung aus. Gut eineinhalbtausend Einzelstücke umfaßt die Sammlung heute, darunter hervorragendes China-Porzellan aus der späten Ming-Zeit bis zur Epoche Yung Cheng (16. bis 18. Jh.). Aus Meißen sind kaum schätzbare Stücke aus der Frühproduktion ebenso vertreten wie Prachtstücke aus Delft.

Weil zu ihrer Zeit der regierenden Witwe wohl niemand ihre Leidenschaft auszureden wagte, gelang es ihr, in rund dreißig Jahren eine Sammlung zusammenzutragen, die heute ihresgleichen sucht. Weil nie zerstört, wurde Schloß Favorite so nicht nur zum ältesten, sondern auch zum einzigen deutschen „Porzellanschloß in alter Fassung".

Die tatkräftige Witwe war damit aber noch keineswegs zufrieden. In Ettlingen gab es noch ein von Markgraf Philibert bis 1561 im Renaissancestil errichtetes, dreiflügeliges Schloß. Das war 1689 ausgebrannt und wurde nun von 1728 bis 1733 nach Plänen von Johann Michael Ludwig Rohrer als Vierflügelanlage und Witwensitz für die Markgräfin erneuert. Seine markanten Punkte sind zwei nach außen gerichtete, runde Ecktürme am Südflügel, drei achteckige Treppentürme zum Innenhof und Reste eines alten Bergfriedes. Hauptakzent aber ist das mit dem badisch-sächsischen Allianzwappen verzierte Barockportal am Südtrakt.

Kostbarster Teil im Inneren ist der gewaltige Asam-Saal mit Decken- und Wandfresken von Cosmas Damian Asam. Dargestellt sind Szenen aus dem Leben des hl. Nepomuk, weil der drei Stockwerke hohe Saal einst als Schloßkapelle diente. Erst später wurde dann eine Zwischendecke eingezogen, wodurch der heutige Untere Musensaal und der Obere Asamsaal mit der so prächtig bemalten Kuppeldecke entstanden. Dieser Asamsaal ist um so kostbarer, da er das einzig erhaltene Asamwerk am Oberrhein ist.

Residenz vom Reißbrett

Im Jahre 1715 beschloß Markgraf Karl Wilhelm von Baden-Durlach, dem Vorbild seines Nachbarn, Markgraf Ludwig Wilhelm von Baden-Baden, zu folgen und auf der grünen Wiese „zu Dero künftigen Ruhe und Gemütsergötzung" eine fürstliche Residenz in den Hardtwald nahe bei Mühlburg aufzubauen. Seine Anlage allerdings sollte die Konkurrenz in Rastatt von Anfang an möglichst weit in den Schatten stellen. Aus diesem Grund legte Karl Wilhelm am 17. Juni 1715 den Grundstein zu einem achteckigen Turm, der als Mittelpunkt einer radial angelegten Stadt Symbol seiner fürstlichen Gnadensonne sein sollte.

Wie Speichen von der Nabe eines Rades wurden vom Turm aus 32 schnurgerade Straßen in alle Himmelsrichtungen gezogen und durch einen kleineren und einen größeren Kreis eingefaßt. Das mit der Stadt zu bebauende Kreissegment wurde durch die Außenkanten der Seitenflügel des neuen Residenzschlosses eingegrenzt, das sich dreiflügelig mit stumpfem Winkel gegen Süden hin öffnet. Der innere Kreisausschnitt bildete (und bildet bis heute) den Schloßplatz, der äußere Kranz sollte nach Süden hin die Bebauung begrenzen. Erhalten ist dieser Kreis heute noch im Norden als Adenauer Ring. Alles, was außerhalb des zur Bebauung vorgesehenen Kreis-Segmentes lag, sollte als riesige, barocke Geometrie-Gartenanlage gestaltet werden, ein Vorhaben, das von der Entwicklung vereitelt wurde.

Da man zwar den Bau eines Schlosses befehlen, nicht aber so ohne weiteres Bürger zwingen kann, eine ganze Stadt neu zu bauen, erließ Karl Wilhelm noch von seiner damaligen Residenz Durlach aus seinen legendären Auf-

Das Karlsruher Schloß wurde 1715 im Auftrag von Markgraf Karl Wilhelm von Baden-Durlach mit dem achteckigen Turm begonnen. Die weitläufige Schloßanlage beherbergt heute das Badische Landesmuseum.

ruf, sich in der jungen Stadt niederzulassen. Weil umfangreiche „Baugnaden“ versprochen wurden, war die Werbung erfolgreich, so daß die Stadt wider Erwarten schnell wachsen konnte. Gebaut wurde allerdings weitgehend in Holz und nur zwei Stockwerke hoch. Auch das erste Schloß wurde, wohl aus Zeitgründen, nur in Holzfachwerk-Bauweise errichtet.

Solider und aufwendiger ging es erst unter Karl Wilhelms Nachfolger, Markgraf Karl Friedrich, zu. Der spätere Kurfürst (1803) und Großherzog von Baden (1806) kam im Alter von nur zehn Jahren 1738 offiziell in Amt und Würden – und unter die Vormundschaft seiner Großmutter, Magdalena Wilhelmine. Die resolute Dame sorgte dafür, daß die Ausbildung des jungen Fürsten auf ein möglichst breites Fundament gestellt wurde, und erreichte mit ihrem Weitblick immerhin, daß Baden mit Karl Friedrich den kunstsinnigsten und aufgeklärtesten Fürsten seiner Geschichte erhielt. Unter anderem verdankt ihm das Land die Wiedervereinigung der Landesteile Baden-Baden und Baden-Durlach (1771) und die frühzeitige Aufhebung der Leibeigenschaft bereits im Jahre 1783.

Die immens lange Regierungszeit von Karl Friedrich (offiziell von 1738 bis 1811) sorgte nicht nur dafür, daß der Bauherr das Barock weit überlebte, sondern auch dafür, daß die Turbulenzen der Revolution die Baupläne arg durcheinander brachten. Trotz aller zeitbedingten Geschmacksveränderungen hielt der Markgraf jedoch an der Grundkonzeption der alten Barockstadt fest. Zum eigentlichen Vater der jetzt klassizistisch angelegten Neubauten wurde der aus Karlsruhe stammende Friedrich Weinbrenner, der auf dem alten Straßenschema die der wachsenden Bedeutung von Markgraf Karl Friedrich entsprechende Residenzstadt errichtete. Nicht zuletzt ihm ist es zu verdanken, daß noch heute der Schloßturm Fluchtpunkt der alten Radialstraßen ist.

Stadt und Schloß wurden im letzten Krieg schwer beschädigt, doch blieben vom Schloß wenigstens die Umfassungsmauern stehen. Der reiche Skulpturenschmuck an Giebel und Attika des Mittelbaues, einst ein Werk von Ignaz Lengelacher, ist jetzt ebenso wiederhergestellt wie der Zentrumsturm der alten Barockstadt. Die weitläufigen Räume des Schlosses beherbergen heute das Badische Landesmuseum.

Schwäbisches im Elsaß

Neben den Schloßanlagen der Markgrafen von Baden findet sich am Oberrhein wenig Repräsentatives aus der Barockzeit. Die einzige Barockkirche im Oberrheintal steht in Ebersmunster, wenig nördlich von Sélestat. Die dem hl. Mauritius geweihte Kirche gehörte einst zum Benediktinerkloster Ebersmunster, einer großen Anlage mit zwei Innenhöfen und französischen Gartenanlagen zwischen zwei Armen der Ill.

Anfang des 18. Jh. versuchte der aus Freiburg stammende Abt Bernhard Röthlin, das im Dreißigjährigen Krieg zerstörte Kloster zu erneuern. Für seine neue Klosterkirche holte er den Vorarlberger Baumeister Peter Thumb, den Meister des Rokokojuwels in Birnau am Bodensee. Dieser errichtete von 1719 bis 1727 die heutige Kirche mit ihren drei schlanken, hohen Türmen: zwei Fassadentürmen mit Zwiebelhauben und den „Heidenturm“ über dem Chor. Auch sein achteckiger Oberbau ist von Zwiebelhaube und Laterne gekrönt. Ansonsten ist das Äußere wie bei nahezu allen Vorarlberger Wandpfeilerkirchen schmucklos, als Gliederungselemente dienen lediglich Pilaster.

Ein völlig anderes Bild bietet das Innere. Die Wandpfeilerbasilika mit Seitenemporen präsentiert sich in leuchtender Helle und feiner Beschwingtheit wie sie sonst nur am Bodensee oder in Oberschwaben zu finden sind. Elegante Pfeiler mit korinthischen Kapitellen tragen das Tonnengewölbe. Seine Felder sind stuckiert und enthalten barockumrahmte Fresken. Sie zeigen Motive aus dem Leben des hl. Mauritius und des hl. Benedikt. Das größte Fresko über der Vierung ist der Krönung Mariens gewidmet.

Auch die Ausstattung zeigt im Detail schönstes Barock. Den Hochaltar ziert über einem Bild des hl. Mauritius eine riesige Goldkrone, Chorgestühl und Kanzel sind mit feinen Holzschnitzereien verziert. All das haben heimische Künstler aus Colmar und Schlettstadt geschaffen. Mit Abstand kostbarstes Stück der Ausstattung aber ist die bis 1731 in ein prunkvolles Gehäuse eingebaute Orgel des schon damals weltberühmten und noch heute hochgeschätzten Andreas Silbermann aus dem Erzgebirge. Wenn sie erklingt, beginnt der gesamte Festsaal Gottes ein beinahe überirdisches Eigenleben, bei dem jedes noch so kleine Ausstattungsstückchen sein angemessenes Plätzchen hat.

Wer auf deutscher Seite des Oberrheins Vergleichbares finden möchte, muß südlich von Freiburg über Staufen ins Münstertal fahren. Dort erhielt die Benediktinerabtei St. Trudpert ebenfalls durch Peter Thumb zwischen 1715 und 1722 ein neues Langhaus. Ähnlich wie in Ebersmunster hat auch hier der Turm einen Achteckaufsatz und eine Zwiebelkuppel. Auch St. Trudpert ist von außen schmucklos, fügt sich aber gut in den umfangreichen Klosterkomplex ein.

Auch das Innere folgt wieder mit Wandpfeilern, Kapellen und Emporen dem Vorarlberger Schema. Für die Ausstattung wurden im Münstertal italienische Meister herangezogen: für den Stuck Carpoforo Orsati und Michelangelo de Prevostis, für die farbkräftigen Fresken Francesco Antonio Giorgioli. Im Langhaus ist die Legende des hl. Trudpert zu sehen, das Chorgewölbe ist der Krönung und der Himmelfahrt Mariens gewidmet.

Der frühklassizistische Stuckmarmorhochaltar, ein Werk von Franz Christian, beeindruckt mit einer mächtigen Säulenarchitektur und Großplastiken der hll. Stephanus und Laurentius. Mit zahlreichen Nebenaltären wird die Formenfreude des Barock unterstrichen. Am eindrucksvollsten jedoch ist das an der prächtig dekorierten Barockkanzel zu sehen, die ursprünglich für die Augustinerkirche in Freiburg gearbeitet worden war.

Die einzige Barockkirche des Oberrheintales steht in Ebersmunster, wenig nördlich von Sélestat. Die Wandpfeilerbasilika präsentiert sich in feiner Beschwingtheit, wie sie sonst nur am Bodensee oder in Oberschwaben zu finden ist.

Berge am Grenzstrom

Was Ludwig XIV. noch versagt geblieben war, wurde nach der Französischen Revolution geradezu spielend erreicht. Weil Angriff angeblich die beste Verteidigung ist, versuchte Preußen die Revolution und ihr Überschwappen nach Deutschland damit zu stoppen, daß es 1792 in die Champagne einfiel. Dort allerdings holten sich die Berliner nur blutige Nasen, denn im Gegenzug eroberten die Franzosen Mainz und besetzten Aachen und Köln. 1795 mußte Preußen deshalb auf all seine linksrheinischen Besitzungen verzichten.

Nur zwei Jahre später mußten die Habsburger Belgien an Frankreich abtreten. Im Frieden von Lunéville schoben die Franzosen damit ihre Ostgrenze bis zum Rhein auf seiner ganzen Länge zwischen Basel und der Mündung vor. Indirekt erfüllte sich 1804 der Traum von Ludwig XIV., als sich Napoleon als Kaiser der Franzosen in Aachen huldigen ließ und damit an Karl den Großen anzuknüpfen versuchte.

Daß auch Frankreichs Bäume nicht in den Himmel wachsen, merkte Napoleon spätestens in Rußland. Zudem war inzwischen auch in Deutschland das Nationalbewußtsein erwacht, so daß Blücher in der Neujahrsnacht 1814 den Gegenstoß nach Frankreich hinein wagen konnte. Nun stritten am Rhein nicht mehr absolutistische Fürsten, sondern zwei verfeindete Völker. In Deutschland hatten jetzt die Worte von Heinrich von Kleist „Schlagt sie tot, das Weltgericht fragt euch um die Gründe nicht“ und von Ernst Moritz Arndt „Ich will den Haß gegen die Franzosen für immer“ Hochkonjunktur. Daß dies auf der anderen Seite nicht ohne Echo blieb, ist selbstverständlich: nationalistische Eiferer auf beiden Seiten hatten das Sagen.

Wohl hatte der Wiener Kongreß nur Elsaß-Lothringen bei Frankreich belassen, die Rheinprovinzen dagegen Preußen zugeschlagen. Für Frankreich war dies jedoch nur der Ansporn, zur erneuten „Zurückeroberung“ der Rheingrenze. Bis zum Juli 1868 allerdings sollte es dauern, bis der Topf erneut überkochte und diesmal Deutschland einen Sieg bescherte.

Frankreich verlor wieder seine Vormachtstellung in Europa, dazu das Elsaß und das deutschsprachige Lothringen. Dort allerdings war man über die Entwicklung alles andere als glücklich. Immerhin hatte das Elsaß seit 1697 zu Frankreich gehört. 1871 versuchten die Elsässer deshalb, über eine Volksabstimmung bei Frankreich bleiben zu können. Als das verwehrt wurde, wanderten knapp zehn Prozent der Bevölkerung aus. Natürlich war auch dieser Sieg wieder ein Pyrrhussieg. In Frankreich wuchs der Haß auf den hochmütigen Sieger, der im Elsaß die französische Sprache verbot. 44 Jahre wuchs der Haß, bis er 1914 in die Katastrophe des Ersten Weltkrieges münden konnte. Mann gegen Mann kämpften nun Franzosen und Deutsche meterweise um Geländegewinne, Zig-Tausende starben, ohne daß sich die Stellungen merklich verschoben hätten.

Mit dem Versailler Vertrag kam Elsaß-Lothringen zurück zu Frankreich, das sich zudem das Recht nahm, am Oberrhein den Rhein-Seitenkanal zu bauen. Die französischen Besatzungszonen um Köln, Koblenz und Mainz allerdings sollten nach spätestens 15 Jahren geräumt werden. Dafür mußte auf der rechten Rheinseite ein 50 km breiter Streifen entmilitarisiert bleiben. Der Rhein kam damit erneut ganz in die Hand Frankreichs.

Als Deutschland die von Frankreich verlangten Reparationen nicht erfüllen konnte, erfolgte 1923 die Besetzung des Ruhrgebietes, was die Deutschen mit passivem Widerstand beantworteten. Erneut wuchs der Haß ins Bodenlose, bis er am 3. September 1939 in den Zweiten Weltkrieg münden konnte.

Eines seiner ersten Ziele war, die „Schmach“ des Versailler Vertrages zu tilgen. Am 10. Mai 1940 kamen die Deutschen deshalb erneut über den Rhein und nur 40 Tage später, am 22. Juni 1940, mußte Frankreich die Waffen strecken. Elsaß-Lothringen kam erneut zu Deutschland und wurde wiederum mit einer brutalen „Germanisierung“ überzogen. Nun war wieder die französische Sprache verboten, junge Elsässer und junge Lothringer wurden zwangsweise zu deutschen Soldaten – bis zum bitteren Ende 1945, als Elsaß-Lothringen erneut wieder französisch wurde. Damit hatte dieser Landstrich innerhalb von nur 75 Jahren dreimal zu Frankreich und zweimal zu Deutschland gehört.

Um so erstaunlicher ist es, daß das Kriegsende 1945 nicht zum Anfangsdatum neuer Haßtiraden wurde. Noch im gleichen Jahr sagte General De Gaulle in Straßburg: „Der Rhein war eine Barriere, eine Grenze, eine Kampflinie – er kann wieder ein Bindeglied für Westeuropa werden.“ Was sich dort in so frühem Stadium so zart andeutete, läutete das Ende der alten „Erbfeindschaft“ ein und war die Geburtsstunde der Vision eines geeinten Europas.

Das Elsaß und seine Vogesentäler

Die Elsässer sind heute längst wieder überzeugte Franzosen, auch wenn sie nach wie vor an ihrem eigenen Dialekt hängen. Er hat im Norden einen fränkischen, im Süden einen alemannischen Hintergrund. Das Elsaß selbst umfaßt die westliche Hälfte der Oberrheinischen Tiefebene und reicht hinauf bis zum Kamm der Vogesen. Entsprechend besteht das Land aus drei Stufen, die von der ehemaligen Auenlandschaft über die vom Rhein abgelagerten höheren Schotterterrassen bis in die Vorberge der Vogesen reichen.

Ihre Gipfel haben durchaus stattliche Höhen, wie etwa der Grand Ballon mit 1424 m, das Hohneck mit 1362 m oder der Ballon d'Alsace mit 1250 m. Nach Norden hin nehmen die Höhen stetig ab bis zum Großen Wintersberg, der gerade noch 580 m hoch ist. Abhängig von der Höhenlage sind es vor allem zwei Touren im Elsaß, die zu entdecken sich lohnen: Die Route des Crêtes über die Gipfel und die Route du Vin durch das hügelige Vorland der Vogesen.

Die Route des Crêtes wurde während des Ersten Weltkrieges von den Franzosen als strategische Nord-Süd-Verbindung zu den vorgeschobenen Stellungen am Vieil Armand (Hartmannswillerkopf) gebaut. Fährt man von Thann aus über Cernay auf die Route des Crêtes, dann ist diese einst so umstrittene Region am schnellsten zu erreichen. Zwar ist der Vieil Armand nur 956 m hoch, doch war er in den Jahren 1915 und 1916 als strategisch besonders wichtiger Punkt am härtesten umkämpft. Auf beiden Seiten sollen hier über 30 000 Soldaten gefallen sein. Das eindrucksvoll bedrückende Monument National alleine steht über den Resten von mehr als 12 000 unbekannten Soldaten.

Nur ein Katzensprung ist es vom Vieil Armand zum Grand Ballon, der mit 1424 m höchsten Erhebung der Vogesen. Von seinem Gipfel aus bietet sich eine großartige Aussicht über die Hochvogesen, den Oberrheingraben und hinüber zu Schwarzwald und Alpen.

Der nächste Höhepunkt ist das 1362 m hohe Hohneck. Über den Vogesenkamm in diesem Bereich verlief bis zum Ersten Weltkrieg die deutsch-französische Grenze. Auch vom Hohneck aus bietet sich wieder ein überwältigender Ausblick auf Oberrhein und Schwarzwald. Wenig nördlich des Hohnecks verlangt der Jardin d'Altitude von Haut-Chitelet die besondere Aufmerksamkeit. Der in 1228 m Höhe gelegene, 10 ha große Botanische Garten umfaßt eine Wald- und Felsenlandschaft, in der Hochgebirgspflanzen aus Europa, Asien und Nordamerika zu bestaunen sind.

Die Route du Vin schlängelt sich einige Etagen tiefer um die östlichen Ausläufer der Vogesen. Seit dem 3. Jh. wird in diesem Bereich Wein angebaut, der es in unserer Zeit dank seines natürlichen Ausbaus unter Kennern zu einem besonderen Ruf gebracht hat. Alsace Grand Cru, Vendanges Tardives und Sélection de Grains Nobles sind Prädikatsbezeichnungen, auf die man sich verlassen kann. Eine Mischung aus besten Lagen und schönsten Siedlungen sind das besondere Kennzeichen der Route du Vin.

Auch die Weinstraße beginnt in Thann. Guebwiller und Rouffach sind die ersten malerischen Orte. Richtig interessant wird es dann zum ersten Mal in Eguisheim, wenig südlich von Colmar. Es gehört zu den ältesten Weinstädtchen der Gegend und entwickelte sich kreisförmig um eine alte Wasserburg der Grafen von Eguisheim. Um das Städtchen herum gibt es nicht weniger als fünf verschiedene Burgen, die man über die Route des Cinq Châteaux anfahren kann. Im Städtchen selbst gibt es schöne alte Zehnthöfe, malerische Fachwerkhäuser und wohl erhaltene Renaissancebauten. Die ringförmige Stadtmauer besteht aus den fensterlosen Rückwänden der dicht aneinandergebauten Häuser. Der ehemalige Wehrgang ist heute ein beliebter Spazierweg.

Einer der beiden Hauptorte an der Weinstraße ist Colmar, das Zentrum des Weinhandels. Wo im Jahre 833 Pippin, Lothar und Ludwig der Deutsche ihren vertragsbrüchigen Vater, Ludwig den Frommen, gefangennahmen, beeindrucken heute ein mittelalterliches Stadtbild mit Häusern aus Gotik und Renaissance und das weltberühmte Museum Unterlinden.

Die schönsten Fachwerkhäuser finden sich am Place de l'Ancienne Douane: Das Haus „Zum Roten Hufeisen" und das „Haus des Wallfahrers". Das „Alte Kaufhaus" besteht aus zwei Häusern, die über eine offene Arkadenhalle verbunden sind. Das ältere stammt immerhin von 1480. Nur wenige Schritte entfernt steht das 1537 fertiggestellte „Pfisterhaus". Mit seiner bemalten Fassade, dem vorgezogenen Holzbalkon und dem zweigeschossigen Eckerker ist es das wohl schönste Haus der Altstadt. Das wohl gelungenste Renaissancehaus ist das „Kopfhaus" von 1608. Sein Volutengiebel ist mit über 100 Kopfmasken verziert. Das romantische Colmar findet sich um das Quartier des Tanneurs (Gerberviertel). Am Quai de la Poisonnerie stehen malerische Schifferhäuschen, den Winzerbrunnen ziert das „Rebmännele".

Besonders malerisch ist das wenig nördlich von Colmar gelegene Kaysersberg, die Geburtsstadt von Albert Schweitzer. Die Gründung der Staufer an der Westgrenze ihres Reiches hat ein schönes Rathaus aus der Renais-

Colmar hat bis heute sein mittelalterliches Stadtbild mit Häusern aus Gotik und Renaissance bewahren können (links oben und unten). Das winzige Spitzhäuschen (rechts oben) steht in Egisheim.

Das Weinstädtchen Ribeauville gab es als Rappoltsweiler schon im 8. Jh. Die Burg im Hintergrund ist das Château de St. Ulrich.

sance und zahlreiche, wohl erhaltene Häuser aus dem 16. und 17. Jh. Die mit einem kleinen Kapellchen verzierte Brücke über die Weiß stammt von 1514 und ist die einzige mit Schießscharten und Brustwehr befestigte Brücke im Elsaß. Größter Schatz des Städtchens aber ist der Schnitzaltar in der Pfarrkirche. Er wurde 1518 von Hans Bongart aus Colmar gearbeitet und ist fast vollständig im Original erhalten.

Der wohl schönste aller Winzerorte an der elsässischen Weinstraße ist Riquewihr. Sein Stadtbild aus dem 16. Jh. ist nahezu unversehrt erhalten. Seit vier Jahrhunderten gibt es hier Qualitätswein, denn schon Ende des 16. Jh. regelte eine Gemeindeverordnung den Weinbau bis ins Detail. Bereits damals wurden „unedle" Stöcke bei schwerer Strafe verboten.

Die vielleicht malerischste Ecke ist der Innenhof des Hauses Liebrich von 1535. Ziehbrunnen, Weinpresse und überdachte Holzgalerie mit gedrechseltem Geländer und Säulen ergeben ein besonders stimmungsvolles Bild. Das Haus Preiss-Zimmer von 1686 enthält die Trinkstube der Winzerzunft, sein Fachwerk ist mit geschnitzten Reb- und Fruchtmotiven sowie Figuren reich verziert. Auch das Fachwerkhaus Schaerlinger von 1672 beeindruckt mit seinen reich geschnitzten Fensterrahmen. Der schönste Torturm des Städtchens und der vielleicht schönste Turm des Elsasses überhaupt ist der aus dem 13. Jh. stammende Dolder. Sein kunstvoll gefügtes Fachwerk stammt aus dem 16. Jh.

Letzte Station an der Elsässer Weinstraße ist Obernai mit seinem länglichen Marktplatz. Er vermittelt einen guten Eindruck davon, wie eine elsässische Kleinstadt im 17. Jh. ausgesehen hat. Den Platz säumen das 1462 errichtete Rathaus, die aus dem 16. Jh. stammende, ehemalige Kornhalle und einige ebenfalls auf das 16. Jh. zurückgehende Einzelhäuser. Der Sechseimerbrunnen wurde 1579 errichtet und ist der wohl schönste Renaissancebrunnen im Elsaß.

Markgräfler Land, Breisgau und Ortenau

Auch auf der rechten Seite des Oberrheins weist das Gelände drei Stufen auf. Wieder reicht die Spannweite von der ehemaligen Auenlandschaft über die Hochterrassen aus Schotter und Sand zu den Westhängen des Hochschwarzwalds. Gegenstück zum Grand Ballon ist der 1414 m hohe Belchen östlich von Müllheim. Zwar ist sein kahler Kopf nur der dritthöchste Gipfel des Schwarzwaldes, doch vermittelt er den besten Überblick über den Oberrheingraben, den Kaiserstuhl, die Vogesen und die Alpen. An besonders schönen Tagen sind von hier aus sogar die Berner Alpen mit Eiger, Mönch und Jungfrau sowie der gewaltige Montblanc mit seinen Gletscherfeldern sichtbar. Wenig südwestlich des Belchen versteckt sich der Nonnenmattweiher, ein direkt von der Eiszeit abstammender Karsee. Etwas ganz besonderes sind seine Hochmoorvegetation und eine schwimmende Torfinsel, ein Paradies für Pflanzenfreunde.

Höchster Berg des Schwarzwaldes aber ist mit 1493 m der kahle Buckel des Feldberges. Jedem Schwarzwaldbesucher ist er ein Begriff, und mindestens jeder zweite behauptet, schon auf dem Feldberg gewesen zu sein. Nicht wenige täuschen sich da allerdings etwas. Normalerweise fährt man nämlich – im guten Glauben auf den Feldberg zu kommen – mit dem Sessellift auf den 45 m niedrigeren Seebuck, den Nebenberg des Feldbergs. Möchte man zum eigentlichen Gipfel, muß man erst noch den Baldenweger Buck überschreiten. Allen drei Gipfeln aber ist gemeinsam, daß sie von den Gletschern der Eiszeit gründlich platt gehobelt wurden. Entstanden ist so eine weitläufige Plateaulandschaft, auf der heute riesige Radioteleskope und Satellitenantennen das Bild beherrschen.

Höchster Gipfel des Nordschwarzwaldes ist mit 1164 m die Hornisgrinde. Auch sie bietet eine hervorragende Aussicht über den Oberrheingraben und hinüber zu den Nordvogesen. Interessanter als der Gipfel selbst ist jedoch der wenig unterhalb in 1036 m Höhe gelegene Mummelsee. Auch er ist als Karsee Rest der letzten Eiszeit. Glaubt man Sagen und Märchen, dann beherbergt der romantische See ein ganzes Heer von Nixen und Unholden, denen Eduard Mörike mit seiner Ballade „Die Geister am Mummelsee" ein unsterbliches Denkmal setzte.

Natürlich hat auch die elsässische Route du Vin auf badischer Seite ihr Gegenstück. Von Kandern im Süden bis Baden-Baden im Norden folgt sie dem reich gegliederten Hügelland zwischen der Oberrheinischen Tiefebene und den westlichen Schwarzwaldausläufern. Dort gibt es nicht nur geeignete Böden für die Reben, sondern ähnlich wie auf der Elsässer Seite im Schutz der Berge ein ideales Klima für den Weinbau.

Auch auf badischer Seite reihen sich hübsche Winzerdörfer, alte Städte und viele malerische Winkel wie Perlen an einer Schnur. Erste Stationen an dieser Straße der Genießer sollten Schliengen und Müllheim sein. Schliengen überzeugt mit schönen, stattlichen Barockhäusern. Das interessanteste Bauwerk aber ist sicherlich das Rathaus. Bereits im Jahre 1407 wurde der Grundstein gelegt, allerdings sollte es den Herren von Schliengen als Wohnturm dienen. Die späteren Besitzer, darunter der Fürstbischof von Basel, erweiterten das Gebäude nach und nach zu einem stattlichen Wasserschlößchen. In Müllheim dreht sich vollends alles um den Wein, zumindest seit 1872, seit hier im April der älteste Weinmarkt des Landes abgehalten wird. So ist es auch nicht verwunderlich, daß hier das Markgräfler Weinmuseum umfassend über die Produktionsbedingungen der edlen Markgräfler Tropfen informiert.

Bereits zum Breisgau gehört das noch ganz mittelalterlich wirkende Staufen. Hier ist Dr. Faustus zu Hause, jener mit dem Teufel im Bunde stehende Gelehrte, dem Goethe sein unsterbliches Denkmal setzte. Glaubt man der Sage, dann wurde der Zauberlehrling des Teufels 1539 aus dem Wirtshaus „Löwen“ am Markt direkt in die Hölle entführt. Sehr viel prosaischer dürfte die Wirklichkeit gewesen sein: Faust war einer der zahlreichen Alchemisten zur Zeit des ausgehenden Mittelalters. Ihn engagierte der Freiherr Anton von Staufen in der Hoffnung, Dr. Faustus könne ihm Gold machen. Bei einem seiner Versuche gab es dann eine Explosion, die zur einprägsamen Sage ausgeschmückt wurde.

Besonders schön ist der Staufener Marktplatz mit dem Rathaus und dem Marktbrunnen, beide noch aus dem 16. Jh. Eine besondere Zier ist die barocke Mariensäule mit dem Wappen Österreichs. Nicht uninteressant ist die Pfarrkirche, eine spätgotische Basilika mit barocker Ausstattung. Daß in Staufen das Mittelalter präsent bleibt, dafür sorgen über dem Ort die Reste der aus dem 12. Jh. stammenden und im 17. Jh. zerstörten Burg Staufen. Wie aus badischem Obst und Wein der besondere Geist destilliert wird, ist in der Brennerei Schladerer zu sehen.

Freiburg liegt zwar nicht an der Badischen Weinstraße, doch darf der Gründung der Zähringer-Herzöge Berthold II. und seines Bruders, Konrad II. im Jahre 1120 die Reverenz nicht verweigert werden. Die beiden erreichten nämlich, daß erstmals Straßen, Markt und Hofstellen im Rahmen einer einheitlichen Planung in ein funktional richtiges System gebracht wurden. Das Rückgrat bildete der Straßenmarkt, quer dazu verliefen die Wohnstraßen der Handwerkszünfte als parallele Rippen wie etwa die Schustergasse, die Gerberau und die Dreherstraße. In jeder Gasse gab es einen kleinen, offenen Wasserlauf, der für den Brandschutz und zur Kühlung in der Sommerhitze diente. Überbleibsel dieses Entwässerungssystems sind noch heute die „Bächle“ in so mancher Freiburger Straße.

Zentrum der Stadt ist selbstverständlich noch immer der Münsterplatz. Eines der schönsten Häuser dort ist das „Kaufhaus“ aus dem Jahre 1532. Gegenüber, auf der Nordseite, wurde das Alte Kornhaus mit dem charakteristischen Treppengiebel wiederhergestellt. Etwas südlich

Vom Feldberg, dem höchsten Punkt des Schwarzwaldes, schweift der Blick über den Feldbergsee und über die östlichen Ausläufer des Schwarzwaldes.

des Marktplatzes führt die Salzstraße in den Stadtteil Oberlinden, das „Aushängeschild" Freiburgs. Hier zeigen sich die alten Bürgerhäuser mit ihren aufwendig sanierten Fassaden von ihrer schönsten Seite. Ein zweites, ganz typisches Stadtviertel ist die Fischerau. Am Ufer eines kleinen Baches reihen sich hier die alten, kleinen Handwerkshäuser malerisch aneinander.

Den Rathausplatz ziert das Standbild des Franziskaners Berthold Schwarz, der im 14. Jh. das Schießpulver erfunden hat. Natürlich sticht der Gebäudekomplex, den Rathaus und Martinskirche bilden, sofort ins Auge. Die Martinskirche ist eine ehemalige Franziskanerklosterkirche aus dem 13. Jh. Bis auf den Chor von 1262 wurde sie im Zweiten Weltkrieg fast völlig zerstört. Trotz des schlichten Wiederaufbaus geht von der Weite des Raumes eine besondere Atmosphäre aus. Interessant ist auch der vom Kloster erhaltene Osttrakt mit einem Teil des Kreuzganges.

Nördlich von Freiburg erreicht man bei Kenzingen erneut die Badische Weinstraße. Auch dieses Städtchen ist eine Gründung der Zähringer und besitzt den besterhaltenen Kreuzgrundriß aller von ihnen gegründeten Städte. Das mit Staffelgiebel verzierte Rathaus stammt noch aus der Mitte des 16. Jh., die behäbigen Bürgerhäuser meist aus dem 18. und 19. Jh. Die mit ihren mächtigen Doppeltürmen weithin sichtbare Pfarrkirche entstand um 1300. Von diesem Bau sind noch Krypta, Chor und Fresken erhalten. Daß der Oberrhein auch ein Zentrum narrischer Zünfte ist, ist in der Ausstellung des Verbandes Oberrheinischer Narrenzünfte zu sehen. Über 200 verschiedene Fasnachtstrachten, die im Badischen „Häs" genannt werden, sind hier zusammen mit zahlreichen geschnitzten Holzlarven zu sehen.

Das heimeligste Städtchen an der Badischen Weinstraße ist aber zweifellos Gengenbach. Nicht umsonst wird die ehemalige Freie Reichsstadt gerne auch „Rothenburg der Ortenau" genannt. Die Reichsfreiheit besaß das Städtchen immerhin von 1218 bis 1803 und behauptete sich damit quer durch die Jahrhunderte auch standhaft gegen die Machtgelüste des angrenzenden, bereits um 740 gegründeten Benediktinerklosters.

An die Reichsunmittelbarkeit erinnert bis heute der 1582 errichtete Marktbrunnen. Sein Standbild zeigt einen Mann in Helm und Harnisch mit der Urkundsrolle in der Hand. Vom Brunnen aus führen drei Straßen zu den ehemaligen Stadttoren. Zwei dieser Tore sind erhalten: das Kienzigtor mit einem pyramidenförmigen Glockentürmchen aus dem 14. Jh. und das Obertor mit einem interessanten Turmhelm aus dem 13. Jh. Ebenso wie das Rathaus entstanden viele der mit schönstem Fachwerk ausgestatteten Bürgerhäuser im Barock und strahlen damit auch ganz dessen Lebensfreude und Gemütlichkeit aus.

Die ehemalige Freie Reichsstadt Gengenbach wird gerne auch „Rothenburg der Ortenau" genannt. Die stattlichen Bürgerhäuser stammen aus der Barockzeit.

Der Kaiserstuhl

Die bis zu 557 m hoch aufragende Hügelgruppe zwischen Vogesen und Schwarzwald ist keineswegs nur wegen ihres etwas monumental klingenden Namens eine Besonderheit. Auch geologisch steckt Interessantes dahinter. Seine in Form eines großen, nach Südwesten geöffneten Hufeisens angeordneten Bergkuppen entstanden lange nach der Ausbildung des Oberrheingrabens durch Vulkantätigkeit.

An der Westseite des Minigebirges erreichte das heiße Magma die Oberfläche, auf der flacheren Ostseite wurden die tertiären Sedimente gehoben. Diese beiden Bauteile des Kaiserstuhls wurden dann in den Zwischeneiszeiten mit einer bis zu 30 m dicken Lößschicht überdeckt. Sie vor allem ist der Garant für das Gedeihen und den besonders charakteristischen Geschmack des Weins am Kaiserstuhl.

Wie gut der Wein hier gedeiht, wurde nachweislich schon zur Zeit von Karl dem Großen entdeckt. Garanten dafür sind neben dem besonderen Boden die hohe Durchschnittstemperatur, die geringe Niederschlagsmenge und die relativ hohen Temperaturen in Spätsommer und Frühherbst.

Um die natürlichen Bedingungen noch zu verbessern, hatten die Kaiserstühler Winzer bereits im Mittelalter damit begonnen, auf den Sonnenseiten der Hügel schmale, von Bruchsteinmauern gestützte, aber immer deutlich talwärts geneigte Terrassen zu bauen. Weil sie oft nur wenigen Rebzeilen Platz boten und damit immer den Hangkonturen folgten, fügten sie sich auch optisch gut in das Landschaftsbild. Daß diese Terrassen nur schwierig über enge Pfade, teilweise holprige Treppen und natürlich nur zu Fuß erreichbar waren, störte niemanden. Weinbau war Handarbeit im Familienverbund.

Im selben Maße, wie der nach dem letzten Krieg zu zerfallen begann, wuchsen die Probleme am Kaiserstuhl. Zwar hatte man die Vermarktung über die örtlichen Winzergenossenschaften ganz gut in den Griff bekommen, doch nun drohte die Produktionsseite wegzubrechen. In dieser Situation war eine konsequente Flurbereinigung wohl der einzig mögliche Ausweg.

Mit wissenschaftlicher Akribie wurde in den siebziger Jahren deshalb mit einem exakt ausgearbeiteten Rebenaufbauplan begonnen. Nun wurde das, was Rebland werden sollte, völlig neu eingegrenzt, Sortenauswahl und jeweilige Anbautechnik völlig neu definiert. Ohne Rücksicht auf das natürliche Gelände wurden jetzt 50 bis 60 m breite und bis zu 5 ha große Terrassen mit bis zu 20 m hohen Böschungen neu aus den Hängen herausmodelliert. Die Terrassen selbst erhielten sogar eine leichte Neigung zum Hang. Sie alle sind nun mit allen nur denkbaren Maschinen anfahrbar, so daß eine optimale Bewirtschaftung sichergestellt ist.

Natürlich wurde bei den Neupflanzungen auch auf einheitliches Rebgut geachtet, so daß sich nicht nur die Zahl der Einzelparzellen, sondern auch die der Einzellagen radikal verringerte. Entstanden ist so eine Retortenlandschaft, die Kritiker gern eine „Rebenfestung" nennen.

In der neu gestalteten Landschaft wirken die alten Weinorte mit ihren engen Gassen wie ein Schwarzwälder Bollenhut über einem Badeanzug. Da dies glücklicherweise nicht gegen den Reiz des Bollenhutes spricht, darf sich der Besucher auch weiterhin in Achkarren, Bickensohl, Oberrotweil, Oberbergen, Bischoffingen oder Kiechlinsbergen wohlfühlen.

Mit mittelalterlicher Romantik lockt das 1200 Jahre alte Endingen, das schon um 1295 das Stadtrecht erhalten hatte. Am Marktplatz belegen das Alte Rathaus von 1527, das klassizistische Neue Rathaus und das dreigeschossige Kornhaus von 1617, daß hier die Uhren nicht unbedingt auf schnelle Veränderungen gestellt sind. Lohnend ist auch ein Blick in die Pfarrkirche, die mit einer Rokokoausstattung von 1775 beeindruckt. Noch ganz mittelalterlich ist das aus dem 13. Jh. stammende Königsschaffhausener Tor, ein Rest der alten Stadtbefestigung.

Auch das ganz zum Rhein vorgeschobene Burkheim gab es wohl schon in karolingischer Zeit, das Stadtrecht erhielt es ebenfalls im 13. Jh. Bis zur Rheinkorrektur durch den badischen Flußbaumeister Tulla lag Burkheim unmittelbar am Hochufer des Stromes und diente lange als Zoll- und Fährplatz. Heute zieren das romantische Fachwerkstädtchen schöne alte Bürgerhäuser aus dem 16. bis zum 18. Jh. Sein Renaissancerathaus wurde 1604 fertiggestellt, ein gemütlich wirkendes Stadttor erinnert an mittelalterliche Zustände.

Nur einen Katzensprung südlich von Burkheim verbirgt sich in der Niederrotweiler Friedhofskirche St. Michael ein ganz besonderes Kleinod. Ihr Schnitzaltar aus Lindenholz nämlich stammt vom gleichen Meister Hans Loy, von dessen begnadeter Schnitzerhand auch der großartige Breisacher Hochaltar gefertigt wurde.

Der Kaiserstuhl ist eine bis zu 557 m hoch aufragende, durch Vulkantätigkeit entstandene Hügelgruppe. Schon Karl der Große hatte entdeckt, daß hier ein besonders guter Wein wächst. Die gewaltigen Terrassen im unteren Bild entstanden allerdings erst in jüngster Zeit und gaben dem Kaiserstuhl den Spitznamen „Rebenfestung“.

Von der Industrie genutzt

Der nördliche Oberrhein

Von Bruchsal bis Wiesbaden

Der Rußheimer Altrhein ist eine alte, bei der Rheinregulierung abgeschnittene Flußschlinge und heute ein Musterbeispiel für die langsame Verlandung eines Altwassers. Neben ausgedehnten Schilfgürteln finden sich schöne Beispiele für Weich- und Hartholzauen.

Die Kühkopfinsel ist ein besonders schönes Beispiel einer abgeschnittenen Altrheinschlinge. Daraus entstand eine prächtige „Mäanderstromaue", die Heimat für nahezu 250 verschiedene Vogelarten wurde.

Der nördliche Oberrhein mündet bei Wiesbaden in den Rheingau. Hier weitet sich die Landschaft, noch einmal darf sich der Rhein ausdehnen, bevor er in die Enge des Binger Loches gezwungen wird.

Auen im Industrieland

Reben, Rüben und Retorten seien die bestimmenden Elemente am nördlichen Teil des Oberrheins – behaupten zumindest spitze Zungen. Angespielt wird damit natürlich auf die fruchtbaren Böden der Stromebene, auf die reichen Rebfelder an den Rändern und auf den Chemiegiganten BASF in Ludwigshafen, dessen unendlich anmutende Industrieanlagen den Rhein allein auf einer Länge von gut 6 km begleiten.

Bei näherem Hinsehen bietet das Land im alten Strombereich jedoch keineswegs nur Rübenäcker, Maisschläge, Tabakfelder oder Spargelstreifen. Hier und da gibt es auch noch Altwasserarme und Auwalddschungel, in denen sich die Natur neuerdings wieder ein wenig ausbreiten darf.

Der Rußheimer Altrhein

Zwischen Germersheim und Philippsburg wurde bei der Rheinregulierung eine 7 km lange Flußschlinge sowie die Insel Elisabethenwörth vom neuen Lauf abgeschnitten. Der im Schnitt etwa 150 m breite Altrheinarm liefert heute ein Musterbeispiel für die langsame Verlandung eines Altwassers und bietet neben Schilfgürteln Beispiele für Weich- und Hartholzauen. In seiner Vielfalt zählt der Rußheimer Altrhein zu den wichtigsten Naturschutzgebieten in Baden-Württemberg.

In den Bereichen der Weichholzauen dominieren die Silberweiden, in denen der Hartholzauen stehen prächtige Stieleichen, Eschen, Hain- und Rotbuchen. Im Gebiet des verträumten Altwassers gibt es heute wieder 24 verschiedene Libellenarten, knapp 500 unterschiedliche Schmetterlingsarten und 85 verschiedene Brutvogelarten. Durch die teilweise landwirtschaftliche Nutzung der Insel Elisabethenwörth ist der Altwasserarm für den Naturfreund gut über Wirtschaftswege erreichbar.

Der Lampertheimer Altrhein

Zwischen Worms und Lampertheim hat sich der Rhein Anfang des letzten Jahrhunderts selbst geholfen. Bei einem Hochwasser am 2. Mai 1802 durchbrach er die Landzunge einer Mäanderschlinge, grub sich neu ein und verkürzte dadurch seinen Weg um immerhin 6 km. Die so abgeschnittene, alte Schlinge umgrenzt heute die Insel Biedensand. Mit der Rheinregulierung von 1878 kam dann noch die zwischen dem Neu- und dem Altrhein gelegene Insel Bonnau dazu. Das gesamte, inzwischen längst unter Naturschutz gestellte Gebiet gehört zum Vorland des Rheinhauptdammes.

Die Insel Biedensand ist heute durch Sommerdeiche geschützt, die Bonnau dagegen nicht. Sie wird deshalb regelmäßig und auch für längere Zeiträume vom Rhein überflutet, so daß hier die originale Weichholzaue mit natürlichen Silberweidenbeständen erhalten geblieben ist. Auch die Auwiesen konnten ihre ursprüngliche Zusammensetzung erhalten. So finden sich noch Raritäten wie Klebriges Hornkraut, Kleinblütiges Schaumkraut, Kriechendes Fingerkraut, Krauser Ampfer oder das Sumpfrispengras. Diese Pflanzengesellschaften sind eng mit denen der Stromauen am Unterlauf der Donau verwandt. Erwandern kann der Naturfreund den Lampertheimer Altrhein auf gut markierten Wegen vom Städtchen Lampertheim aus.

Die Knoblochsaue

Das mit ca. 2400 ha größte hessische Naturschutzgebiet und zugleich größte Auenschutzgebiet Mitteleuropas wird von einem Arm des Altrheins bei Riedstadt auf der Höhe von Darmstadt gebildet. Die Rheinregulierung hat hier bereits 1829 die 16 km lange Schlinge des Altrheins um die Kühkopfinsel abgeschnitten. Weil das große Auengebiet zunächst nicht trockengelegt werden konnte, blieb am nördlichen Ende des Oberrheingrabens ein wunderschönes Beispiel einer „Mäanderstromaue" erhalten.

Ihr Fortbestand ist heute dadurch gesichert, daß der gesamte Auenbereich im Vorland des Rheinhauptdammes liegt, so daß sie bei Hochwasser regelmäßig überflutet wird und so die natürlichen Aubedingungen erhalten bleiben. Der besondere Reiz dieser Aulandschaft besteht darin, daß sich im Inneren der Flußschleife des Altrheins feinkörnige Sedimente abgelagert haben, die eine Mischform aus Weich- und Hartholzaue ermöglichten. Entsprechend wachsen Silberweiden, Silberpappeln, Ulmen und Eichen einträchtig nebeneinander. Nahezu 250 verschiedene Vogelarten sind hier heimisch, gut ein Drittel davon brütet auch. Verschiedene Spechtarten und die Nachtigall sind ebenso zu Hause wie der hier sogar brütende Schwarzmilan.

Den besten Zugang zur Knoblochsaue gibt es von Erfelden aus, die beste Übersicht aber bietet sich wenig

Die Idylle am Rußheimer Altrhein hat bei aller Schönheit durchaus auch trügerische Seiten: unmittelbar hinter den malerischen Bäumen steht das Kernkraftwerk Philippsburg…

nordwestlich von der immerhin 190 m hohen Niersteiner Warte aus. Dieser Hügel mitten im unendlich anmutenden Rebenmeer der größten Weinbaugemeinde am Rhein bietet von seinem Turm aus einen eindrucksvollen Blick über die Rheinebene am Nordrand des Oberrheingrabens. Im Süden dehnen sich die weiten Wälder der Knoblochsaue und der Kühkopfinsel sowie des Gimbsheimer Altrheins. Nach Osten sieht man bis hinüber zum Odenwald, im Südwesten begrenzt der dunkle Rücken des Pfälzer Donnersberg den Horizont.

Der Mainzer Sand

Ein natürliches Gegenstück zu den Auenlandschaften an alten Rheinschlingen sind die Dünengebiete am nördlichen Oberrhein. Das schönste und auch bekannteste ist das Naturschutzgebiet Mainzer Sand beim Mainzer Ortsteil Gonsenheim. Auf etwa 32 ha findet sich bei über 1600 Sonnenstunden pro Jahr in den vom Rhein abgelagerten Sanddünen ein Steppenklima mit einer Flora, die sonst nur in Südfrankreich oder in Ungarn zu finden ist. Nicht weniger als 174 steppentypische Pflanzen, von denen jede vierte vom Aussterben bedroht ist, wachsen hier. Seit gut 140 Jahren untersuchen die Biologen schon die Insektenwelt dieser Dünen. Dabei wurden nicht weniger als 129 verschiedene Grabwespenarten gefunden. Darunter der extrem seltene Bienenwolf, der Honigbienen auszusaugen pflegt. Die Schmetterlinge sind dagegen stark auf dem Rückzug. Um die Jahrhundertwende gab es noch 77 verschiedene Arten, heute sind es nur noch 41.

Wer den Mainzer Sand nicht selbst besuchen möchte oder fürchtet, das Entscheidende nicht zu sehen, der kann im Mainzer Naturhistorischen Museum nachsehen. Dort gibt es eine reiche paläontologische Sammlung mit eiszeitlichen Fossilien aus den Dünen rund um Mainz und Wiesbaden. Die Funde beweisen, daß hier zwischen den Eiszeiten Steppenelefant, Steppennashorn und Steppenhirsch heimisch waren. Auch Waldnashorn und Flußpferde hat es einst hier gegeben. Auch über die Entstehung des Oberrheingrabens findet sich eine ausführliche Dokumentation.

Auch Caspar David Friedrich könnte Altrheinarme kaum romantischer malen. Der geduldige Fischer versucht sein Glück am Philippsburger Altrhein.

Sagenhaftes Burgund

Der gesamte nördliche Oberrhein war selbstverständlich fest in der Hand der Römer gewesen. Alle größeren Städte von Speyer (= Noviomagus) über Worms (= Borbetomagus) bis Mainz (= Mogontiacum) wurden entweder von Römern gegründet oder von ihnen ausgebaut. Als in der ersten Hälfte des 5. Jh. die Zeit der Römer zu Ende ging, kamen mit den vordrängenden Germanen auch die Burgunder an den Oberrhein – allerdings nur für ein gut 20 Jahre dauerndes Zwischenspiel. Trotz seiner Kürze war es wohl eindrucksvoll, denn nur so konnte es noch im 12. und 13. Jh. im Nibelungenlied einen so großartigen künstlerischen Ausdruck finden.

Auch nach Abzug der Burgunder blieb am Oberrhein das Kräftedreieck zwischen Franken, Alemannen und restlichen Römern bestehen. Hierher fand im 8. Jh. das Christentum, als im Jahre 746 Bonifatius, der schon 732 Erzbischof von Germanien geworden war, den Bischofsstuhl in Mainz übernahm. Damit war Mainz mit einem Schlag das Zentrum des gesamten deutschen Christentums und blieb dies auch für mehrere Jahrhunderte. Im Jahre 847 wurde hier Hrabanus Maurus Erzbischof, sein Kollege Willigis krönte 1002 hier den letzten Sachsenkaiser, den 1146 heiliggesprochenen Heinrich I. zum deutschen König. Der Mainzer Bischofsstuhl war also längst auch eine weltliche Macht geworden, denn die Reichserzkanzler und Kurfürsten von Mainz bestimmten als ranghöchste Fürsten und Leiter der Königswahlen die Geschicke des Reiches wesentlich mit. Spätestens jetzt kamen die Tage des „Goldenen Mainz".

Was für Mainz der Bischofsstuhl, das wurde für Worms die merowingische Königspfalz. Aus ihr wurde die karolingische Kaiserpfalz, die ihre Anziehungskraft das ganze Mittelalter hindurch nicht verlor. Mehr als 100 Reichstage wurden hier abgehalten, darunter auch der von 1521, auf dem Luther den Widerruf seiner Lehren verweigerte. Sogar das Konkordat zwischen Kaiser Heinrich V. und Papst Calixtus II. zur Beendigung des Investiturstreites wurde 1122 von Kaiser und Papst in Worms unterzeichnet.

Die Nibelungen

Die bisher früheste Erwähnung der Burgunder findet sich bei Plinius d. Ä. um 57 n. Chr. Er fand die „Vandilii quorum pars Burgundiones" im Mündungsgebiet von Oder und Weichsel. Der Römer wußte dabei nicht, daß die Burgunder dort bereits seit dem 3. Jh. v. Chr. ansässig waren und vermutlich ihr Zentrum auf der Ostseeinsel Bornholm hatten. Von ihr nämlich waren sie gekommen und von ihr hatten sie ihren Namen. In nordischen Sagen ist nicht umsonst die Rede von Burgundarholm. Erklärbar scheint der Name mit den altnordischen Bestandteilen „Borg" (= Burg) und „Holm" (= Insel). Archäologisch beweisbar wurde der Zusammenhang von Name und Herkunft durch die den Burgundern ursprünglich eigene Brandgrubenbestattung, die noch im 2. Jh. n. Chr. sowohl auf der Insel als auch zwischen Oder und Weichsel üblich war.

Ende des 2. Jh. begannen die Burgunder südwärts zu wandern. In der Lausitz, in Brandenburg und sogar bis hinunter nach Ungarn waren sie anschließend zu finden. Mitte des 3. Jh. schwenkte ein Teil von ihnen westwärts und drang wie ein Keil in das Grenzgebiet zwischen Franken und Alemannen ein. Erste Bekanntschaft mit den Römern machten sie wohl um 280 in Kämpfen am Lech gegen Kaiser Probus. Neuerlich greifbar werden sie in der Mitte des 4. Jh. Bis dahin hatten sie sich mit den Alemannen so zerstritten, daß sie 359 Kaiser Julian im Kampf gegen die Germanen unterstützten. Valentinianus I. holte sich bei ihnen im Jahre 369 Hilfstruppen und drei Jahre später schätzt Hyronimus ihre Zahl auf 80 000 Krieger.

Die große Germaneninvasion von 406 nutzten die Burgunder zur Überschreitung des Rheins, zum Einmarsch in Gallien und zur Niederlassung auf linksrheinischem Gebiet. Dies geschah zwar nicht mit Billigung Roms, wohl aber mit der von Konstantin III., der sich 407 in Britannien zum römischen Kaiser ausrufen ließ und die Burgunder wie Söldner zu seiner Unterstützung einkaufte. Im Jahre 411 schließlich ließ sich der gallische Usurpator Jovinus mit Unterstützung durch den Alanenfürsten Goar und den Burgunderfürsten Gundachar in Mundiaco (= Mogontiacum = Mainz) zum Kaiser proklamieren.

Daß die Burgunder sich stets selbst die Nächsten waren und ihren Vorteil beim jeweils Stärkeren suchten, bewiesen sie bereits zwei Jahre später, nachdem Jovinus gescheitert war. Jetzt schlugen sie sich wieder auf die legitime, römische Seite und ließen sich von Honorius offiziell als Föderaten ansiedeln. Jetzt heißt es bei Prosper Tiro: „Burgundiones partem Galliae propinquam Rheno obtinuerunt."

Ob ihnen das Taktieren dann mißlang, oder ob sie einfach zu übermütig wurden, ist ungewiß. Eindeutig sind dann jedoch wieder die Ereignisse von 435 und 436. In diesen beiden Jahren sah sich der letzte große Verteidiger Galliens, Aetius, gezwungen, gegen die rebellierenden Burgunder vorzugehen und sie am Ende vernichtend zu schlagen. König Gundachar wurde – so Prosper Tiro – samt seinem Volk ausgelöscht. Hydiatus berichtete von 20 000 getöteten Burgundern. Die versprengten Reste landeten schließlich laut der Chronica Gallica in der Sapaudia (= Savoien) zwischen Genf und Embrun am Oberlauf der Durance.

Wie groß der Stellenwert der Burgunder zwischen Franken, Alemannen und Römern tatsächlich war, ist wohl am besten an der Bedeutung des Nibelungenliedes abzulesen, dessen wichtigste Inhalte jahrhundertelang mündlich überliefert wurden, bis sie im 12. und 13. Jh. ihren bis heute so großartig wirksamen, künstlerischen Ausdruck fanden. In ihm sind die wichtigsten Elemente der nordischen Sagenwelt (= Edda), der Berührung mit den Hunnen (= Aetius hatte die Burgunder von hunnischen Söldnern schlagen lassen) und Gundachar (= Gunther von Worms) als letzter König aus dem Geschlecht des Gibicas zu einem einzigartigen Zeugnis eines sonst so schwer greifbaren Volkes geworden.

Die geographische Zuordnung zum Rhein ist im Nibelungenlied eindeutig gegeben. Siegfried, der im Mittelpunkt des Liedes stehende Held, stammte aus Xanten, die Burgunderkönige Gunther, Gernot und Giselher herrschten seit 413 über ein Reich mit Zentrum in Worms. Die von Siegfried umworbene Kriemhild war die Schwester der Burgunderkönige. Aus dem westlich von Worms vermuteten Tronege stammte Hagen von Tronje, der treue Gefolgsmann von König Gunther.

Stofflich besteht das in der Nibelungenstrophe mit jeweils vier, paarweise reimenden Langzeilen abgefaßte Epos aus zwei Themenkreisen. Zum einen wird Siegfrieds Werbung um Kriemhild und zum anderen der Untergang des Burgunderreiches besungen. In der Werbung verspricht König Gunther Siegfried seine Schwester Kriemhild unter der Bedingung zur Gemahlin, daß Siegfried zuvor Brünhild, die starke Königin von Island, an Gunthers Stelle und ohne daß sie es merkt besiegt, damit Gunther sie ehelichen kann. Dank einer Tarnkappe gelingen Siegfried Täuschung und Sieg. Dennoch erfährt Brünhild von der Täuschung und veranlaßt Hagen, Siegfried zu ermorden. Nach dem Tod des Helden geht der Goldschatz der Nibelungen an die Burgunderkönige, die jetzt selbst „Nibelungen" heißen. Den Schatz aber versenkt Hagen im Rhein.

Rache und Untergang sind in Ungarn angesiedelt, da Kriemhild inzwischen die Gemahlin des Hunnenkönigs Etzel (= Attila) geworden ist. Kriemhild möchte sich an den Burgundern für den Tod Siegfrieds und den Verlust des Goldschatzes rächen. Sie lädt deshalb ihre Brüder an den ungarischen Hof, wo es zum Streit kommt. Im folgenden Kampf sterben alle Beteiligten, zuletzt Gunther und Hagen, die auch im Angesicht des Todes den Nibelungenschatz nicht herausgeben. Schließlich tötet Hildebrand die in ihrer Rache maßlose Kriemhild und damit den letzten Sproß der Burgunderkönige. Dieses Gemetzel entspricht der Vernichtung des Burgunderreiches durch hunnische Truppen im Jahre 436.

Die Wormser Reichstage

In Worms, wo sich dem Nibelungenlied zufolge Siegfried und Kriemhild zum ersten Male begegneten, wurde immer wieder Geschichte gemacht. Schon in merowingischer Zeit gab es Reichsversammlungen, Karl der Große residierte 22 mal in seinen Mauern und feierte hier sogar seine Hochzeit. 1049 wurde hier der aus salischem Haus stammende Papst Leo IX. gewählt, und 1122 feierte man das Wormser Konkordat, den Kompromiß im Investiturstreit zwischen Papst und Kaiser. Insgesamt fanden in Worms mehr als 100 Reichs- und Fürstentage statt, darunter so einschneidende Ereignisse wie der „Reichsreform-Reichstag" von 1495 und der „Luther-Reichstag" von 1521.

Am Ausgang des Spätmittelalters war Worms zwar nur ein kleines Städtchen mit rund 7000 Einwohnern, doch besaß die Bürgerschaft seit dem 13. Jh. die Reichsstadtschaft. Die Stadt selbst war mit einem doppelten Mauerring hervorragend befestigt, mehr als 60 Türme und besonders gesicherte Tore machten sie uneinnehmbar. Von ihrem stolzen Reichtum kündete der sechstürmige Dom schon von weitem. In diesem Rahmen fanden zwischen 1495 und 1545 nicht weniger als acht Reichstage statt, bei denen der König oder der Kaiser jeweils in dem am Dom angebauten Bischofshof residierte. Die Verhandlungen der Ratsgremien fanden teils im Bürgerhof, teils in der Münze am Markt statt.

Was die kleine Stadt jeweils zu leisten hatte, verraten zwei nüchterne Zahlen: Zu einem Reichstag kamen gut 10 000 Besucher mit etwa 6000 Pferden. All das wollte Unterkunft und Verpflegung, wollte Sicherheit und Ordnung. So wurde etwa angeordnet, daß während der Nacht niemand auf den Straßen herumlaufen dürfe. Und wohl nicht von ungefähr wurde verordnet, daß Fremde „die unserem Wesen nit gleich weren, deshalb weder verachtet noch verspottet werden dürften". Auch müsse ihr Geld ebenso akzeptiert werden wie das der vertrauteren Besucher.

Die spätmittelalterlichen Reichstage arbeiteten nicht als Parlament in unserem Sinne. Zur Vollversammlung trafen sich die Teilnehmer nur zur Eröffnung und zum Abschluß im Dom. Dazwischen kamen die einzelnen Kurien unter sich zusammen. Seit dem Reichstag von 1495 formierten sich drei Kurien:

– Zum einen die Sieben Kurfürsten mit den Erzbischöfen von Mainz, Köln und Trier sowie dem König von Böhmen, dem Pfalzgrafen bei Rhein, dem Herzog von Sachsen und dem Markgrafen von Brandenburg.

– Zum zweiten geistliche und weltliche Fürsten, Grafen und Herren.

– Zum dritten die Vertreter der Freien und Reichsstädte.

Die drei Kurien erarbeiteten Vorschläge und Entwürfe, die dem König und den anderen Kurien vorgelegt und dann abgeändert, genehmigt oder verworfen wurden.

Maximilian I. war gerade zwei Jahre König, als 1495 sein – später von ihm so genannter – Ehrenreichstag einberufen wurde. Am 18. März traf der König mit den wichtigsten Vertretern der Stände in Worms ein, am 26. März wurde der Reichstag mit der Verlesung einer Erklärung des Königs im Wormser Dom offiziell eröffnet. In monatelangem Ringen versuchten danach die Ständevertretungen und ihre gelehrten Räte, eine Stärkung ihrer Rechte und eine Schmälerung der Befugnisse des Königs zu erreichen.

Das endlose Tauziehen fand erst ein Ende, als Karl VIII. von Frankreich Rom bedrohte und Papst Alexander VI. zur Flucht zwang. Damit war Maximilians Eingreifen gefragt, der dafür von den Ständen sogar das notwendige Geld für „eilige Hilfe" bewilligt bekam. Im Gegenzug stimmte Maximilian vier grundlegenden Reformgesetzen zu, die am 7. August 1495 verkündet wurden. Danach beendete ein Ewiger Landfriede das willkürliche Durchsetzen von Rechtsansprüchen auf der Basis der Fehde, das Reichskammergericht wurde allen Gliedern des Reiches als gelehrtes, letztinstanzliches Gericht übergeordnet. Als Leitfaden seiner Handlungsweise erhielt es die „Handhabung Friedens und Rechts". Um all das bezahlen zu können, wurde die Erhebung eines Gemeinen Pfennigs, der ersten kombinierten Kopf- und Vermögenssteuer im Reich, verabschiedet.

Den Ständen gelang es jedoch nicht, eine Beteiligung an einer Reichsregierung zu erreichen. Auch die Erhebung des Gemeinen Pfennigs scheiterte, weil es keine Instanz zu seiner Eintreibung gab. Das Reichskammergericht aber wurde zum Vorläufer der höchsten deutschen Gerichtsbarkeit, und im Ewigen Landfrieden wurde das Gewaltmonopol des Staates angelegt.

In seinen Auswirkungen kaum weniger bedeutsam war dann der Luther-Reichstag im Jahre 1521. Ihn berief der junge, aus Spanien kommende Habsburger Karl V. als Enkel und Nachfolger Maximilians I. ein, um sich seine Rechte in einer Zeit des Umbruchs bestätigen zu lassen. Immerhin hatten Humanisten und Theologen damit begonnen, scheinbar ewige Wahrheiten in Frage zu stellen und sogar Gegenbeweise zu liefern. Die Erfindung des Buchdrucks ermöglichte die schnelle Verbreitung von neuen Erkenntnissen und kühne Seefahrer entdeckten, daß die Welt keine Scheibe ist.

Vor diesem Hintergrund verabschiedete der Reichstag zwischen dem 27. Januar und dem 25. Mai 1521 eine neue Landfriedensordnung, eine Regimentsordnung und eine neue Kammergerichtsordnung. Eine Reichsmatrikel gab Auskunft darüber, wieviel jeder Reichsstand für die Feldzüge des Kaisers, für die finanzielle Sicherung des Reichsregiments oder des Kammergerichts zu zahlen hatte.

Die vordergründige Routine aber trog, der eigentliche Sprengstoff findet sich im – damals so empfundenen – Nebensächlichen: in der Vorladung des Augustinermönchs Dr. Martin Luther. Ihm sollte Gelegenheit gegeben werden, seine „ketzerischen" Gedanken aus den Schriften „An den christlichen Adel deutscher Nation", „Von der Freiheit eines Christenmenschen" und „Von der babylonischen Gefangenschaft der Kirche" zu widerrufen.

Als Luthers Gegner fungierte der Humanist und päpstliche Nuntius Alexander, der das berüchtigte Edikt von Worms gegen die Verbreitung aller reformatorischen Schriften durchsetzte. Es war zwar allein schon wegen seiner Undurchführbarkeit unsinnig, doch fand es die Billigung von Karl V., der in Luther ohnehin nur den „notorischen Häretiker" sah. Ganz Kind seiner Zeit, war der Kaiser überzeugt, daß ein einzelner Mönch gegenüber einer jahrhundertealten, kirchlichen Tradition nicht recht haben könne.

Am 16. April 1521 kam Luther gegen die Zusicherung freien Geleits nach Worms. Wohl hatte es genügend Warnungen gegeben, es würde ihm wie Hus in Konstanz gehen, doch Luther ließ sich nicht beirren und meinte: „Wenn so viel Teufel in Worms wären als Ziegel auf Dächern, ich wollt doch hinein". Am 17. April stand Luther erstmals vor Karl V., wo er seine Lehren widerrufen sollte. Nach einem Tag Bedenkzeit kam es zu der für die Reformation entscheidenden Stunde, in der Luther den Widerruf ablehnte, solange er nicht durch die Zeugnisse der Schrift überwunden würde. Papst und Konzilien könnten irren, das von Gott gegebene Gewissen aber nicht. Zum Schluß standen dann die denkwürdigen Worte: „Hier stehe ich. Ich kann nicht anders. Gott helfe mir. Amen".

Mit dem am 8. Mai in logischer Konsequenz verabschiedeten Wormser Edikt wurden nicht nur Luthers Schriften verboten, auch seine Anhänger wurden mit Verfolgung bedroht. Zum Kirchenbann kam die Reichsacht dazu. Demnach mußte jeder den nach dem Ablauf des freien Geleits vogelfreien Ketzer der Justiz und damit dem Tod ausliefern.

Zu Luthers Glück hielt sich sein Landesherr, Kurfürst Friedrich der Weise, nicht an dieses Verdikt. Vielmehr ließ er seinen Wittenberger Professor mittels eines fingierten Überfalls auf die Wartburg in Sicherheit bringen. Dort konnte der Reformator als Junker Jörg seine Übersetzung der Bibel ins Deutsche erarbeiten.

Wenn der junge Kaiser Karl V. bei seiner Begegnung mit Luther nur einen „törichten, liederlichen, verrückten Menschen" erkannte und ihn einen „Ketzermeister" nannte, so bestätigt dies nur, wie wenig die Zeitgenossen von der Sprengkraft der Thesen Luthers merkten. Immerhin hatte sich hier erstmals der eigenverantwortliche, nur seinem Gott verpflichtete Mensch zu Wort gemeldet und die „ewige" Einheit der Kirche in Frage gestellt. Neue Konfessionen und neue Kirchenordnungen waren die logische Folge, umwälzende Verwerfungen der politischen Machtverhältnisse blieben unausweichlich. Mit dem schlichten „Ich kann nicht anders" wurde im kleinen Worms am Rhein das Heilige Römische Reich Deutscher Nation in seinen Grundfesten erschüttert.

An die gut 2000jährige Geschichte von Worms erinnert der Brückenturm auf der Nibelungenbrücke.

Romanische Gottesbastionen

Mit dem Einzug des Christentums am nördlichen Oberrhein blühten auch hier die Klöster. Eines der wichtigsten war die schon 764 gegründete Benediktinerabtei Lorsch. Sie stieg unter Karl dem Großen zu außerordentlicher kultureller und politischer Bedeutung auf, wurde jedoch 1556 durch Brand nahezu völlig vernichtet. Übrig blieb nur die zweigeschossige Torhalle, die einst wohl den Anfang eines Triumphweges markierte, der quer durch den Klosterbezirk zum Heiligtum mit den Reliquien führte. Hier waren Ludwig der Deutsche und andere Mitglieder des karolingischen Königshauses bestattet.

Die Torhalle, der einzige Bau aus karolingischer Zeit am Oberrhein, besitzt eine reich gegliederte Fassade. Ihre roten und weißen Steinplatten sind mosaikartig eingesetzt und ergeben fränkisches Dekor. Die Fassadengliederung erfolgte im Erdgeschoß durch Halbsäulen zwischen den drei Bögen und im Obergeschoß durch Pilaster. Im Obergeschoß sind auch Architekturmalereien aus karolingischer Zeit und gotische Fresken aus der Zeit um 1400 erhalten. Sie stellen die Krönung und die Himmelfahrt Mariens dar.

Die eigentliche Bautätigkeit aber setzte am nördlichen Oberrhein Ende des 10. und Anfang des 11. Jh. ein. Nun entstanden die großen Kaiserdome in Speyer und Worms, sowie der Bischofsdom in Mainz. Alle drei sind Spitzenleistungen der romanischen Baukunst, alle drei drücken auf ihre Art den das ganze Mittelalter beherrschenden Kampf zwischen Kaiser und Papst aus.

Die Grablege der Salier

„Mein erster Gang war morgens zur Domkirche. Dies ist eines der merkwürdigsten Gebäude, die ich auf meiner Reise sah. Wenn man von vorn am großen majestätischen Portal eingeht, so sieht man vor sich einen leeren Platz von einer ziemlichen Länge bis an große Staffeln hin und von ungewöhnlicher Höhe, die durch prächtige einfache Säulen von den Nebengebäuden getrennt wird. Über den Staffeln aber steht ein großer ganz marmorner Altar, welcher so hoch ist, daß auch wieder Staffeln daran gebaut sind".

Als Friedrich Hölderlin 1788 diese Zeilen schrieb, war der Speyerer Dom gerade wieder einmal erneuert worden, nachdem französische Soldaten ihn 1689 in Schutt und Asche gelegt hatten. Die Rekonstruktion leitete damals Franz Ignaz Neumann, der Sohn des großen Balthasar Neumann. Bis auf den Westbau richtete er sich dabei genau nach dem alten Bestand des Kaiserdomes, lediglich den Westbau errichtete er nach eigenem Entwurf im Louis-seize-Stil. Dem Dom selbst aber gab er sein altes Erscheinungsbild zurück.

Den Grundstein dazu hatte um 1030 der Salier-Kaiser Konrad II. an der Stelle gelegt, wo schon König Dagobert im frühen 7. Jh. eine erste Bischofskirche errichtet hatte. Bereits 1061 konnte dieser Bau unter Heinrich IV. geweiht werden. Er hatte dafür gesorgt, daß der Dom seine heutige Länge von 133 m erhielt und damit zur größten romanischen Kirche Deutschlands geriet. Darüber hinaus hatte er veranlaßt, daß Chor und Querhaus ihr heutiges Aussehen erhielten und das Mittelschiff erstmals in dieser Dimension gewölbt wurde. Allein zu diesem Zweck wurden die Bauleute sogar aus der Lombardei geholt. Getragen wird das Gewölbe von mächtigen, als Mauerverstärkung dienenden Pfeilern des Außenbaus, die ihre Entsprechung in der reichen Wandgliederung im Inneren haben.

Auch danach hielten die Salier ihre schützende Hand über die Stadt. Kaiser Heinrich V. machte sie mit einem Freiheitsbrief zur privilegierten Stadt, Heinrich VI. bewilligte ihr die freie Ratswahl und machte sie damit von der Herrschaft des Bischofs weitgehend frei. 1294 stieg sie dann sogar zur Freien Reichsstadt auf. Ihr Dom war damit zwangsläufig eher ein Instrument kaiserlicher denn kirchlicher Machtpolitik. Als Kaiserdom wurde er die Grabeskirche von acht Kaisern und Königen, mehr als 50 Reichstage wurden bis 1570 in ihm abgehalten. All das fand sein vorläufiges Ende, als Ludwig XIV. 1689 befahl: „Brûlez le Palatinat!" (Verbrennt die Pfalz!)

Seine endgültige Gestalt erhielt der Kaiserdom 1846 unter dem damals bayerischen Landesherrn König Ludwig I., der den Dom im Stil der Nazarener vom Münchner Maler Johann Schraudolph ausmalen ließ. (Die Malereien sind heute nur im Hochschiff belassen.) 1854 mußte schließlich die Westfassade Neumanns weichen. Sie wurde von Heinrich Hübsch in nachempfundener Romanik ersetzt.

Der unmittelbar am Rhein gelegene Riesenbau beeindruckt vor allem mit seiner Ostseite, die zum Schönsten gehört, was deutsche Romanik geschaffen hat. Hauptgestaltungselemente sind gebündelte Stützen zwischen einfachen Rundsäulen und größere Bogenformen inmitten kleinerer. Den Übergang der Apsiswand zum Kegeldach bildet eine säulengeschmückte und tonnengewölbte Zwerggalerie. Der darüber aufsteigende Giebel des Chores ist mit elf Rundbogennischen gegliedert.

Die beiden den Chor flankierenden Türme sind in den Obergeschossen durch gekuppelte Rundbogenfenser gegliedert und mit Blendbogen und Zahnschnittfriesen geschmückt. Ihre achtfach gefalteten Helme wurden schon im frühen 13. Jh. gemauert. Die Ostwände des Querschiffes nehmen die Zwerggalerie der Apsis wieder auf. Besonders eindrucksvoll sind die reichen Schmuckformen der Fenstergewände.

Im Inneren kann von alter Ausstattung zwar keine Rede mehr sein, doch ist der gewaltige Innenraum mit seinem rot leuchtenden Sandstein und der daran geknüpften Erinnerung an die salischen Kaiser ein Erlebnis ganz eigener Art.

Der Kaiserdom der Staufer in Worms

„Ze Wormze bî dem Rîne" beginnt das mittelhochdeutsche Nibelungenlied, dem die Kunde von jenem sagenhaften Burgunderreich und seinem König Gunther zu verdanken ist. Der hatte dort um 410 seine Residenz eingerichtet, die 26 Jahre später die Hunnen überrannten. Bereits damals war aus dem keltischen Borbetomagus (Borbeto war eine keltische Gottheit) das uns vertrauter klingende, alemannische Wormatia geworden.

Mit den Burgundern war auch das Christentum nach Worms gekommen, denn im Jahre 418 hatten sich die neuen Herren taufen lassen. Bereits im 6. Jh. gab es unter dem Merowingerkönig Chilperich I. (561–584) einen Bischof und eine Domkirche an dem Platz, an dem zuvor der keltische Tempel, dann das römische Forum und schließlich der heutige Dom steht. Aus der merowingischen Königspfalz wurde die karolingische Kaiserpfalz, die ihre Anziehungskraft das ganze Mittelalter hindurch selbst dann nicht verlor, als hier längst die Staufer herrschten.

Der heutige Wormser Dom geht in seinen Fundamenten auf eine bis 1018 von Bischof Burkhard errichtete Doppelchoranlage zurück. Sie erneuerte Bischof Konrad II. von Sternberg ab 1171. Zehn Jahre später konnten der Ostteil, noch einmal 40 Jahre später auch das Langhaus und der Westchor vollendet werden. Ende des 13. Jh. sorgten kleinere gotische Um- und Anbauten endgültig für das heutige Aussehen des Domes.

Noch heute sind die Bauzeiten, beginnend von Ost nach West, am Wechsel des Baumaterials ablesbar. Während zu Beginn unterschiedliche Steinfarben bunt gemischt wurden, verwendete man zum Schluß nur noch

Noch in der Karolingerzeit entstand die Torhalle des Benediktinerklosters Lorsch (links). Der Kaiserdom von Speyer diente den Salierkaisern als Grablege (rechts).

einheitlich rötlichen Stein. Ähnlich wie in Mainz dominierten auch hier die Türme. Die östliche Vierung ist mit einem achteckigen, sehr gedrungen wirkenden Turmansatz markiert, der Westchor mündet unmittelbar in einem Turm. Beide Chöre sind zudem von je zwei Seitentürmen flankiert. Dem geraden Ostchor ist es von außen nicht anzusehen, daß er innen eine halbrunde Apsis enthält. Dafür ist die Außenwand durch Gesimse und Rundbogenfriese in zwei Geschosse gegliedert. Das hohe untere enthält drei riesige Rundbogenfenser, das obere eine Zwerggalerie mit einfachen Würfelkapitellen.

Sehr viel attraktiver ist die Westfront mit dem fünfseitigen Chorabschluß. Den äußeren Rahmen bilden die zwei runden Flankentürme, die durch Gesimse und Rundbogenfriese in sechs Geschosse geteilt und mit Lisenen gegliedert sind. Im vierten Geschoß übernehmen beide Seitentürme die Galerie des ansonsten schmucklosen Vierungsturmes. Der Chorabschluß ist gegen das Dach hin ebenfalls mit einer solchen Galerie bekrönt. Darunter vermitteln rundbogige Blenden und Zickzackfriese den Übergang zur Wand. Die Stirnseite des Chores ist geprägt von einem zwölfteiligen Radfenster und einer achtblättrigen Rose darüber.

Das Innere des Wormser Domes kann nicht verleugnen, daß hier Ende des 18. Jh. französische Besatzung herrschte. 1796 wurde der Bau sogar profaniert, 1801 das Bistum aufgehoben. Von der gesamten Innenausstattung ist deshalb nichts erhalten. Vom alten Glanz zeugt lediglich das um 1300 geschaffene Hauptportal am südlichen Seitenschiff, das nach dem Vorbild der hochgotischen, französischen Portalplastik gestaltet wurde. Sein Tympanon zeigt die Marienkrönung mit Petrus und einem Bischof. Die Gewände sind mit den vier Evangelisten und den vier großen Propheten besetzt. Die Bogenläufe beginnen links mit dem die Weltkugel segnenden Gottvater und enden rechts mit dem Weltenrichter. Das Giebelfeld zeigt die Gestalt der triumphierenden Kirche als gekrönte Frau auf einem Tier mit den Evangelistensymbolen.

Der Bischofsdom in Mainz

Als der hl. Bonifatius vom Papst die Verantwortung für die Missionierung Deutschlands erhielt und der „Apostel Deutschlands“ im Jahre 746 Mainz zu seinem erzbischöflichen Sitz erhob, waren damit die Weichen für eine Entwicklung gestellt, die die Stadt am Rhein zum „goldenen Mainz“ und im 13. und 14. Jh. zum größten kirchlichen Machtverband nördlich der Alpen werden

Den Wormser Kaiserdom errichteten die Staufer (links). Der Mainzer Kaiserdom verdankt seine heutige Form Kaiser Heinrich IV. (rechts).

ließ. Der Mainzer Erzbischof wurde Primas des Ostfrankenreiches und später sogar Reichserzkanzler und als Landesherr zugleich Kurfürst. Nicht weniger als 13 Suffraganbistümer wurden von hier aus beaufsichtigt. Päpste und Kaiser wußten die Bedeutung zu schätzen. So ließ Papst Leo IX. 1049 im Mainzer Dom eine große Synode abhalten, und Friedrich Barbarossa richtete im Mai 1148 dort, anläßlich der Schwertleite seiner beiden Söhne, das glanzvollste Fest des Mittelalters aus. Zwischen dem 7. Juni 1002 und dem 9. Dezember 1212 fanden immerhin sieben Königskrönungen statt.

Um der wachsenden Bedeutung des Mainzer Erzbischofssitzes gerecht zu werden, begann der zum Bischof avancierte sächsische Hofbeamte Willigis 975 mit dem Bau des heutigen Domes an der Stelle, wo schon im 4. Jh. ein frühchristliches Gotteshaus und später eine merowingische Kirche gestanden hatten. Nun entstand praktisch als Staatsdom des Reiches eine gewaltige, dreischiffige Basilika mit weit ausladendem Querschiff und Doppelchoranlage. Der Westbau symbolisierte dabei das Sacerdotium (geistliche Macht), der Ostbau das Imperium (weltliche Macht). Unter Berufung auf Augustins „De civitate Dei" sollten beide zusammen die Probleme der Menschen auf Erden lösen und die Wiederkehr Christi am Jünsten Tag vorbereiten.

Allerdings war dem Willigis-Bau keine Dauer beschieden. Ausgerechnet am Tage der Weihe im Jahre 1009 brannte der Neubau aus, so daß es noch einmal bis 1036 dauerte, bis in Gegenwart von Kaiser Konrad II. der neue Dom endgültig geweiht werden konnte. Nicht einmal 50 Jahre dauerte es dann, bis 1081 eine neuerliche Brandkatastrophe für Zerstörung sorgte. Unverzüglich jedoch wurde auf Initiative von Kaiser Heinrich IV. von neuem gebaut. Nun entstand eine Pfeilerbasilika mit eingewölbten Schiffen und einem achteckigen Turm über der Ostvierung. Bis 1239 wurde der Westteil mit neuem Querhaus und den drei Türmen fertiggestellt. Er gehört zu den größten Leistungen der Romanik in Deutschland.

Von außen wirkt der Mainzer Dom mit seinen gewaltigen, von sechs Türmen überhöhten Baumassen auch heute noch wie eine martialische Gottesburg. Die Ostseite strahlt noch die schlichte Monumentalität des 11. Jh. aus, wozu die durch horizontale Gesimse und vertikale Pilaster klar gegliederten, runden Treppentürme nicht unwesentlich beitragen. Um so beeindruckender sind die beiden Portale, die zu den frühesten Säulenportalen deutscher Romanik zählen.

Die ganze spätromanische Formenfülle mit Fenstern, Blenden und Friesen ist am Westbau entfaltet. Über einer umlaufenden Zwerggalerie wächst am Chor der quadratische Mittelbau aus den Dächern der drei Apsiden hervor, das Ganze eingerahmt von zwei vertikal gegliederten, schlanken, achteckigen Treppentürmen. Der ganze Aufbau gipfelt im machtvollen Vierungsturm, dessen Schmuck nach oben immer reicher wird.

Die Raumwirkung im Inneren ist vor allem im fünfjochigen Langhaus mit seinen zehn Arkaden von der Schwere des Mauerwerkes bestimmt. Da die Langhauswände zudem für den Einbau eines Tonnengewölbes vorgesehen waren, fehlt dem Zusammenklang von Wänden und Kreuzrippengewölbe die Stimmigkeit.

Von der alten Ausstattung des Domes ist wenig erhalten. Das wirklich Bedeutsame faßte Victor Hugo so zusammen: „Die wahren Kleinodien dieses ungeheuren Baues aber sind die Grabmäler der geistlichen Kurfürsten. Der Boden der Kirche ist damit ausgelegt, man hat ganze Altäre daraus gemacht, Pfeiler damit behängt, Wände damit bedeckt; es sind herrliche Marmor- und Sandsteinplatten, mit ihrem Bildschmuck und in der Bearbeitung zuweilen kostbarer als die Goldplatten des Salomonischen Tempels. Ich fand teils in der Kirche selber, teils im Kapitelsaal und im Kreuzgang, im ganzen 43 Denkmäler. Dabei habe ich nicht einmal die schwer zugänglichen Grabaltäre mitgezählt, noch die Bodenplatten, dies dunkle wirre Mosaik des Todes, das unter den Füßen der Hin- und Hergehenden täglich unkenntlicher wird."

Verlegte Residenzen

Der nördliche Oberrhein scheint für die großen Schloßbauer der Renaissance und des Barock eine unruhige Gegend gewesen zu sein. Das beste Beispiel dafür lieferten die Mainzer Kurfürsten, die gleichzeitig auch Erzbischöfe waren. Sie hatten ihre Residenz ja selbstverständlich zunächst beim Dom. Als die Mainzer Bürger im ausgehenden Mittelalter immer selbstbewußter wurden, zog es der Erzbischof jedoch vor, seinen Amtssitz nach Eltville zu verlegen. Erzbischof Diether von Isenburg scheint die Situation so unsicher empfunden zu haben, daß er 1478 am Nordrand von Mainz und direkt am Rhein eine Wasserburg errichten ließ, um bei Gefahr rasch über den Rhein die Flucht nach Eltville ergreifen zu können. Diese Martinsburg war die erste Residenz unmittelbar am Rheinufer. Aus ihr sollte ab 1627 nach oberitalienischem und französischem Vorbild das Mainzer erzbischöfliche Schloß werden. Fertiggestellt wurde es nach einer Bauzeit von 125 Jahren unter Kurfürst Johann von Ostein.

Auch der Fürstbischof von Speyer mußte erleben, daß das absolutistische Zeitalter so absolutistisch gar nicht war. Die selbstbewußten Ratsherren nämlich lagen mit den Speyerer Fürstbischöfen in Dauerfehde, obwohl diese als Inhaber der obersten geistlichen und weltlichen Macht zugleich auch die Landesherren waren. Mit Kardinal Hugo Damian von Schönborn kulminierte dieser Zwist 1720. Speyer verweigerte seinem Bischof den ständigen Aufenthalt und brachte ihn damit so weit, seine Residenz nach Bruchsal zu verlegen, das seit einer Schenkung Kaiser Heinrichs III. im Jahre 1056 zum Bistum Speyer gehörte.

Auch die dritte große Residenz am nördlichen Oberrhein ist eine verlegte Residenz. Zwar gab es in Mannheim ab dem frühen 17. Jh. die Festung Friedrichsburg des Kurfürsten Friedrich IV. von der Pfalz, doch wurde sie zusammen mit der Stadt schon 1622 von den Truppen des Feldherrn Tilly in Schutt und Asche gelegt. Unter Kurfürst Karl Ludwig wurde wiederaufgebaut, doch brachte der Pfälzische Erbfolgekrieg 1689 die erneute Zerstörung durch französische Truppen. Eine wirkliche Blüte begann erst, als Kurfürst Carl Philipp 1720 seine Residenz von Heidelberg nach Mannheim verlegte. Nun entstand in 40jähriger Bauzeit nach dem Vorbild von Versailles das kurfürstliche Schloß.

Heidelberger Romantik

„Denn der schönste Platz, der hier auf Erden mein,
das ist mein Heidelberg in Wien am Rhein".

Kurt Tucholskys Sarkasmus ist sicher nicht ganz unberechtigt, denn das Schloß über dem Neckar, kurz vor dessen Mündung in den Rhein, repräsentiert den Besuchern aus aller Welt den Inbegriff deutscher Romantik. Daß es dabei mehr auf Gefühle und eher wenig bis gar nicht um historische Detailgenauigkeit geht, steht auf einem anderen Blatt.

Folgt man den historischen Fakten, dann gab es Anfang des 13. Jh. auf dem Platz des heutigen Schlosses eine Burg mit einem spätromanisch oder frühgotischen Palas. Sie erweiterte Kurfürst Ruprecht III. bis 1410. In der ersten Hälfte des 16. Jh. sorgte Kurfürst Ludwig V. für einen ersten größeren Ausbau. Der Herr mit dem Beinamen der „Friedfertige", legte ausgerechnet alles Gewicht auf die Befestigungen. Wenn das Schloß heute noch wie eine starke Feste wirkt, dann geht dieser Eindruck auf Ludwig V. zurück.

Die zweite Hälfte des 16. und das frühe 17. Jh. brachten unter den Kurfürsten Friedrich II., Ottheinrich, Friedrich IV. und Friedrich V. den Ausbau der Burg zum Schloß. Letzter repräsentativer Anbau wurde unter Friedrich V. der „Englische Bau". Das endgültige Ende für das Schloß kam 1720 durch Kurfürst Carl Philipp mit der Verlegung der Residenz nach Mannheim. Das nun leerstehende Schloß begann zu zerfallen.

Die Entwicklungsgeschichte von der Burg über die Festung zum Schloß ist bis heute an den ausgedehnten Bastionen und den verschiedenen Türmen abzulesen. Kraut-, Apotheker-, Glocken- und Dicker Turm erinnern an die Verteidigungsbestrebungen vergangener Jahrhunderte. Aus der Zeit der Festung stammt der Ruprechtsbau aus dem frühen 15. Jh. Er birgt im Erdgeschoß den Rittersaal, dessen runder Mittelpfeiler vier Kreuzrippengewölbe trägt. Der schöne, aus Sandstein gefertigte Renaissancekamin wurde 1546 eingebaut.

Mit Abstand gelungenster Teil des Schlosses ist der Ottheinrichsbau, das wohl schönste Bauwerk der deutschen Renaissance. Dieser Palast von Kurfürst Ottheinrich (1556–59) verrät italienische und niederländische Anregungen. Ganz italienisch ist die horizontale Gliederung der Fassade, das üppige Portal repräsentiert ein niederländisches Formdenken, und die reichen Fensterumrahmungen vereinen beide Quellen aufs glücklichste zu einer eigenständigen Lösung.

Beinahe ein Kapitel für sich sind die plastischen Dekorationen der Fassade. Das figürliche Programm dazu dürfte der Bauherr selbst bestimmt haben. So zeigt das Erdgeschoß mit Josua, Simson, Herkules und David sowie römischen Imperatoren Helden der Vorzeit. Das erste Obergeschoß ist Allegorien von Stärke, Glaube, Hoffnung und Liebe gewidmet. Dazu kommen Verkörperungen der Planeten, des Jupiter und der Sonne. Ausgedrückt werden sollte damit, was den Fürsten auszeichnet, nämlich Kraft und Tugend unter glückbringendem Gestirn.

Der Friedrichsbau wurde bis 1607 von Kurfürst Friedrich IV. errichtet und zeigt schon beinahe barocke Anklänge. Die Nischenfiguren sind hier einer Ahnenkette gewidmet, die mit Karl dem Großen beginnt und mit dem Bauherrn endet. Das Erdgeschoß birgt die frühbarocke Schloßkapelle.

Das Heidelberger Schloß hoch über dem Neckar, kurz vor dessen Mündung in den Rhein, ist für die Besucher aus aller Welt der Inbegriff deutscher Romantik. Sein Ottheinrichsbau ist das wohl schönste Bauwerk der deutschen Renaissance.

Als letzter Teil des Schlosses entstand bis 1619 der Englische Bau, der seinen Namen von der englischen Gemahlin von Kurfürst Friedrich V. erhielt. Die Reste seiner Fassade erinnern an italienische Palazzi nach dem Vorbild von Palladio.

Bruchsaler „Separierung“

Wie alle Herren aus dem Hause Schönborn war auch Hugo Damian vom „Bauwurmb“ geplagt. Nachdem er sich für Bruchsal als Stadt und Ort seiner neuen Residenz entschieden hatte, begann dort 1721 nach den Plänen des Kurmainzer Baudirektors Maximilian von Welsch ein emsiges Bauen an der weitläufigen, „separierten“ Anlage. Es war dies ein besonderes Anliegen des Bauherrn gewesen, der aufgrund schlechter Erfahrungen befohlen hatte: „muß es auch so gebauet werden, das, wan eine Flam aufgehet, das andere Gebey noch zu erretten, also wirdt fast alles voneinander separiret.“ Entsprechend diesem Auftrag wurde zwar eine großzügige Dreiflügelanlage errichtet, darumherum aber entstanden in zahllosen Nebengebäuden die für die Landesverwaltung notwendigen Büro- und Arbeitsräume. Von der Apotheke bis zum Priesterseminar, vom Forstamt bis zum Jagdamt erhielt alles sein eigenes Dach.

Zentrum der eigentlichen Residenz wurde das Corps de Logis mit seinem einmaligen, von Balthasar Neumann gestalteten „Stiegenhaus“, von dem Dehio meinte, es sei die Krone aller Treppenhäuser des Barock. Schon 1877 hatte kein Geringerer als Jakob Burckhardt darüber geschrieben: „An Genialität der Anlage bei zwar großen, doch nicht würzburgischen Geldmitteln ist geleistet, was zu leisten war, und der große, mittlere Rundbau mit der Treppe ist geradezu ersten Ranges und ging allen jetzt lebenden Architekten weit über den Kopf! Das könnte keiner und keinem fiel es ein. Die zwei anstoßenden Säle, der Speisesaal (Fürstensaal) und der Kaisersaal (Marmorsaal) bilden damit ein Ensemble ganz überwältigender Wirkung. Ich habe hernach aus Dankgefühl eine Vorlesung über den Rococo gehalten.“

Was zu allen Zeiten so überschwenglich gelobt wurde, war bei seiner Entstehung eher ein gewaltiger Stein des Anstoßes. Zwar war von Anfang an ein festlicher Treppenhaussaal geplant, doch war der bezogen auf eine dreigeschossige Auslegung des Hauptbaues. Weil dem Bauherrn jedoch offensichtlich italienische Vorbilder besser gefielen, ließ der Kardinal kurzerhand zwischen dem Erd- und dem Hauptgeschoß ein niedrigeres Mezzaningeschoß einziehen, ohne die daraus resultierenden Auswirkungen auf das Treppenhaus zu berücksichtigen. Weil das Zwischengeschoß das Hauptgeschoß in die Höhe drückte, reichte der ursprünglich vorgesehene Treppenraum nicht mehr für die gewünschte Steigung der Treppe aus. Der bisherige Baumeister, Freiherr von Ritter zu Grünstein, brach wegen des eigenmächtigen Eingriffs des Kardinals in die Planung seinen Vertrag und ließ den Fürstbischof 1726 mit dem gewaltigen Loch in der Mitte allein.

Erst fünf Jahre später gelang es Balthasar Neumann, den Schönborn aus Würzburg zu Hilfe gerufen hatte, aus dem „Loch“ das schönste aller Treppenhäuser in „klassischer Vollkommenheit“ zu gestalten. Dafür führte er die Treppe in zwei, stets wechselnde Blickpunkte liefernden Läufen in einem Oval auf die scheinbar schwebende Plattform des zentralen Kuppelsaales. Damit war es Neumann trotz aller Hindernisse doch noch gelungen, die ursprüngliche Idee, in der Mitte des Corps de Logis einen Kuppelbau mit dem Treppenhaus zu vereinigen, Wirklichkeit werden zu lassen.

Den letzten Schliff erhielt die Kreuzung aus Kuppelsaal und Treppenhaus durch Johannes Zick und Johann Michael Feichtmayr. Zick schuf das gewaltige Gemälde in der Kuppel, das das Wirken der göttlichen Vorsehung in der Geschichte des Fürstentums Speyer darstellt. Feichtmayr steuerte den zarten Stuck bei. Auch Marmorsaal und Fürstensaal wurden von Zick ausgemalt. Während er den Marmorsaal mit Gemälden über die Harmonie der Elemente und die Bändigung unheilvoller Kräfte als Sinnbilder für den Wohlstand des Hochstiftes Speyer ausstattete, verzierte er den Fürstensaal mit Gestalten der antiken Mythologie und christlichen Tugenden als Schutzmächten des fürstbischöflichen Landes.

All die Kostbarkeiten sanken gegen Ende des letzten Krieges in Schutt und Asche. In rund 30jähriger Arbeit wurden inzwischen die Repräsentationsräume der Residenz originalgetreu nachgebildet, so daß sie den Besucher heute wieder wie schon vor 250 Jahren in ihren Bann schlagen.

Das eigentliche Wahrzeichen von Bruchsal ist allerdings weniger das Schloß, sondern die Pfarrkirche St. Peter. Mit ihrer ganzen barocken Pracht steht sie anstelle einer gotischen Vorgängerin, die allerdings dem Fürstbischof von Schönborn nicht genügte. Er engagierte deshalb 1738 Balthasar Neumann mit dem Auftrag, eine völlig neue Kirche zu errichten. Sie sollte gleichzeitig die Grabeskirche der Bischöfe von Speyer werden. Allerdings ließ Fürst Schönborn gerade mal drei Sargnischen einrichten, als hätte er geahnt, daß 1803 sein Bistum alle Rechte an Bruchsal verlieren würde.

Für das Bischofsmausoleum folgte Balthasar Neumann der Idee des griechischen Kreuzes. Zentrum ist ein großzügiger Kuppelraum, unter dem die Fürstbischofe ihre letzte Ruhestätte finden sollten. Weil gleichzeitig die Hauptachse der Kirche um volle 90 Grad gedreht wurde, konnte von der Vorgängerkirche der gotische Chor übernommen werden, der nun als östlicher Querarm fungiert. Die Seitenarme der Kirche erhielten Tonnengewölbe, die von vier Seiten in die mächtige Zentralkuppel münden. Sämtliche Gewölbe sind reich mit Stuck verziert. Der 1748 fertiggestellte Hochaltar wurde von Balthasar Neumann in Anlehnung an St. Peter in Rom gestaltet. Auch die Seitenaltäre wurden vom Architekten entworfen, ausgeführt wurden sie von Johann Michael Feichtmayr.

Schwetzinger Gartenkunst

Barocke Lebensfreude, Eleganz des Rokoko und eine überaus geschickte Einbeziehung der Natur kennzeichnen bis heute eine der schönsten Parkanlagen Deutschlands. In ihr ist der Geist des kunstsinnigen und lebensfrohen pfälzischen Kurfürsten Carl Theodor ebenso zu spüren wie der seines nicht minder lebenslustigen Vorvorgängers Carl Ludwig, der hier sein Liebesnest gebaut hatte.

Angefangen hatte alles im frühen 14. Jh. mit einer kleinen Wasserburg. Den ersten und vielleicht entscheidenden Schritt zur heutigen Anlage machte der „Pfälzer Fritz“ Ende des 15. Jh. zwar nicht mit seiner Heirat mit der Augsburger Patriziertochter Clara Dettin, wohl aber mit dem Ankauf des heutigen Schloßgartengeländes. Kurfürst Otto-Heinrich, der sich im Ottheinrichsbau des Heidelberger Schlosses verewigt hatte, versuchte aus Schwetzingen wenigstens eine Nebenresidenz zu machen. Gelingen wollte es aber weder ihm noch 60 Jahre später seinem Nachfolger, dem glücklosen Winterkönig Kurfürst Friedrich V.

Neues Leben zog in Schwetzingen erst nach dem Dreißigjährigen Krieg wieder ein, als Kurfürst Carl Ludwig für seine Geliebte Degenfeld einen angemessenen Wohnsitz benötigte. Immerhin lebte er mit diesem Fräulein 20 romantische Jahre in morganatischer Ehe zusammen und hatte mit ihr dreizehn Kinder. Seine Liebesbriefe an die Angebetete schrieb er in bestem Latein – eine Kunst, die allerdings nicht auf seinem Mist gewachsen war. Der belesene Fürst hatte einfach aus „De Eurialo et Lucretia“ von Enea Silvio Piccolomini, dem späteren Papst Pius II. abgeschrieben. Seine berühmteste Tochter war die lebenslustige Lieselotte von der Pfalz, die Gemahlin des Herzogs von Orléans. Obwohl diese Heirat

Das großzügige Bruchsaler Schloß ließ Hugo Damian von Schönborn ab 1721 zunächst nach den Plänen des Kurmainzer Baudirektors Maximilian von Welsch errichten. Fertiggestellt wurde der Bau allerdings erst ab 1726 durch Balthasar Neumann.

Das Hambacher Schloß hat in der Geschichte der deutschen Demokratie einen ganz besonderen Platz. Hier wurde 1832 erstmals die schwarz-rot-goldene Fahne als Symbol für Einheit, Freiheit und demokratische Rechte gehißt.

In Freinsheim kann man noch prächtige, aus dem Mittelalter übriggebliebene Festungsmauern mit Türmen, Toren und Wehrgängen entdecken. Von der einstigen Wehrhaftigkeit zeugt in der Nordostecke noch das Eisentor (unten).

Burg Trifels wurde in unserem Jahrhundert errichtet, doch wurden die alten Teile nicht rekonstruiert. Von der Burg bietet sich eine prächtige Aussicht über den Pfälzer Wald, das Pfälzer Weinbaugebiet und den nördlichen Oberrhein. Die Nachbarburgen Anebos und Münz sind attraktive Wanderziele.

Einen „einzigartigen Garten Gottes“ nannte König Ludwig I. von Bayern die Umgebung von Edenkoben. Von Friedrich Gärtner ließ er sich deshalb hier seine „Villa Ludwigshöhe“ als Sommerresidenz errichten. Das Schlößchen besticht nicht nur mit prächtigen Wand- und Deckenmalereien, sondern birgt auch eine ständige Ausstellung von Werken des impressionistischen Malers Max Slevogt. Mit der einzigen Sesselbahn an der Deutschen Weinstraße kann man schließlich zur 550 m hoch gelegenen Rietburg hinaufgondeln und von dort eine prächtige Aussicht genießen.

In Neustadt gibt es nicht nur die größten Winzerumzüge Deutschlands, sondern auch die Wahl der Pfälzer und der Deutschen Weinkönigin. Den Marktplatz zieren ein Renaissancerathaus und die gotische Stiftskirche. Seit 1708 teilt diese Kirche eine Mauer zwischen Chor und Langhaus. Den Chor mit dem barocken Hochaltar nutzen die Katholiken, das Langhaus mit dem geschnitzten Chorgestühl aus dem 15. Jh. die Protestanten.

Das wenig südlich gelegene Hambacher Schloß geht auf die letzte Jahrtausendwende zurück, doch wurde die ursprüngliche Burg 1688 im Pfälzischen Erbfolgekrieg zerstört. Dennoch hat das Schloß für die Geschichte der deutschen Demokratie eine ganz besondere Bedeutung. Als nämlich 1830 die Pressezensur eingeführt werden sollte, kam es zu Unruhen und Protesten gegen den Feudalismus. Am 27. Mai 1832 zogen deshalb etwa 30 000 Menschen zum Hambacher Schloß, hißten zum ersten Mal die Schwarz-Rot-Goldene Fahne und demonstrierten für Einheit, Freiheit und demokratische Rechte. Zur 150-Jahr-Feier dieser Sternstunde der Demokratie wurde im Mai 1982 das teilweise wiederaufgebaute Hambacher Schloß vom damaligen Bundespräsidenten Karl Carstens eingeweiht und als „Wiege der deutschen Demokratie“ gefeiert.

Bad Dürkheim war einst die Residenz der Fürsten von Leiningen. Ihr Schloß wurde allerdings schon 1794 zerstört. Erhalten dagegen ist ihre Grabkapelle mit eindrucksvollen Sandsteingrabmälern. Erinnerungen an die Leininger Grafen finden sich auch in der Ruine des Klosters Limburg. Hier stand einst eine Salierburg, die Konrad II. 1025 anläßlich seiner Wahl zum König in eine Benediktinerabtei umwandelte. Als Hauskloster der Salier sollte die Klosterkirche so prächtig wie der Kaiserdom in Speyer werden. Daraus wurde zwar nichts, aber noch die Ruinen beweisen die Pracht der Anlage. Erst der endlose Streit der Leininger Grafen mit der Kurpfalz führte im 16. Jh. zur Zerstörung des Klosters.

In Freinsheim schließlich gibt es noch prächtige, aus dem Mittelalter übriggebliebene Festungsmauern mit Türmen, Toren und Wehrgängen. Zwar wurde der mittelalterliche Stadtkern 1689 im Pfälzer Erbfolgekrieg zerstört, die Stadtmauer aber blieb auf gut 1 km Länge erhalten. Von einstiger Wehrhaftigkeit zeugen das Eisentor im Nordosten und das Haintor im Westen.

Fährt man weiter nach Norden, trifft man in Oppenheim auf das Zentrum des rheinischen Weinbaugebiets und auf die Liebfrauenstraße. Ihr Taufpate war Rheinhessens bekanntester Wein, die Liebfrauenmilch. Oppenheim selbst wird als Stadt der Gotik und des Weins gerühmt. Alle Fragen zum Weinbau werden im Deutschen Weinbaumuseum beantwortet. Schönste Gotik findet sich in der mächtigen Katharinenkirche. Vor allem das Maßwerk an den Fensterrosen der südlichen Schaufassade zeugt vom Können der Baumeister.

Über Nierstein mit seinen unendlichen Rebfluren erreicht man in Nackenheim die Heimat des Dramatikers Carl Zuckmayer. Er setzte dem Wein am Rhein mit seinem Erfolgsstück „Der fröhliche Weinberg“ ein unsterbliches Denkmal, in „Des Teufels General“ rechnete er mit dem Nationalsozialismus ab.

In Mainz schließlich gibt es nicht nur den riesigen Dom, sondern auf dem Marktplatz einen der ältesten und schönsten Renaissancebrunnen Deutschlands aus dem Jahre 1526. Mainz war zudem die Heimat von Johannes Gutenberg, der 1397 hier geboren und 1468 hier auch starb. Er erfand den Druck mit beweglichen Lettern und ist damit der Vater aller gedruckten Bücher. Sein erstes Werk in der neuen Technik war die 42zeilige Gutenberg-Bibel, die im Gutenbergmuseum bestaunt werden kann.

Den höchsten Punkt von Mainz ziert schließlich die Stefanskirche, die älteste gotische Hallenkirche am Mittelrhein. Sie birgt einen sehenswerten Kirchenschatz und im Ostchor neun Glasgemälde von Marc Chagall, die der Versöhnung zwischen Juden und Christen gewidmet sind.

Den Mainzer Marktplatz zierten einst prächtige Renaissancehäuser. Die nach dem Krieg gebliebenen Reste wurden teilweise liebevoll restauriert.

Der Odenwald und die Bergstraße

Zwischen Heidelberg im Süden und Darmstadt im Norden begrenzt der Odenwald den rechten Rand des nördlichen Oberrheintales. Der „Högewald", wie er einst hieß, erreicht immerhin Höhen bis 626 m und ist damit für die Oberrheinische Tiefebene der perfekte Schutz gegen kalte Ostwinde. Nicht umsonst blühen hier die Mandel- und Kirschbäume als erste in Deutschland. Schon die Römer legten deshalb zwischen Rheinauen und Odenwaldhängen die Via Montana an, aus der die heutige Bergstraße wurde.

Ihr südliches Tor ist das von Dichtern aller Gattungen besungene, romantische Heidelberg. Neben dem Schloß gelten die Preislieder auch der teilweise gut erhaltenen Altstadt und nicht zuletzt der eigenen Studentenseligkeit an einer Alma Mater, die ihre Geschichte immerhin bis 1386 zurückverfolgen kann. Die alten Gassen der Stadt sind beherrscht von Renaissance und Barock. Die schönste Renaissancefassade findet sich am „Haus zum Ritter" aus dem Jahre 1592. Die alte Universität wurde 1728 fertiggestellt. Sie birgt die prächtig ausgestattete, ehemalige Aula. Im Rückgebäude findet sich der 1788 eingerichtete und für seine „Graffiti" berühmte Karzer. Der Hexenturm ist der älteste Teil der mittelalterlichen Stadt.

Über den Fischmarkt kommt man zur Carl-Theodor Brücke, die bis ins 19. Jh. hinein die einzige Neckarbrücke Heidelbergs war. Ihre beiden barocken Tortürme erhielten ihre hübschen Glockendächer bis 1788. Vom rechten Ufer des Neckars bietet sich dann der klassische Blick auf Altstadt und Heidelberger Schloß. Wer dagegen auch noch die Aussicht auf die Oberrheinische Tiefebene dazu haben möchte, sollte auf den 568 m hohen Königsstuhl oberhalb von Heidelberg hinauffahren. Von seinem Aussichtsturm aus übersieht man nicht nur die waldreichen Höhen des Odenwaldes sondern die gesamte Rheinebene bis hinüber zum Pfälzer Wald.

Wenig nördlich von Heidelberg verdient das uralte Ladenburg einen Besuch. Hier hatten schon die Kelten gesiedelt, die Römer den keltischen Namen als Lopodunum übernommen. Seit dem 6. Jh. gab es hier einen Königshof, später einen Hof des Wormser Bischofs. Auf dem Platz einer im 3. Jh. errichteten Marktbasilika steht die heutige zweitürmige, gotische Basilika St. Gallus, deren Hallenkrypta sogar noch aus dem 11. Jh. stammt. Im Bereich des fränkischen Königshofes steht die Sebastianskapelle, in der karolingische Reste und ein romanischer Turm aus dem 12. Jh. integriert sind. Ob die etwas derben Tierreliefs und Fratzenwerke tatsächlich karolingisch sind, ist noch nicht so ganz bewiesen.

Das Bild des Städtchens prägen vor allem die zahlreichen Adelshöfe aus dem 15., 16. und 17. Jh. Recht gut erhalten sind auch Teile des mittelalterlichen Mauerrings, der bereits im 12. Jh. angelegt worden war. Der spätgotische Hexenturm stammt aus dem 15. Jh., das Martinstor mit dem „Ladenburger Reiter" geht auf das späte 13. Jh. zurück.

Auch Weinheim war ursprünglich Kirchenbesitz. Zunächst gehörte es zum Kloster Lorsch, 1233 kam es dann an den Mainzer Bischof. Bis heute erinnern drei Türme aus dem 13. und 14. Jh. an die mittelalterliche Befestigung. Am Marktplatz steht das ehemalige Rathaus aus dem 16. Jh. Das ehemalige Schloß dient heute als Rathaus, sein ältester Teil ist der Pfalzgrafenbau aus der ersten Hälfte des 16. Jh. Die malerischsten Fachwerkhäuser finden sich im Gerberbachviertel. An das alte Pfalzgrafenschloß schließt sich der berühmte Exotenwald an. Hier stehen Nadelhölzer aus allen Teilen der Erde, darunter auch 100jährige Mammutbäume aus dem Westen Amerikas.

Auch beim Schloß Fürstenlager, einer ehemaligen Sommerresidenz der hessischen Landgrafen, gibt es eine ganze Sammlung exotischer Pflanzen. Hier steht auch mit über 50 m Höhe Europas höchster Mammutbaum. Den besten Überblick über die Nordwesthälfte des Odenwaldes aber bietet sich von der Ruine des Schlosses Auerbach und vom Melibokus. Mit 515 m ist er der höchste Gipfel weit und breit. Von seinem Aussichtsturm kann man eine hervorragende Aussicht über den nördlichen Odenwald und die Oberrheinische Tiefebene genießen..

Die Bergstraße endet in Darmstadt, der ehemaligen Haupt- und Residenzstadt der hessischen Großherzöge. Landgraf Georg I. hatte hier im 15. Jh. seinen Regierungssitz eingerichtet, in dem bis 1918 regiert wurde. Alle Pracht aus Renaissance und Barock ging dann im Zweiten Weltkrieg unter und wurde nach 1945 neu errichtet. Einzigartig am gesamten Rhein aber ist das Großherzogliche Porzellanmuseum im Prinz-Georg-Palais am Ende des Herrengartens. Hier sind kostbare Porzellane und Fayencen aus dem 18. und 19. Jh. zusammengestellt. Das Rokokoidyll wird deshalb auch gerne Porzellanschlößchen genannt.

Ebenfalls eine Besonderheit bietet die Mathildenhöhe, wo Großherzog Ernst Ludwig 1901 eine Künstlerkolonie gegründet hatte. Hier gibt es prächtige Jugendstilbauten wie etwa den Hochzeitsturm mit seinem fünffachen Gewölbedach. Die Russische Kapelle ließ Zar Nikolaus II. 1899 zu Ehren seiner aus dem Hause Hessen-Darmstadt stammenden Gemahlin errichten.

Wenig oberhalb der Mündung des Neckar in den Rhein liegt das von Dichtern aller Gattungen besungene, romantische Heidelberg. Die Carl-Theodor-Brücke mit ihren beiden berühmten barocken Tortürmen wird überragt von der mächtigen Kulisse des Schlosses.

Am nördlichen Oberrhein und im Rheingau findet sich manch malerisches Bauwerk. In Eltville ist es die kurfürstliche Burg (links oben), in Rüdesheim der alte Burgturm (rechts oben).

In Ladenburg beeindrucken der Marktplatz (links) und das liebevoll restaurierte Schloß (rechts).

Der Taunus und der Rheingau

Der westlichste Teil des Taunus ist ein bis zu 600 m hoher Quarzitrücken, der so hart ist, daß es dem Rhein nicht gelang, ihn zu durchbohren. Vor Wiesbaden mußte er deshalb abbiegen, erst hinter Rüdesheim gelang ihm der Durchschlupf zwischen Hunsrück und Taunus. Den Weinfreunden bescherte das den Rheingau, den Romantikern die Burgen des Mittelrheins und den Wanderern die nahezu unberührten Höhen des Rheingaugebirges.

Zwar hatten im Rheingau schon die Römer Wein angebaut. Den entscheidenden Impuls aber lieferte Karl der Große, dem bei Aufenthalten in seiner Ingelheimer Residenz auffiel, daß es an den Rheingauhängen extrem selten Schnee gab. Das war die Geburtsstunde für die Wiederbelebung des Weinbaus. Seither wurden ein Jahrtausend lang Rebenzucht und Kellerbetrieb so verfeinert, daß so mancher gute Riesling manch zweifelhafte Arznei zu ersetzen vermag.

Das östliche Tor zum Rheingau ist Wiesbaden, das „Wisibada" der Karolingerzeit. Was im Jahre 829 als Bad in den Wiesen bezeichnet wurde, hatten schon die keltischen Mattiaker genutzt. Die heißen Quellen gefielen natürlich auch den Römern, die an den „Wassern der Mattiaker" einen regen Badebetrieb pflegten. Nach dem Abzug der Römer wußten erst wieder die Karolinger die heißen Quellen zu schätzen. Der wirkliche Aufschwung für den Badebetrieb kam aber erst 1806, als Wiesbaden Regierungssitz des Herzogtums Nassau wurde. Nun wurde es für die Fürsten Europas chic, in der Residenz- und Badestadt zu kuren. Bis 1840 entstanden nun das Alte Kurhaus, das Alte Theater, das Schloß, die Kurhauskolonnaden und die Marktkirche. Im Jahre 1852 wurde Wiesbaden dann sogar offiziell zur „Weltkurstadt" ernannt. Um 1900 lebten hier die meisten Millionäre Deutschlands.

In schönster Lage unmittelbar am Rhein liegt Eltville, das „Alta Villa" der Römerzeit. In fränkischer Zeit gab es hier einen Königshof und schon vor dem 10. Jh. eine Zoll- und Fluchtburg der Mainzer Erzbischöfe. Im 14. und 15. Jh. bauten sie diese sogar zur Residenz aus. In ihrem viergeschossigen Wohnturm von 1348 ist heute eine Gutenberg-Gedenkstätte eingerichtet. Die gotische Pfarrkirche erhielt ihre zweischiffige Halle in der zweiten Hälfte des 14. Jh. Eine besondere Kostbarkeit sind die 1961 in der Vorhalle entdeckten Malereien von 1405. Von der rechteckigen Stadtbefestigung sind ein Rundturm am Rhein und das Martinstor erhalten.

Das wenig nördlich gelegene Kloster Eberbach wurde 1116 von Augustinern gegründet. Seine eindrucksvollen, romanischen und gotischen Bauteile gehören zu den wichtigsten mittelalterlichen Kulturdenkmälern Hessens. In den alten Gewölben kann man heute die Spitzenweine der Staatsweinkellerei probieren.

Die größte Rheingauer Weinbaugemeinde ist Oestrich-Winkel. Ihr Wahrzeichen ist ein 1652 zur Weinverladung am Rheinufer gebauter Kran. Im Ortsteil Oestrich gibt es hübsche, zweistöckige Fachwerkhäuser mit Erkern, Zwerchgiebeln und liebevoll gestalteten Haustüren. Im Ortsteil Winkel verdient die um 1680 barockisierte, im Kern gotische Pfarrkirche einen Besuch. Das Graue Haus stammt noch aus dem 11. Jh., denn sein Holz wurde nachweislich im Jahre 1075 gefällt. Es gilt deshalb als das älteste, bewohnbare Steinhaus Deutschlands. Im Brentanohaus trafen sich Deutschlands bedeutendste Romantiker, und im Ortsteil Hallgarten steht in der aus dem 12. Jh. stammenden Pfarrkirche die berühmte, 1415 gearbeitete Terracottamadonna auf der Mondsichel.

Den Westteil des Rheingaus dominiert Rüdesheim, dessen Drosselgasse der wohl „weinseligste" Fleck am gesamten Rhein ist. Zahlreiche alte Adels- und Winzerhöfe geben der 900 Jahre alten Stadt ihr stimmungsvolles Ambiente. In der aus dem 12. Jh. stammenden Brömserburg präsentiert das Rheingauer Heimatmuseum die älteste weinspezifische Sammlung Deutschlands. An das Rüdesheim des Mittelalters erinnern noch der Hohe Turm der Boosenburg und der Adler-Stadtwehrturm aus dem 15. Jh.

Die berühmte, 1415 gearbeitete Terracotta-Madonna auf der Mondsichel ziert die Pfarrkirche von Hallgarten.

Alle Freundlichkeit der Rheingaulandschaft hört schlagartig auf mit der Einfahrt ins berüchtigte Binger Loch. Noch einmal bedrängen Berge von beiden Seiten den Strom, noch einmal mußte er sich über Jahrtausende seinen Weg durch den Fels fressen.

Von Bergen eingezäunt

Der Mittelrhein

Von Bingen bis Bonn

Der Mittelrhein steht für den Inbegriff der von den Engländern geprägten Rheinromantik. Kaum ein Felsen links und rechts vom Strom ist hier ohne Burg oder Schloß. Im Bild ist es die Schönburg oberhalb von Oberwesel.

In Koblenz mündet die Mosel in den Rhein und bildet damit das berühmte Deutsche Eck. Schon die Römer hatten hier ein Kastell zur Sicherung des Moselüberganges angelegt, sie gaben der Stadt auch den Namen.

Strom in Bedrängnis

Das Mittelrheintal zwischen Bingen und Koblenz ist ein enges Durchbruchtal, in dem der Rhein keine Möglichkeit für Seitensprünge, Mäanderschleifen oder Auenbildung hatte. Hohe Felsen gaben dem Strom ein enges Korsett, kaum ein Weg hatte Platz zwischen dem Strom und den Hängen von Rheingaugebirge und Hunsrück. Die eigentliche Straße war hier der Strom, der auf ihm abgewickelte Warenverkehr zog seit jeher die Begehrlichkeiten von allen Seiten auf sich. Schon im frühen Mittelalter erhielten deshalb die ausgesetztesten Felsen die mächtigsten Schutz- und Trutzburgen, deren Hauptzweck allerdings weniger der Schutz und mehr das Kassieren war.

Land im Werden

Nach der Abtragung des großen Variskischen Gebirges, das einst von der Bretagne bis nach Rußland gereicht hatte, begannen vor ungefähr 70 Millionen Jahren neue Hebungs- und Senkungsvorgänge. Durch Absenkung entstanden im Norden die Niederrheinische Bucht und im Süden der Graben der Oberrheinischen Tiefebene. Gleichzeitig begann sich das Rheinische Schiefergebirge zu heben. Begleitet wurden Hebungs- wie Senkungsvorgänge im Tertiär von regem Vulkanismus.

Besonders heftige Ausbrüche gab es dabei im Bereich des Siebengebirges, wo von den Vulkanen für die Ausbildung bis zu 200 m mächtiger Tuffschichten gesorgt wurde. Wo die Lava die Oberfläche nicht erreichte, erstarrte sie zu den typischen sechskantigen Basaltsäulen. Die Tuffschichten aus relativ lockerem Material wurden im gleichen Maße abgetragen, wie sich das Rheinische Schiefergebirge weiter hob, so daß nur noch die erstarrten Vulkankuppen des heutigen Siebengebirges übrigblieben.

Rund 20 Millionen Jahre jünger ist dann bereits der zweite Schub Vulkanismus. Die Maare der östlichen Eifel entstanden vor etwa 400 000 Jahren, als sich das Neuwieder Becken zu senken begann. An den dadurch entstandenen Störungslinien drang zum einen kegelbildende Lava empor, zum anderen strömte Grundwasser in tiefe, noch glühende Schichten. Die daraus resultierenden, ungeheuren Dampfexplosionen ließen die Krater der Maare entstehen und schleuderten riesige Mengen zu dicken Schichten gehäufte Tuffe in das Neuwieder Becken.

Strom gegen Schiefer

Das Rheinische Schiefergebirge und das Siebengebirge bestanden bereits in voller Größe, als vor etwa 1 Million Jahren die ersten Eiszeiten einsetzten. Von Skandinavien und von den Alpen her schoben sich riesige Gletschermassen nach Süden und Norden, ohne jedoch Mitteleuropa jemals ganz mit Eis zuzudecken. Zwischen den Eisperioden gab es zudem immer wieder Warmzeiten, in denen die Gletscher sich weitgehend zurückzogen, aber riesige Mengen Geröll und Schotter als „Spielmaterial" für die Flüsse zurückließen.

Der Hauptentwässerungsstrom aus den Alpen aber war der Rhein, der schon damals der beste Transporteur von Schotter und Geschiebe war. Seine Fracht war die beste Grundvoraussetzung für eine eventuell notwendige Sägearbeit. Sie aber war im Bereich des Schiefergebirges gefragt, denn hier versperrte ein geschlossener Riegel den weiteren Abfluß nach Norden. Erst nach und nach gelang es dem Rhein, hier einen Durchschlupf zu finden und sich langsam durch den Schiefer zu fressen. Im Gegensatz zum Oberrheingraben nutzte der Rhein also nicht ein vorher gebildetes Trogtal, sondern schuf sich sein Tal selbst.

Während sich der Rhein eintiefte, hob sich gleichzeitig das Schiefergebirge weiter an. An den Hängen des Mittelrheingrabens sind deshalb bis heute alte Schotterflächen als Terrassen an den Hängen nachweisbar. Die Geologen unterscheiden diese Spuren unterschiedlicher Einschnittiefe in Hauptterrasse, Mittelterrasse und Niederterrasse. Dazwischen gibt es noch weitere Unterteilungen, so daß sich die Genialogie des Rheindurchbruchs durch das Rheinische Schiefergebirge in allen Einzelheiten nachweisen läßt. Da der Schiefer mit zunehmender Tiefe nicht weicher wurde, gelang es dem Fluß nicht, sich Bewegungsfreiheit zu schaffen. Im Gegenteil wurde das Flußbett mit zunehmender Eintiefung immer enger, der seitliche Bewegungsspielraum des Rheins immer kleiner. Die bis zu 500 m hohen Hänge zu beiden Seiten blieben rauhe Schiefergebilde mit Schotterablagerungen, wo immer sich dafür ein ebenes Plätzchen bot.

Mit dem Ende der letzten Eiszeit hatte der Rhein seinen Durchbruch durch das Rheinische Schiefergebirge geschafft, das uns heute vertraute Landschaftsbild war vollendet. Den Auftakt bildet das Binger Loch, wo der Hunsrück auf der linken Rheinseite knapp 550 Höhenmeter in den Himmel ragt und auf der rechten Rheinseite der Taunus immerhin auch noch knapp 450 m Höhendifferenz präsentiert. Harte Quarzitbänke hatten hier bis in die Neuzeit hinein für schäumende Stromschnellen gesorgt. Obwohl sie längst gesprengt sind, erinnert das starke Gefälle bis heute an die einstigen Gefahren für die Schiffahrt.

Bei Assmannshausen und Trechtingshausen waren die Schieferschichten weniger widerstandsfähig, so daß das Tal etwas breiter geriet. Schon gleich danach wird es aber erneut eng. Riffe, wie das der Pfalz bei Kaub, sorgen für zusätzliche Verengungen. An der Loreley schließlich hat der sonst immerhin rund 400 m breite Strom gerade noch 190 m Breite. Auch hier mußten zahlreiche Riffe gesprengt werden, um das Fahrwasser einigermaßen sicher zu machen. Interessant ist, daß diese Riffe auf der Bergseite für eine zusätzliche Eintiefung des Flusses gesorgt haben. Vor der Loreley beträgt sie rund 20 m.

Am Mittelrhein wechseln sanfte, mit Rebhängen bestandene Prallhänge mit steilen Felsen ab. Links ist es St. Goarshausen mit der Burg Katz, rechts ist es der Bopparder Hamm.

Erneut ein anderes Gesicht zeigt das enge Mittelrheintal zwischen Boppard und Braubach. Hier hatte sich der Rhein bereits vor der Hebung des Schiefergebirges mäandernd breit gemacht und diesen Lauf auch beibehalten, als die Berge langsam in die Höhe wuchsen. So entstand eine riesige, zwischen steilen Prallhängen und sanfteren Gleithängen eingebettete Schlinge mit dem Bopparder Hamm als Begrenzung.

Vorbei an der stolzen Marksburg erreicht der Rhein schließlich zwischen Lahnstein und Stolzenfels erneut eine Engstelle zwischen steilen Quarzithängen, bevor am Deutschen Eck bei Koblenz die immer wieder gar nicht so zahme Mosel mündet. Noch einmal schluchtartig wird schließlich das Tal in der Andernacher Pforte. Die letzten Ausläufer des Rheinischen Schiefergebirges sind endlich beim Siebengebirge am rechten und dem Godesberg am linken Rheinufer erreicht. Bei Bonn schließlich beginnt die Kölner Bucht und damit die unendliche Weite des Niederrheins.

Geschichtliches am Mittelrhein

Mit dem Ende der letzten Eiszeit wurde der Mittelrhein zum attraktiven Jagd- und Wohngebiet. Die Auen nördlich von Koblenz und das Neuwieder Becken waren bereits 11 000 Jahre v. Chr. von Dauersiedlern bewohnt. Das enge Durchbruchtal zwischen Bingen und Koblenz diente als willkommenes Versteck bei Gefahr. Als die Römer an den Rhein kamen, fanden sie bereits eine wohl organisierte Kulturlandschaft vor. Mainz, Koblenz und Köln brauchten sie nur auszubauen.

Das Mittelalter brachte zum einen die bischöflichen Machtzentren in Mainz, Trier und Köln, zum anderen ein wachsendes Heer mehr oder weniger mächtiger Grafengeschlechter im Dienst der dominierenden Bischöfe. Eine der Hauptbeschäftigungen der adligen Herren wurde vor allem im 12. Jh. der Burgenbau. Damals entstanden all die Schutz- und Raubnester auf den Hangnasen des Mittelrheins.

Bis zum ausgehenden 18. Jh. diente der Mittelrhein als Reiseroute nur, weil die Landwege der Umgebung noch weitaus beschwerlicher waren. Der Geist der Aufklärung sah im Mittelrhein das kleinere Übel, erst die Romantik entdeckte seine Schönheiten. Wie auf Kommando begannen 1802 die Romantiker die Schönheiten dieses Stromstückes zu verherrlichen. Plötzlich waren Sagen und Legenden gefragt, entstanden preisende Gedichte am laufenden Meter.

Mit der Romantik kam der Anspruch auf den „deutschen Rhein“, für den Ernst Moritz Arndt 1813 den Anspruch erhob: „Der Rhein ist Teutschlands Strom, aber nicht Teutschlands Gränze.“ Als der Wiener Kon-

Der 132 m hoch in den Himmel ragende Loreleyfelsen markiert für die Schiffahrt die engste Stelle am Mittelrhein. Für die Dichter der Romantik war es der romantische Platz schlechthin, von dem aus die goldhaarige Loreley die Schiffer verführte.

greß den Mittelrhein preußisch machte, entdeckten die Preußenprinzen ihre romantische Ader und begannen alte Burgen als Denkmäler „teutscher“ Vergangenheit neu zu beleben.

Die zweite Hälfte des 19. Jh. brachte schließlich die etwas ungleiche Ehe von Rheinromantik und Nationalismus. Als die Franzosen ihren Anspruch auf die Rheingrenze zu erneuern versuchten, antwortete Nikolaus Becker: „Sie sollen ihn nicht haben, den freien deutschen Rhein, ob sie auch wie gierige Raben sich heiser danach schreien.“ Daraus wurde Schneckenburgers „Wacht am Rhein“. Das Niederwalddenkmal bei Rüdesheim und das Koblenzer Kaiser-Wilhelm Denkmal gaben dem Ganzen schließlich bildhauerischen Ausdruck.

Die Gönnersdorfer Künstlerkolonie

Das älteste Zeugnis menschlicher Siedlungstätigkeit am Mittelrhein fand sich 1968 bei Gönnersdorf in der Nähe von Neuwied. Hier gab es zwischen 13 000 und 11 000 v. Chr. hoch über dem Ufer des Rheins eine Siedlung steinzeitlicher Jäger. Ihre Reste waren zunächst von Löß zugeweht worden. Dann sorgte um 9500 v. Chr. der Ausbruch des Laacher Vulkans dafür, daß die Gönnersdorfer Siedlungsschichten unter vulkanischem Bims konserviert wurden. Nach der Entdeckung im Jahre 1968 konnten die wohl geschützten Siedlungsschichten behutsam freigelegt und das Leben der frühen Jäger weitgehend rekonstruiert werden.

Erstaunlicherweise erwiesen sich die Jäger als frühe Künstler. Immerhin fanden sich Schnitzereien und Gravierungen auf Knochen und Elfenbein des damals noch lebenden Mammut. Auch auf Schieferplatten fanden sich zahlreiche Ritzzeichnungen mit Abbildungen von Tieren und weiblichen Figuren. Ihnen gemeinsam sind eine betonte Brust, eine schlanke Taille und ein wohl gerundetes Gesäß. Köpfe und Beine dagegen scheinen den steinzeitlichen Meistern unwesentliche Zutaten gewesen zu sein. Einige der Funde sind im Museum Monrepos im Neuwieder Ortsteil Segendorf zu sehen.

Auch in der Mittleren und Jüngeren Steinzeit scheint das Neuwieder Becken beliebt gewesen zu sein. Um 4000 v. Chr. gab es hier bereits seßhafte Landwirte, im 3. Jahrtausend v. Chr. entwickelte sich die Rheinische Becherzivilisation als Mischform der aus dem Osten kommenden Schnurkeramik mit der westeuropäischen Glockenbecherkultur. Ende des 2. Jahrtausends v. Chr. machten sich vom Süden her die Urnenfelderkultur und der Bronzeguß breit. Auch hier war das Neuwieder Becken ebenfalls ein natürliches Zentrum.

Das letzte Jahrtausend v. Chr. brachte die keltische Kultur an den Mittelrhein. Nun entstand auf dem Petersberg im Siebengebirge eine große Fliehburg; Taunus, Main und Rhein erhielten ihre Namen.

Die römische Grenze

Als Caesar 58 v. Chr. mit seiner Eroberung Galliens begann, war die Bestimmung des Mittelrheins als Grenze gegen die Germanen vorprogrammiert. Weil sich die linksrheinischen Eburonen nicht kooperativ zeigten, wurden sie kurzerhand ausgerottet. Das sorgte bei den rechtsrheinischen Ubiern für entsprechende Kooperationsbereitschaft. Zur Belohnung wurden sie unter Marcus Vispanius Agrippa zwischen 39 und 19 v. Chr. zur Besiedelung der linken Rheinseite und damit des ehemaligen Gebietes der Eburonen animiert. Ihr Hauptort wurde Oppidum Ubiorum, das heutige Köln.

Zwar gelang es den Römern ab 12 v. Chr., sich zeitweise über den Rhein hinaus nach Osten auszudehnen, doch dauerte dies gerade einmal 20 Jahre. Als im Jahre 9 n. Chr. Varus seine berühmten drei Legionen verlor, war die Hoffnung der Römer auf rechtsrheinische Gebietsgewinne zumindest im Bereich des Mittelrheins endgültig zerstoben.

Lediglich das Neuwieder Becken und die Wetterau konnten von Kaiser Vespasian zwischen 69 und 79 durch den Limes für das römische Weltreich gesichert werden. Bei Bad Hönningen verließ dieser Sicherungswall das Rheinufer, querte bei Bad Ems die Lahn und schwenkte dann bei Taunusstein nach Osten zum Main und von dort weiter zur Donau bei Eining.

Die Gebiete links des Mittelrheins wurden in die Provinzen Ober- und Niedergermanien aufgeteilt, Provinzhauptstädte wurden Mainz und Köln. Die Ausdehnung des Römischen Reichs bis zur Elbe aber blieb ein unerfüllter Traum. Für gut acht Jahrhunderte – immerhin bis in die Karolingerzeit hinein – blieb der Mittelrhein als Grenze erhalten, nachdem 254 auch noch die kleinen, nur durch den Limes gesicherten, rechtsrheinischen Gebiete an die Alemannen verloren gegangen waren.

Die rheinischen Burgen

Karl dem Großen blieb es vorbehalten, aus dem Rhein die Achse des Deutschen Reiches zu machen. Die Grenzstädte Mainz und Köln wurden zu Metropolen, der Rhein wurde zum Zentrum der Binnenschiffahrt. Auch die anschließende Teilung des Karolingerreiches konnte daran lange nichts ändern, auch wenn bald die ersten

Ausdehnungsbestrebungen der französischen Könige erkennbar werden sollten.

Das Reich der Karolinger war ein fragiles Gebilde. Ein engmaschiges Netz wechselseitiger Abhängigkeiten strebte nach Sicherheit, die man im Bau starker Wehrbauten zu finden glaubte. Ihre Errichtung war zunächst nur mit königlicher Genehmigung möglich. In dem im Juli 864 von Karl dem Kahlen erlassenen Edictum Pistense wurde diese königliche Verfügungsgewalt denn auch neuerlich betont. Otto der Große baute diese Verfügungsgewalt 940 zum Burgenbann aus. Von nun an gab es zweierlei Burgen: die Territorialburg und die Reichsburg.

Die Territorialburg wurde mit Genehmigung des Königs von einem örtlichen Burgherren mit Hilfe der Bevölkerung errichtet, die bei Gefahr in der Burg Zuflucht finden konnte. Der König behielt dadurch einen Fuß in der Tür der Burg, daß er sich das Öffnungsrecht vorbehielt. Er konnte also selbst jederzeit in jede Burg und dort auch seine eigene Besatzung unterbringen. Die Reichsburgen dagegen unterstanden dem König direkt, hier war er der alleinige Hausherr, Bau und Unterhalt der Burg mußte mit Mitteln des Reiches bestritten werden.

Der Mittelrhein mit seinen Engbereichen zwischen Bingen und Koblenz war für den Burgenbau geradezu prädestiniert. Machtansprüche unterschiedlichster Herren trafen hier auf engstem Raum aufeinander, gaben vor, die Warenströme auf dem Rhein und sich selbst gegen den bösen Nachbarn schützen zu müssen – natürlich gegen entsprechende Gebühr. So wurden allein am Mittelrhein am Ende des 12. Jh. in nur 50 Jahren aus 19 Zollstätten immerhin 32!

Den größten Burgenbauboom erlebte der Mittelrhein unter den Stauferkaisern in der Zeit zwischen 1125 und 1250. Geistliche wie weltliche Regenten verteilten an ihre Lehensleute großzügig das Recht, Burgen zu errichten. Auch entdeckte mancher Adlige, daß mit einer Burg durchaus eine Eigendynamik in Gang gesetzt werden konnte: die fehlende Baugenehmigung wurde durch die wehrhafte Mauer ersetzt.

Spätestens Mitte des 13. Jh. waren aus den Schützern endgültig Wegelagerer geworden. Der Warentransport auf dem Rhein wurde nicht nur extrem verteuert, sondern auf manchen Strecken auch ausgesprochen gefährlich. Fanden die Herren Ritter auf den Schiffen nämlich nicht mehr genügend Geld, hielten sie sich an den Waren schadlos.

Im Jahre 1254 schlossen sich deshalb am Mittelrhein die Städte und die Kurfürsten im Rheinischen Städtebund zusammen, um der Räuberei an Deutschlands Haupthan-

Die Schönburg oberhalb von Oberwesel ist das Paradebeispiel einer Ganerbenburg. Wie in einer modernen Eigentumswohnanlage ist die Burg mit ihren drei Bergfrieden und drei Wohnbereichen so aufgeteilt, daß drei Zweige der Familie jeweils ihr eigenes Reich haben. Nur die Burgkapelle wird gemeinsam genutzt.

delsweg Einhalt zu gebieten. Das aber gelang erst Rudolf I. von Habsburg, als er 1274 begann, die schlimmsten Raubritternester auszuheben. Die Burgen Rheineck, Sooneck, Reichenstein und Rheinstein waren als erste an der Reihe. Burg Rheinfels zu brechen, gelang allerdings selbst ihm nicht.

Im späten Mittelalter schließlich bildete sich noch eine Sonderform heraus, bei der Burg und Stadt sich gegenseitig zu schützen versuchten. So begannen die Bacharacher Bürger bereits 1344, ihre Einnahmen aus den Rheinzöllen in den Bau einer umfangreichen Befestigung der Stadt zu investieren, in die die Burg Stahleck mit eingeschlossen wurde. Im Ergebnis schützte hier die Stadt mehr die Burg als umgekehrt. Ähnlich sah die Situation in Boppard und Andernach aus. Dort hatten die Erzbischöfe von Trier und Köln Talburgen am Rand der Städte errichtet. Daß das nicht unbedingt von Vorteil war, mußte der Kölner Erzbischof 1349 erleben, als die Andernacher Bürger seine Burg während eines Aufstandes kurzerhand brachen.

Das 16. Jh. brachte das Ende der Burgenaera. Gegen die wachsende Macht der Geschütze halfen die blanken Steinmauern der Burgen nichts mehr, der Dreißigjährige Krieg tat dann sein übriges. Damals ging die Burg Drachenfels bei Königswinter unter. Als schließlich die Heere Ludwigs XIV. 1689 den Mittelrhein als Ziel der französischen Ausdehnungspolitik entdeckten, fielen die Burgen wie Dominosteine in Schutt und Asche. Einzig und allein der Burg Rheinfels bei St. Goar gelang es, die französischen Angriffe erfolgreich abzuwehren. Ihre

So sah Christian Eduard Boettcher die Rheinromantik. Sein Bild „Sommernacht am Rhein" malte er 1862.

Stunde schlug schließlich 1794, als die Franzosen erneut am Rhein wüteten. Mit ihr fiel die letzte funktionsfähige Burg am linken Ufer des Mittelrheins. Den letzten Burgen auf der rechten Rheinseite machte zum Schluß Napoleon den Garaus. Gefallen waren sie damit alle, endgültig gestorben waren dagegen die wenigsten, zu neuem Leben fanden viele.

Die Rheinromantik

Als deutsche Literaten 1802 die romantische Seite des Rheins entdeckten, sprangen sie nur auf einen längst fahrenden Zug. Schon ab dem späten 17. Jh. hatte die „Grand Tour d'Europe“ bei adligen Engländern als Abschluß der Erziehung gegolten. Mit ihr sollten die jungen Aristokraten den letzten gesellschaftlichen Schliff erhalten und gleichzeitig ihre Beziehungen zu Höfen und Fürstensitzen des Festlandes festigen. Zu diesem Zweck reiste man nach Frankreich und Italien, die Rückreise erfolgte in der Regel über den Rhein.

Lange vor den Deutschen hatten die Engländer die Liebe zu Schauplätzen der Geschichte, mittelalterlichen Ruinen und antiquarischen Gegenständen entdeckt. Was heute im National Trust gebündelt ist, hat Vorläufer bis ins 17. Jh. zurück. Bereits 1718 vereinigten sich die Altertumsforscher des britischen Königreiches zur Society of Antiquaries. Eines ihrer Mitglieder war der Reverend John Gardnor, der 1787 eine Rheinreise unternahm und darüber ein Erinnerungsbuch mit 32 Aquatintablättern verfaßte. Das Werk wurde 1791 unter dem Titel „Views Taken on and near the River Rhine“ in London gedruckt. In den folgenden drei Jahren erschienen in England drei weitere Reisebeschreibungen zum Rhein. Wer sich um 1800 für den Rhein interessierte, wurde nur in englischen Buchhandlungen fündig.

Während in Europa noch die geometrischen, mit Zirkel und Richtschnur gestalteten Gartenanlagen des Barock Mode waren, hatten die Engländer bereits im 18. Jh. ein völlig neues Naturverständnis entdeckt. Unter dem Einfluß von Jean Jacques Rousseau und der School of Taste des Earl of Shaftesbury wurde die „wilde“ Landschaft als „pittoresk“ entdeckt und als Stimmungsspiegel benutzt. Eine in diesem Sinne „passende“ Landschaft fanden die Rheinreisenden am Mittelrhein.

Ein dritter, wichtiger Aspekt war die Liebe der Briten zur gotischen Baukunst. Seit dem hohen Mittelalter hatte man in England ausschließlich gotisch gebaut und selbst in der Aufklärung und im Klassizismus eigentlich nie richtig damit aufgehört. Mitte des 18. Jh. begann dann mit dem Bau von Schloß Strawberry Hill die neue Mode des Gothic Revival, ein Baustil, der als Neugotik Jahrzehnte später Lieblingskind des deutschen Historismus werden sollte.

Parallel zur Neubelebung der Gotik im Bauwesen gedieh in der englischen Dichtung früh eine ausgeprägte Empfindsamkeit. Einen ersten Höhepunkt erreichte sie bereits 1768, als Laurence Sternes sentimentaler Roman „A sentimental Journey through France and Italy“ erschien. In dieser „Reise des Herzens“ wimmelt es nur so von Ruinen, alten Burgen, Schloßtürmen und Friedhöfen als Staffage für melancholische und sentimentale Empfindungen.

Exakt dieselbe Staffage aber fand der Rheinreisende am Mittelrhein mit seinen gotischen Kirchen und Burgen, seinen Ruinen auf schroffen Felsnasen und den damit verbundenen Sagen und Legenden. Nicht von ungefähr verbirgt sich denn auch unter dem 1783 in London erschienenen Werk „Dreams, Waking Thoughts and Incidents“ von William Beckford eine romantische Reisebeschreibung des Mittelrheins. In dieser „Seelenlandschaft der Träume“ ist die Landschaft bereits mit allen Beigaben der Romantik geschildert: die gotischen Burgen, Schlösser und Ruinen dienen als idealisierte Staffage für die phantastischen Gestalten des Autors. All das sollten die deutschen Romantiker erst 20 Jahre später entdecken.

Auch als die Deutschen die Romantik selbst entdeckt hatten, blieben die Engländer „führend“. Dies bewies spätestens 1816 Lord Byron mit seinem „Childe Harold“. Darin wird die Landschaft und Geschichte des Rheins besungen, wobei die Schönheit und Pracht der Landschaft als „heilige Mutter Natur“ gepriesen wird. Ergänzt wird sie vom „Ruhm aus alten Tagen“. Ganz im Geist der Zeit geschrieben wurde Childe Harold zum Leitstern für jeden Rheinreisenden.

Das gemalte Gegenstück zu Childe Harold entstand nur ein Jahr später, als Joseph Turner durch Byron inspiriert, selbst eine Rheinreise unternahm und dabei ein ganzes Skizzenbuch füllte und 51 Aquarelle mit Rheinansichten schuf. Dabei orientierte er sich durchaus an dem 26 Jahre früher erschienenen „Views Taken on and near the River Rhine“ von John Gardnor. Frappierend allerdings ist der Fortschritt, den die romantische Sicht der Dinge inzwischen gemacht hatte: nun erscheint die Landschaft verklärt, nun sind atmosphärische Stimmungen festgehalten, nun gibt es das tiefempfundene Spiel von Licht und Schatten. Turners Rheinaquarelle sollten später Generationen von Landschaftsmalern beeinflussen und waren streng genommen bereits eine Vorwegnahme des Impressionismus.

Burgen am „romantischen" Rhein

Zwischen Bingen und Bonn bietet der weltweit als romantischer Rhein bekannte Mittelrhein auf etwa 150 km Länge eine komplette Sammlung aller nur denkbaren Formen von mittelalterlichen Wehrbauten. Vom simplen Bergfried bis zur Festungsbastion, von der einfachen Sicherungsburg bis zur uneinnehmbaren Zollburg, vom kleinen Lustschlößchen bis zum großen Repräsentationsbau ist alles zu finden, was in der Burgen- und Schlösserarchitektur einen nennenswerten Stellenwert hat.

Da es einfach unmöglich ist, alle 60 verschiedenen Burgen des Mittelrheins vorzustellen, seien drei typische Vertreter dieser in Europa einmaligen Burgenlandschaft herausgegriffen. Der Bogen spannt sich von der stolzesten Zollburg des Rheins, über die am originalsten erhaltene Marksburg bis zur neugotisch restaurierten Burg Stolzenfels.

Das Steinerne Schiff

Zu den eindrucksvollsten Bildern am gesamten deutschen Teil des Rheins gehört sicher die stark an ein altertümliches, mit Deckaufbauten überladenes Schiff erinnernde Zollburg Pfalzgrafenstein im Rhein vor Kaub. Sie spielte eine wichtige Rolle im langwierigen Streit zwischen Kaiser Ludwig dem Bayern und dem Papst, der Ludwig mit dem Aufruf an die geistlichen Kurfürsten zu schwächen und damit den Zoll entweder zu verhindern oder aber zumindest in die eigene Tasche zu lenken suchte.

Kaiser Ludwig IV. reagierte darauf 1325 mit dem Bau eines Zollturmes auf der Rheininsel Falkenau unterhalb seiner Burg Gutenfels. Der feste, fünfeckige Turm Pfalzengrafenstein wurde damit zum direkten Stein des Anstoßes zwischen dem Kaiser und den Herren von Kurtrier, Kurmainz und Kurköln. 1327 sprach deshalb Johannes XXII. über Ludwig IV. den Bann aus und begründete dies in einem Rundschreiben an die Fürst-Erzbischöfe von Mainz, Köln und Trier damit, daß Ludwig zum Nachteil der geistlichen und weltlichen Personen bei der Burg Gutenfels neue und schwere Abgaben eintreibe und trotz bischöflichem Verbot im Rhein seinen Zollturm errichtet habe.

Ludwig scherte all dies zunächst wenig. Noch 1338 ließ er seine Kurfürsten sogar erklären, daß der von ihnen Gewählte auch ohne päpstliche Legitimation, allein durch die Wahl alle königlichen und kaiserlichen Rechte erhalte. All das aber änderte nichts daran, daß mit Ludwigs Tod die Herrschaft für vier Generationen von den Wittelsbachern an die Luxemburger überging. Treibende Kraft war dabei einmal mehr der greise Fürst-Erzbischof Balduin von Trier.

Noch unter Ludwig dem Bayern wurde bis 1342 um den Zollturm eine dreigeschossige Wehrmauer in Form eines langgestreckten Sechsecks errichtet. Damit war die Schiffsform endgültig vorgegeben. Zum „Schlachtschiff" baute schließlich Kurfürst Friedrich IV. Pfalzgrafenstein im Jahre 1607 aus. Damals wurde nicht nur die vom Eisgang bedrohte Südspitze der Ringmauer mit Sandsteinquadern verstärkt, sondern vor allem auch die erkerartig vorkragende Geschützbastion über dem „Bug" eingebaut. Die vielen Einzeltürmchen und die welsche Haube des Zollturmes sind dagegen Zutaten des 18. Jh.

Heute präsentiert sich Pfalzgrafenstein nach einer umfassenden Restaurierung in alter Schönheit und vor allem in historischer Farbigkeit. Auch der Innenhof mit seinen über mehreren Geschossen angeordneten Wehrgängen bietet mit dem Farbspiel zwischen weißen Flächen und rotem Fachwerk und dem Wechselspiel zwischen Galerien und Türmchen ein malerisches Bild lebendigen Mittelalters.

Die Attraktivität des „Steinernen Schiffes" lenkt nur allzu leicht ab von der dahinter über steilen Rebhängen in 110 m Höhe über dem Rhein liegenden Burg Gutenfels. Dabei war sie die Hauptburg, Pfalzgrafenstein dagegen nur eine vorgeschobene Bastion. Als Burg Cuba entstand sie um 1200 unter den Herren von Falkenstein. Im Jahre 1277 wurde sie an Kurpfalz verkauft. Die Wittelsbacher bekamen damit Einfluß auf den wichtigen Rheinübergang und den mit der Burg verbundenen Zoll.

Ihren heutigen Namen bekam die Burg Gutenfels im Jahre 1504, als Landgraf Wilhelm von Hessen im Bayerisch-pfälzischen Erbfolgekrieg um das Erbe Herzog Georgs des Reichen von Landshut kämpfte und sie belagerte. Weil über 800 Kanonenkugeln die Burg nicht brechen konnten, wurde sie fortan Gutenfels genannt.

Was im Dreißigjährigen Krieg dem Schwedenkönig Gustav Adolf längere Zeit als Standquartier diente, wurde auf Veranlassung Napoleons „entfestigt". 1807 war „höchsten Orts der Verkauf der Gebäude auf der Vestung Gutenfels auf den Abbruch gnädigst beschlossen" worden. Wieder aufgebaut wurde die Burg ab 1886 von einem Kölner Architekten.

Zu den eindrucksvollsten Bildern am Rhein gehört sicher die stark an ein altertümliches, mit Deckaufbauten überladenes Schiff erinnernde Zollburg Pfalzgrafenstein im Rhein vor Kaub. Überragt wird sie von der Ruine der Burg Gutenfels.

Die niemals zerstörte Marksburg ist der Prototyp einer Rheinburg. Entstanden ist sie im wesentlichen im 14. Jh. unter den Grafen von Katzenelnbogen.

Die Fluchtburg Kaiser Heinrichs IV.

Glaubt man alter Überlieferung, dann verbarg sich Kaiser Heinrich IV. in der Martinskapelle der Marksburg, als er im Jahre 1105 nach Mainz zum Reichstag zog. Für das Verbergen hatte er allen Grund; denn sein Sohn, Heinrich V., war von ihm abgefallen und versuchte, ihn zu entmachten. Ende desselben Jahres gelang dies auch dem Sohn, der den Vater auf Burg Böckelheim bei Bingen einkerkerte, sich selbst die Reichsinsignien ausliefern ließ und schließlich sogar den Vater zwang, am 31. Dezember 1105 in Ingelheim vor Fürsten und päpstlichen Legaten auf den Thron zu verzichten.

So schön die Sage ist, so falsch ist sie auch. Zwar stimmen alle historischen Daten, nur gab es damals die Marksburg oberhalb von Braubach am Rhein eben leider noch nicht. Der als Versteck gerne ausgegebene Kapellenturm der Burg wurde erst Anfang des 13. Jh. erbaut, die ältesten Teile der Burg entstanden frühestens in der zweiten Hälfte des 12. Jh. Erst 1135 nämlich hatte ein Graf von Grüningen die Hälfte der Ortschaft Braubach dem Erzbischof von Mainz geschenkt. Dort residierten damals die Herren von Eppstein, die um eine dem Evangelisten Markus geweihte Kapelle eine erste Zollburg errichteten.

Durch Heirat kam die Burg 1283 an die Grafen von Katzenelnbogen, die sie im 14. Jh. weitgehend zu ihrer heutigen Gestalt ausbauten. Bis zum Dreißigjährigen Krieg gab es für den Bau keine ernsthafte militärische Bedrohung, und der große Krieg selbst schadete ebenfalls wenig. Ab 1643 nämlich waren die Wehranlagen unter Johann dem Streitbaren noch einmal verstärkt worden, so daß die Burg die Schweden ebenso abblitzen ließ wie Wallenstein.

Auch die Folgezeit überstand die Burg weitgehend unbeschadet, auch wenn es mit dem baulichen Zustand und dem Inventar zusehends bergab ging. Die Rettung für die nie zerstörte Burg brachte erst der Architekt Bodo Ebhardt, der 1899 die Vereinigung zur Erhaltung deutscher Burgen gründete, 1900 mit diesem Verein die Burg übernahm und in den Folgejahren liebevoll restaurierte. Noch heute residiert die Folgeorganisation dieser Vereinigung als Deutsche Burgenvereinigung auf der Marksburg. Sie sorgte auch dafür, daß die Kriegsschäden vom März 1945 wieder völlig beseitigt wurden.

Heute thront die Burg wie seit Jahrhunderten in 160 m Höhe über dem Rhein und grüßt mit ihrem unverwechselbaren, 40 m hohen Bergfried. In Anlehnung an französische Vorbilder hat dieser die in Deutschland sonst nicht so häufige „Butterfaßform“ mit einem quadratisch schlanken, unteren Teil und einem schmäleren, runden Aufsatz (dem Stiel zum Stoßen der Butter). Der Zugang zur Burg selbst führt durch nicht weniger als vier mächtige Tore, durch mächtige Zwinger und über eine in den Felsen gehauene Reitertreppe bis hinauf zum inneren Burghof.

Vom äußeren Tor, dem Zugbrückentor, bis zum Fuchstor, dem Eingang zur Vorburg, ist der Zugang als Tunnelgang mit Deckenöffnungen ausgebildet. Die letzte Barriere, die Eiserne Pforte, ist eine Torhalle mit Zugang in den inneren, dreieckig angelegten Burghof. Sein größter Teil ist allerdings mit dem freistehenden Bergfried ausgefüllt, so daß auf zwei Seiten nur je ein schmaler Durchgang bleibt. Dieser Zustand ergab sich allerdings erst zu Beginn des 18. Jh., als im Südwesten der Rheinbau errichtet wurde. Sein Platz gehörte ursprünglich zum inneren Burghof.

Ältester Teil neben dem Bergfried ist der Nordbau, der alte Palas. Von seinen romanischen Mauern haben sich Tonnengewölbe im westlichen Keller und an der Hofseite ein Rundbogenfries mit figürlichen Konsolen und Dreipaßöffnungen erhalten. Von den Grafen von Katzenelnbogen stammt der zweite Palas, ein Saalbau, der als reiner Repräsentationsbau je einen großen Saal im Unter- und Obergeschoß aufweist.

Von der ursprünglichen Inneneinrichtung ist nichts erhalten, doch wurde von der Eigentümerin der Burg alles getan, originale Ausstattungsstücke zu sammeln und damit in der Burg mittelalterliche Lebensart zu dokumentieren. Von der Folterkammer bis zur Küche, von der Schmiede bis zur Waffenkammer ist alles zu sehen, was einst zum Leben in einer Burg gehörte.

Das Meisterwerk Karl Friedrich Schinkels

Auf den ersten Blick verrät das wenige Kilometer südlich von Koblenz hoch über dem Rhein gelegene Schloß Stolzenfels keineswegs, daß es eigentlich Vorläufer der wohl bekanntesten deutschen Burg ist und mit ihr denselben geistigen Vater hat. Lediglich die Bauzeit und die romantische Ausrichtung der Baustile könnten für den unbefangenen Besucher ein Indiz dafür sein, daß zwischen Stolzenfels und Burg Hohenzollern enge verwandtschaftliche Bande bestehen. Bauherr beider Burgschlösser war nämlich der Kronprinz und spätere König Friedrich Wilhelm IV. von Preußen, dem unter anderem auch die Vollendung des Kölner Domes zu verdanken ist.

Am Rhein fand Friedrich Wilhelm ebenso wie auf der Schwäbischen Alb eine Ruine vor, mit dem einzigen Unterschied, daß die schwäbische Ruine Stammsitz seiner Ahnen, die Ruine am Rhein jedoch lediglich ein Geschenk der Stadt Koblenz war, die eine ihr lästige und von der Bevölkerung als Steinbruch genutzte Ruine loswerden wollte. Dennoch bedeutete gerade dieser Umstand für Stolzenfels alles andere als einen Nachteil. Während der Kronprinz bei der Burg Hohenzollern an die Weisungen seines Vaters gebunden war, konnte er auf Stolzenfels schon als Kronprinz nach Belieben schalten und walten. Bereits 1835, also fünf Jahre vor seiner Thronbesteigung, kam es so zum Auftrag für den Wiederaufbau der einst kurtrierischen Zollburg.

Ähnlich wie in Cochem hatten sich auch auf Stolzenfels im 13. Jh. die Trierer Kurfürsten festgesetzt. Ähnlich wie an der Mosel waren es auch hier fiskalische und strategische Gründe, die Fürstbischof Arnold von Isenburg in der ersten Hälfte des 13. Jh. veranlaßten, die Burg über

dem Rhein auszubauen. Zum einen galt es, den von Koblenz hierher verlegten Rheinzoll wahrzunehmen, zum anderen ging es dem Trierer Bauherrn um die Kontrolle der Lahnmündung und der sie beherrschenden kurmainzischen Burg Lahneck. Nicht zuletzt diente die Burg der Behauptung dem expansionslüsternen Kurköln gegenüber. Ihre Blütezeit erlebte die Festung bereits in der zweiten Hälfte des 14. Jh. unter den beiden Fürst-Erzbischöfen Kuno und Werner von Falkenstein, denen die Burg auch längere Zeit als Wohnsitz diente.

Ihre eigentliche Bedeutung verlor die Festung schon 1412, als der Rheinzoll nach Engers verlegt wurde. Im Dreißigjährigen Krieg fiel das schon damals heruntergekommene Bauwerk mal den Franzosen, mal den Schweden in die Hände, bis der Pfälzische Erbfolgekrieg 1689 das vorläufige Ende brachte. Damals nämlich versuchten die Franzosen vergeblich, Koblenz zu erobern. Weil ihnen das nicht gelang, zerstörten sie wenigstens Stolzenfels. Napoleon schließlich übergab 1802 die Ruine der Stadt Koblenz, der es 1823 gelang, das ungeliebte Geschenk weiterzureichen.

In Karl Friedrich Schinkel fand der junge Kronprinz den idealen Baumeister zur Verwirklichung seiner romantischen Vorstellungen. Während Friedrich Wilhelm zunächst nur an den Ausbau des alten Wohnturmes gedacht hatte, ging Schinkel sofort an die Planung des Wiederaufbaus der gesamten Anlage, um auf alten Grundmauern ein den Bedürfnissen der Zeitverhältnisse entsprechendes Ganzes wiederherzustellen. Zum Ganzen gehörte für Schinkel auch die Erneuerung der Zwingmauern und die Einbeziehung des alten Bergfrieds. Damit entstand ein Werk aus einem Guß und gleichzeitig ein einzigartiges Denkmal romantischer Baukunst kurz vor der Mitte des 19. Jh.

Die Regie der Romantik beginnt bereits beim serpentinenreich angelegten Zugang zur Burg, für den eine enge Wasserfallschlucht kunstvoll genutzt wurde. Ein richtiger Torturm im Fond der Schlucht fehlt ebensowenig wie ein mächtiger Halsgraben am Zugang zur Burg. Von dort aus präsentiert sich der Bau in fast klassizistischer Ausgewogenheit, da Schinkel nach englischem Vorbild auf gotische Steildächer verzichtete und statt dessen Flachdächer hinter Zinnenreihen vorzog. Die ganze Kunst des Architekten aber zeigt sich in der Art, wie die an sich strenge, axiale Symmetrie des im länglichen Oval angelegten Burgschlosses immer wieder reizvoll unterbrochen wird.

Für die dem Rhein zugewandten Gebäudeteile, wie das Torhaus, der Wohnturm und der Palas, wurde noch das von den Bischöfen von Trier errichtete Mauerwerk verwendet und zum Großen und Kleinen Rittersaal, zur Sommerhalle und zu den Wohngemächern der Königin ausgebaut. Der bergseitige Trakt mit den Wohnräumen für den König wurde völlig neu errichtet. Den inneren Hof schließt auf der Nordseite eine Arkadenhalle, durch die man in den tiefer liegenden Pergula-Garten hinunterkommt. Ihn schuf Schinkel völlig neu in Anlehnung an die Alhambra in Granada.

Im Inneren ist die Ausstattung aus der Erbauungszeit glücklicherweise vollständig erhalten. Besonders zu erwähnen sind der Kleine Rittersaal, der Salon des Kronprinzen, den Hermann Stilke mit Darstellungen der ritterlichen Tugenden ausmalte, und die Schloßkapelle in der neugotischen Gestaltung des Kölner Dombaumeisters Zwirner. Die Wandmalereien stellen die Erlösungstaten Christi dar und sind ein Werk des Nazareners Ernst Deger.

Schloß Stolzenfels war längst Ruine, als Kronprinz Friedrich Wilhelm IV. von Preußen Karl Friedrich Schinkel den Auftrag zur Erneuerung gab. Mit seinem Neubau schuf er ein einzigartiges Denkmal romantischer Baukunst kurz vor der Mitte des 19. Jh. Wie Stolzenfels früher aussah, verrät der alte Stich auf der linken Seite.

„Rhein in Flammen" ist jedes Jahr ein Höhepunkt für die modernen Freunde der Rheinromantik. Vor allem von den Fahrgastschiffen aus sind die spektakulären Feuerwerke ein besonderes Erlebnis.

Zu Gast im Weinland

Glaubt man dem Reim, dann sind Rhein und Wein beinahe siamesische Zwillinge. Zwar sind die Weinbaugebiete am Mittelrhein keineswegs Deutschlands größte, wohl aber Deutschlands romantischste Lagen. Auf steilen, nicht selten von Burgen bewachten Terrassenanlagen wächst hier zur Freude romantischer Weintrinker der spritzige Riesling. Nur an den Hängen des Siebengebirges ist auch etwas Spätburgunder zu finden.

Getrunken wird der verführerische Rheinwein in den stimmungsvollen Schenken der alten Dörfer entlang der linksrheinischen Rheingold- und der rechtsrheinischen Loreley-Burgen-Straße. Ihre Schönheiten zu entdecken lohnt manchen vom Rheinwein gewürzten Zwischenstop.

Riesling und Romantik

Der Wein kam an den Rhein – wie könnte es anders sein – mit den Römern. Allerdings gab es im Jahre 90 n. Chr. das Verbot von Kaiser Domitian, in den außeritalienischen Provinzen Wein anzubauen. Ob es am Rhein beachtet wurde, ist ungewiß. Sicher dagegen ist, daß ab dem Ende des 3. Jh., als Kaiser Probus das Verbot aufgehoben hatte, der Weinbau zumindest auf der linken Rheinseite gedieh. Genutzt wurden jedoch nur die Lagen am Ufer des Stromes, die steileren Hänge waren nach wie vor Wildnis.

Erst nachdem alle Tallagen genutzt waren, drang der Weinbau im 10. Jh. auch auf die Hänge und Terrassen oberhalb des Rheins vor. Nach und nach lernten die Winzer die Vorteile der Südhänge schätzen. Durch die intensivere Sonneneinstrahlung nämlich erwärmt sich der Boden tiefer und kann nachts die gespeicherte Wärme wieder abgeben. Gefährliche Nachtfröste sind seltener, weil die schwere Kaltluft ins Tal absinkt, von dort aber die warmen Lüfte den Terrassen entlang aufsteigen. Vor allem im langen Herbst kommen diese Vorteile dem spät reifenden Riesling zugute.

Ab dem hohen Mittelalter häufen sich die Nachrichten über den Weinbau am Mittelrhein. Weinberge sind nun begehrte Besitztümer von Kaiser, Königen, Bischöfen und Adligen. Ihnen gehörten die besten Lagen, dem „Normalverbraucher“ blieben nur die weniger guten Weine. Um den saueren Saft überhaupt genießen zu können, pflegte man das Süßen und Würzen. Rübensirup, Honig und Zucker waren selbstverständliche Hilfsmittel, um den Wein genießbarer zu machen. Um den Alkoholgehalt zu steigern, gab es früh die „gefeuerten“ Weine. Dafür wurde der Most durch Erhitzen angedickt und erst dann zum Gären gebracht. Da es für all das natürlich keine festen Regeln gab, wurden gute Weinquellen wie Geheimtips gehandelt.

Am Ende des Mittelalters gab es am Mittelrhein noch mehr als 300 000 ha Weinberge. Daraus wurden bis heute weniger als 90 000 ha. Besitzer der größten Rebflächen waren die Klöster und Bischöfe. Berühmt dafür ist das Kloster Eberbach im Rheingau, das an über 200 Orten im Mittelrheingebiet begütert war und heute staatliche Weinbaudomäne ist.

Zentrum des Weinhandels war jahrhuntertelang das uralte Bacharach, dessen Wein als „Bacharacher“ europaweit bekannt war. Ähnliches versuchten die anderen Weinbaugemeinden und lieferten damit erste tastende Versuche hin zu einer genaueren Herkunftsbezeichnung. Die allerdings kamen erst im 19. Jh. nach und nach für Flaschenweine in Gebrauch. Was heute auf einem Etikett stehen muß, kann oder darf, wurde sogar erst 1971 verbindlich geregelt.

Seither sind auch die Qualitätsstufen abhängig vom Öchslegrad festgesetzt. Diese Maßeinheit bestimmt, um wieviel ein Liter frischer Traubenmost schwerer ist als ein Liter Wasser bei 20 Grad. Der einfache Tafelwein muß demnach mindestens 44 Öchsle haben, eine Trokkenbeerauslese dagegen mindestens 150 Öchsle. Der Name der Maßeinheit ist übrigens eine Verbeugung vor dem Pforzheimer Apotheker Ferdinand Öchsle, der Anfang des 19. Jh. die zur Bestimmung des Mostgewichtes notwendige Senkwaage erfunden hatte.

Weltweit sind heute über 8000 verschiedene Rebsorten bekannt, doch dürfen davon in Deutschland gerade mal 31 verschiedene angebaut werden. Am Mittelrhein dominiert mit großem Abstand der Riesling, der immerhin auf Dreiviertel der Anbaufläche wächst. Er ist die edelste und bekannteste Weißweinrebe Deutschlands. Ihre besonders kleinen Trauben reifen spät – nicht selten bis in den November oder sogar in den Dezember hinein. Seine Stärke ist das ausgewogene Verhältnis von süßem Fruchtzucker und pikanter, natürlicher Fruchtsäure. Der daraus gewonnene Wein schmeckt rassig, spritzig und lebendig. In jungen Jahren ist der Wein reich an feiner Säure. Wird er länger gelagert, baut sich diese Säure auf natürlichem Wege ab. In lang gelagerten Rieslingflaschen bilden sich am Kork und am Flaschenboden weiße

Kristalle. Dieser Weinstein ist nichts anderes als abgebaute Säure. Weine aus solchen Flaschen haben meist ein besonders feines Aroma.

Natürlich gibt es entlang des Mittelrheins ausgiebig Gelegenheiten, Wein zu probieren, seine unendliche Geschmacksvielfalt zu entdecken und die eigenen Kenntnisse über den Wein zu erweitern. Die Winzer haben aus diesen Proben längst ein Instrument ihrer Absatzstrategie gemacht, auch wenn vordergründig das Mäntelchen der Winzerfolklore darumgehängt wird. Dabei wird viel Romantisches präsentiert und nur allzu gerne verschwiegen, daß der Weinbau längst industrialisiert ist, das Eichenfaß dem Stahltank und die Öchslewaage dem Chemielabor gewichen sind.

Die Suche nach einem wirklich naturbelassenen Wein, der diesen Namen verdient, entspricht deshalb der berühmten Suche nach der Nadel im Heuhaufen. Fündig werden aber kann der Kenner auch heute noch in kleinen Familienbetrieben, wo noch direkt aus dem Faß probiert wird, der Hausherr mittrinkt und dabei verrät, was er mit seinem Wein gemacht hat. Dann schlägt die Stunde des wahren Rheinweins und der Besucher begreift, warum der Wein am Rhein zu recht so verehrt wird.

Die Rheingold-Straße

Das Nibelungenlied stand Pate für den Namen der linksrheinischen Straße, auch wenn niemand weiß, ob hier tatsächlich das Gold der Nibelungen irgendwo im Rhein versenkt wurde. Den markanten Auftakt jedenfalls bildet der Binger Mäuseturm, seit der Rheinromantik ein Wahrzeichen der Stadt, auch wenn er als Wachtturm eigentlich zur gegenüberliegenden Burg Ehrenfels gehörte. Burg und Turm dienten dem Mainzer Erzbischof zur Eintreibung des Rheinzolls und waren damit die wohl ergiebigste bischöfliche Einnahmequelle. Der Name des Turmes dürfte prosaisch von Maut = Zoll kommen.

Glaubt man dagegen der Sage, dann hat der Name einen realen Hintergrund. Zur Zeit von Erzbischof Hatto nämlich gab es eine Hungersnot, die der Bischof dadurch noch steigerte, daß er in seinem Mautturm Getreide hortete, um die Preise in die Höhe zu treiben. Die Mäuse allerdings fanden die ergiebige Futterquelle auch durch die Fluten des Rheins. Als die Bürger den Bischof zur Öffnung des Silos zwingen wollten, floh der in seinen Turm und wurde dort von Ratten und Mäusen zur Strafe für seine Habgier bei lebendigem Leibe aufgefressen...

Die erste Burg rheinabwärts ist die 1279 erstmals genannte Burg Rheinstein. Sie war vom Mainzer Erzbischof Peter von Aspelt als Trutzburg gegen die benach-

Nirgendwo in ganz Deutschland gibt es so viele Burgen wie am Mittelrhein. Die Beispiele zeigen von links nach rechts den Mäuseturm vor Bingen mit der Burg Ehrenfels dahinter, in der Mitte die Burg Rheinstein und rechts die Burg Sooneck. Die Beispiele mittelalterlicher Glasmalerei stammen aus der Burg Rheinstein.

Die größte Schatzkammer spätmittelalterlicher Kunst findet sich in der Liebfrauenkirche von Oberwesel. Die Freskenbeispiele oben zeigen links eine Kogge auf dem Rhein und rechts die Dreifaltigkeit. Unten ist ein Ausschnitt aus dem weltberühmten Goldenen Altar zu sehen.

Der Blick auf Oberwesel zeigt im Vordergrund die Liebfrauenkirche und dahinter zwei Türme der alten Stadtbefestigung.

barte Burg Reichenstein errichtet worden. 1825 kaufte Prinz Friedrich von Preußen die Ruine für 100 Reichstaler und ließ sie bis 1829 unter Beteiligung von Karl Friedrich Schinkel in romantisierender Form neu errichten. In ihrem Inneren überraschen heute kühn geschwungene Eisengußtreppen, Terrassenbrunnen und eine interessante Ausmalung. Sehenswert sind wertvolle Glasmalereien aus dem 15. und 16. Jh., Einrichtungen aus dem 19. Jh. sowie die neugotische Gruftkapelle.

Die benachbarte Burg Reichenstein oberhalb von Trechtingshausen wurde im 11. Jh. von den Äbten des Klosters Kornelimünster bei Aachen zum Schutz umfangreicher Besitztümer des Klosters errichtet. Mitte des 13. Jh. herrschte hier Philipp von Hohenfels als Raubritter, worauf der Rheinische Städtebund die Burg 1253 brach. Weil der Graf mit seinem Unwesen dennoch nicht aufhörte, zerstörte Rudolf von Habsburg die Burg 1282 erneut. 1344 schließlich kam sie endgültig in den Besitz der Mainzer Bischöfe, die sie ab dem 16. Jh. verfallen ließen.

Im 19. Jh. entstand ihr neugotischer Wohnturm neu, dahinter ist an der Nordseite der Anlage die bis zu 16 m hohe und bis zu 8 m starke Schildmauer aus der Zeit um 1300 erhalten. Hinter dieser Schildmauer lag ursprünglich die Hauptburg mit einem Innenhof. Gut erkennbar ist auch noch die doppelte Ringmauer mit zwei im Kern spätmittelalterlichen Rundtürmen an der Rheinfront. Zu sehen gibt es eine private Sammlung historischer Waffen, Rüstungen und Ofenplatten.

Auch Burg Sooneck am steilen Hang des Soonwaldes ist ursprünglich ein Bau der Äbte von Kornelimünster. Auch hier herrschte seit 1241 Philipp von Hohenfels als Raubritter, auch Sooneck wurde deshalb 1254 vom Rheinischen Städtebund gebrochen. Auch Sooneck kam 1344 in den Besitz des Mainzer Erzbischofs.

1834 kauften die Söhne von König Friedrich Wilhelm III. von Preußen die Ruine, um daraus einen Jagdsitz zu machen. Nun dauerte es aber bis 1862, bis Prinz Wilhelm die Bauarbeiten abschließen konnte. Ganze zweimal war anschließend Wilhelm selbst auf der Burg, und die Träume von ritterlichen Jagden blieben Schäume. Die Anlage selbst aber gehört zu den schönsten am Mittelrhein. Von ihren Terrassen bieten sich prächtige Ausblicke auf die Umgebung.

Das mittelalterliche Weinhandelszentrum Bacharach könnte seinen Namen vielleicht vom römischen Bacchi ara (= Altar des Bacchus) ableiten. Das überaus malerische Städtchen hat innerhalb seiner gut 600 Jahre alten Stadtmauer seinen mittelalterlichen Charakter weitgehend erhalten. Von der teilweise begehbaren Stadtmauer mit ihren zahlreichen Toren und Türmen bietet sich der schönste Überblick auf die alten Fachwerkhäuser, die dreischiffige Basilika St. Peter und auf die Burgruine Stahleck. Sie war einst zusammen mit der Stadt von einem 16türmigen Befestigungssystem eingefaßt, von dem heute noch neun Türme erhalten sind. Aus der Ruine Stahleck ist inzwischen eine Jugendherberge geworden.

Auch die alten Häuser von Oberwesel ducken sich noch hinter der alten Stadtbefestigung aus dem 13. und 14. Jh. Von den einst insgesamt 21 Türmen sind noch 16 mehr oder weniger gut erhalten. In der im 14. Jh. aus rotem Sandstein errichteten Liebfrauenkirche versteckt sich einer der ältesten und schönsten Schrein- und Flügelaltäre Deutschlands. Gefertigt wurde er 1331. Außerdem gibt es in der Kirche noch spätgotische Wandmalereien an Pfeilern und Wänden aus dem frühen 16. Jh. sowie wertvolle Grabmäler aus der Renaissance.

Auch in St. Goar lohnt sich ein Blick in die auf das 11. Jh. zurückgehende Pfarrkirche. Ihre Innenwände enthalten Fresken aus dem 15. und 16. Jh., unter dem Ostchor gibt es eine frühchristliche Krypta aus dem 7. Jh. Hoch über dem Städtchen thront die 1245 erbaute Burg Rheinfels. Sie wurde 1692 von 4000 Mann gegen beinahe 30 000 anstürmende Franzosen gehalten. Heute birgt die Burg eine Waffensammlung sowie ein Heimatmuseum mit volkskundlichen Exponaten. Von den Türmen bietet sich ein prächtiger Blick über die Weinterrassen des Rheintals und hinüber zur berühmten Loreley.

In Boppard hatten die Römer schon um 20 v. Chr. ein befestigtes Kastell. Im 10. Jh. gab es hier einen Königshof, und im 13. Jh. war Boppard bereits Freie Reichsstadt. In der aus dem 14. Jh. stammenden, ehemaligen Klosterkirche gibt es ein wertvolles Chorgestühl aus der Zeit um 1460 mit teils wirklich lustigen Schnitzereien zu entdecken. Das Fresko an der Südfront mit Szenen aus der Alexiuslegende entstand schon im 15. Jh., Grabmäler gibt es aus Spätgotik und Renaissance. Die St. Severuskirche ist eine spätromanische Basilika aus dem 13. Jh., steht aber auf römischen Fundamenten. Die ehemalige Zoll- und Zwingburg der Trierer Bischöfe wurde 1340 errichtet und beherbergt heute ein Heimatmuseum.

Vorbei an Burg Stolzenfels (s. S. 159) kommt man nach Koblenz, einer schon früh bedeutsamen Station an der Mündung der Mosel in den Rhein. Hier hatten die Römer früh ein Kastell zur Sicherung des Moselübergangs angelegt. Spätestens im frühen 2. Jh. gab es eine hölzerne Brücke über die Mosel. Von den Römern stammt auch der Name: Confluentes = die Zusammenfließenden. Kaiser Konstantin schließlich ließ um 300 die Siedlung mit einem festen Mauerring umgeben.

In Koblenz gibt es so manches Schatzkästchen zu entdecken. Als Beispiele sind hier die Festung Ehrenbreitstein (links oben), die alte Burg an der Mosel (rechts oben) und die gewaltige, romanische St. Kastorkirche (unten) zu sehen.

Nach dem Abzug der Römer von Confluentes hatten die Franken hier einen Königshof, um 830 ließ der Trierer Erzbischof Hetti außerhalb der alten Stadtmauern auf der Landzunge zwischen beiden Flüssen dem hl. Kastor eine neue Kirche errichten. Zum Deutschen Eck wurde die Landzunge 1216, als Deutschordensritter sich neben St. Kastor niederließen. Davor aber war in St. Kastor schon mancherlei passiert. Im Oktober 842 hatten sich hier 110 Bevollmächtigte der drei Söhne Kaiser Ludwigs des Frommen getroffen, um über die Teilung des Frankenreiches zu beraten und das auszuhandeln, was ein Jahr später als weltgeschichtlicher Teilungsvertrag in Verdun unterzeichnet werden sollte. Im Juni 860 kitteten 46 geistliche und weltliche Würdenträger noch einmal den Frieden zwischen den zerstrittenen karolingischen Königen. 1138 wurde sogar Konrad III. in St. Kastor zum deutschen König gewählt.

Von der ersten Kastorkirche des Bischofs Hetti sind heute noch die beiden unteren Geschosse des Westwerkes samt Wendeltreppen und Kapitellen sowie Mauerreste im Querhaus erhalten. Ihr heutiges Aussehen erhielt die Kirche im 12. Jh., 1208 konnte das erneuerte Langhaus geweiht werden. Heute präsentiert sich St. Kastor mit seinen vier Türmen als Bauwerk reifer Romanik. Im Inneren dominiert auf den ersten Blick das spätgotische Sterngewölbe von 1499. Die wohlproportionierten, triforienartigen Rundbogenöffnungen der Obergadenwände verraten jedoch auch hier die stilreine Romanik. Unterstrichen wird dies durch die halbrunden Triumphbogen und das romanische Kreuzgratgewölbe über den Chorquadraten.

Die zweite Koblenzer Kirche aus der Romanik ist die Liebfrauenkirche. Sie wurde im 5. oder 6. Jh. auf römischen Fundamenten errichtet und in karolingischer Zeit erstmals erneuert. Ab dem ausgehenden 12. Jh. wurde die heutige dreischiffige, querschifflose Pfeilerbasilika errichtet. Noch vor 1210 wurde der zweitürmige Westbau vor dem Schiff mit großer Eingangshalle und Emporenkapelle vollendet. Anfang des 15. Jh. wurde dem Schiff ein langgestreckter, gotischer Chor mit Seitenchören vorgebaut. Ähnlich wie St. Kastor erhielt auch die Liebfrauenkirche anschließend bis etwa 1470 das heutige gotische Sterngewölbe.

Daß auch zwischen den Mündungen von Mosel und Ahr bereits im Mittelalter intensiv mit Wein gehandelt wurde, verrät der alte Andernacher Rheinkran aus dem 16. Jh. Die 1561 von Clais Meußgin fertiggestellte Hebemaschine war bis 1911 in Betrieb und wurde mit Hilfe von zwei Laufrädern im Inneren betrieben. Wie in Hamsterkäfigen mußten laufende Hafenarbeiter den Motor bilden. Der steinerne Rundbau des Krans ist mit Maßwerkfries und vier Wasserspeiern verziert. Am rheinseitigen Portal hält ein Engel das Stadtwappen hoch.

Letzte Station vor dem „Bundesdorf“ Bonn sollte ein Abstecher ins Ahrtal sein. Zwischen den steilen Hängen der östlichen Eifelausläufer schlängelt sich die tief eingeschnittene, kleine Ahr in engen Windungen. Auf steilen Schieferterrassen wächst hier, von der Sonne verwöhnt, Deutschlands edelster Rotwein. Obwohl er in unmittelbarer Nachbarschaft zum Rhein wächst, verrät er keinerlei Verwandtschaft zum Rheinwein und hat seine eigenen Liebhaber.

Die Loreley-Burgen-Straße

Auch die rechte Rheinseite bietet zwischen Rüdesheim und Schwarzrheindorf beinahe auf Schritt und Tritt Interessantes. Weltberühmt ist natürlich die Rüdesheimer Drosselgasse, wo die Besucher aus allen Herren Ländern das lauthals ausdrücken, was sie unter Rhein- und Weinseligkeit verstehen. Im Mittelalter war Rüdesheim eine der Perlen unter den Besitztümern der Mainzer Erzbischöfe. Ihre Ministerialen waren die Brömser, deren Bauten noch heute Rüdesheim beherrschen. Ihr Stadthaus war der im 16. Jh. errichtete und im 17. Jh. ausgebaute Brömserhof, in dem heute ein Museum für mechanische Musikinstrumente untergebracht ist. Die auf das 12. Jh. zurückgehende Brömserburg diente einst als Zollburg und ist heute Sitz des Rheingauer Weinmuseums.

Wie schon in der Drosselgasse scheiden sich auch am Niederwalddenkmal die Geister. Als nach dem Krieg von 1870/71 die Einheit Deutschlands wiederhergestellt und das Kaisertum erneuert war, verlangte der nationale Rausch nach einem angemessenen Symbol. Den ausgelobten Wettbewerb für ein nationales Denkmal gewann der Dresdner Bildhauer Johann Schilling mit dem Entwurf einer 10,5 m hohen Germania auf einem 27 m hohen Sockel. Die mit 640 Ztr. etwas übergewichtige Nationaldame krönt eine Sammlung von Daten und Wappen auf dem Sockel, in der alles zu finden ist, was damals Rang und Namen hatte. Zur Einweihung des 1883 fertiggestellten Denkmals kam der Kaiser höchstpersönlich, entging dabei aber nur deshalb einem Attentat, weil die Zündschnüre der Anarchisten naß geworden waren. Die Kaiserkrone aber hält die deutsche Dame unverdrossen weiter hoch, auch wenn sie nicht so recht weiß, wem sie sie denn noch aufsetzen könnte.

In Lorch steht die Pfarrkirche auf römischen Fundamenten. Der heutige Bau wurde Ende des 13. Jh. begonnen und Ende des 15. Jh. vollendet. Von der spätmittelal-

Das Niederwalddenkmal hoch über Rüdesheim entstand nach dem Krieg von 1870/71. Bis heute hält die Germania unverdrossen die deutsche Kaiserkrone hoch, auch wenn niemand mehr so recht weiß, wem sie sie denn noch aufsetzen könnte.

terlichen Ausstattung ist noch der gotische Hochaltar von 1483 erhalten. Er ist der reichste Flügelaltar des gesamten Mittelrheins. Aus der Entstehungszeit der Kirche stammt das mit phantastischen Tieren und Pflanzen verzierte Chorgestühl. Der Taufstein wurde 1464 gearbeitet. Das Hilchenhaus an der Rheinstraße schließlich wurde 1548 fertiggestellt.

Auf der Höhe von Kaub beanspruchen natürlich die Zollburg Pfalzgrafenstein und die hoch am Hang gelegene Burg Gutenfels (vergl. S. 156) die Hauptaufmerksamkeit. Kaub selbst ist ein malerisches altes Städtchen mit einem kurpfälzischen Amtshaus aus dem 15. Jh., einer Stadtbefestigung aus dem 13. Jh. und einem historischen Hauptquartier des Preußengenerals Blücher. Der überschritt hier in der Neujahrsnacht 1813/14 den Rhein, um gegen das Frankreich Napoleons zu kämpfen. Zusammen mit dem englischen Feldherrn Wellington und dem preußischen Grafen Gneisenau sollte er Napoleon sein Waterloo bringen.

Zwischen Kaub und St. Goarshausen ragt der sagenumwobene Loreleyfelsen 132 m in den Himmel. Der Felsen markiert für die Schiffahrt die engste Stelle am Mittelrhein und bietet dem Wanderer einen spektakulären Aussichtspunkt. Für die Dichter der Romantik war es der romantische Platz schlechthin, von dem aus die goldhaarige Loreley die Schiffer verführte. Daß der Fels auch strategische Bedeutung haben kann, hatten die Kelten erkannt. Sie errichteten schon im 5. Jh. v. Chr. auf dem Loreleyplateau eine Fluchtburg.

Am Nordfuß des Loreleyfelsens schmiegt sich St. Goarshausen zwischen zwei Wehrtürme aus dem 14. Jh. Die hoch über den Weinterrassen gelegene Burg Katz wurde Mitte des 14. Jh. von Graf Wilhelm II. von Katzenelnbogen errichtet. Gegen den Hang hin erhielt sie einen hohen Bergfried und einen Sicherungsgraben, gegen den Rhein hin einen Palas mit zwei Ecktürmen. Aufgabe der Burg war es, die Besitztümer des Landgrafen von Hessen am Rhein zu sichern und für diesen Herrn den Zoll einzutreiben. Die starke Burg konnte sogar noch im 17. Jh. heftigen Franzosenangriffen standhalten und wurde erst 1806 durch napoleonische Truppen gebrochen. Bis 1898 wurde sie dann nach alten Zeichnungen erneuert.

Das Gegenstück zu Burg Katz steht wenig flußabwärts oberhalb von Wellmich und hört auf den Namen Maus. Sie entstand Mitte des 14. Jh. als Burg Peterseck. Die in exponierter Hanglage errichtete Spornburg hat einen eindrucksvollen, von einem Halsgraben geschützten Bergfried. Eine nahezu quadratische Ringmauer schützt die Gesamtanlage. Ende des vorigen Jahrhunderts

Oberhalb der Burg Sooneck gibt es einen besonders schönen Aussichtspunkt, von dem aus man nicht weniger als sieben Burgen am Mittelrhein ausmachen kann.

wurde die teilweise verfallene Burg restauriert. Am Fuß des Burgberges verdient die Pfarrkirche St. Martin einen Besuch. Ihr Bau wurde um 1360 begonnen und Ende des 14. Jh. vollendet. Um diese Zeit entstanden die gotischen Fresken an der Nordwand des Schiffes. Sie zeigen die Kreuzigung, die Martyrien der Apostel und das Jüngste Gericht.

Vor Kamp-Bornhofen warten hoch am Hang die beiden „feindlichen Brüder", die Burgen Sterrenberg und Liebenstein. Die ältere der beiden ist Sterrenberg. Sie war im 11. Jh. als Reichsburg errichtet worden. Die Burg Liebenstein diente zunächst wohl als Vorburg zur Sicherung gegen bergseitige Angriffe. Ende des 13. Jh. wurde diese Vorburg zur selbständigen Burg ausgebaut. Als 1320 die Sterrenberg an Kurtrier verkauft wurde, zerstritten sich die Familien so heftig, daß in der Folge der daraus resultierenden Familienfehden beide Anlagen verfielen.

Über Braubach erhebt sich auf steilem Schieferfelsen die stolzeste Burg des gesamten Mittelrheins, die Marksburg (vergl. S. 159). Eine ganz anders geartete Festungsanlage ist dann Ehrenbreitstein auf der Höhe von Koblenz. Das „Grabdenkmal abendländischer Festungsbaukunst" geht auf das ausgehende 10. Jh. zurück und kam schon 1020 in den Besitz des Trierer Erzbischofs Poppo. Der versuchte von hier aus sein Besitztum Koblenz, die Mündung der Mosel und den Verkehr auf dem Rhein zu kontrollieren. Jahrhundertelang bauten in der Folge die Trierer Erzbischöfe an dieser Festung. Als die Pulvergeschütze aufkamen, gab es hier sogar die größte Kanone Europas, den 10 t schweren „Vogel Greif", eine Maschine, die Kugeln von 1,5 Ztr. Gewicht verschießen konnte.

Noch im 17. Jh. galt die Festung als uneinnehmbar. Im Pfälzischen Erbfolgekrieg belagerten französische Truppen 1688 die Festung drei Wochen lang ebenso erfolglos wie später in den Jahren 1794 und 1799. Erst 1801 sprengten die Franzosen unter Verwendung von 16 t Pulver die Anlage in die Luft. Kaum aber war Koblenz preußisch geworden, befahl König Friedrich Wilhelm III. 1815 den Wiederaufbau. In den folgenden Jahren erhielt sie ihren heutigen, klassizistischen Ausbau.

Ein Kleinod für sich ist die Linzer Pfarrkirche St. Martin, deren Bau kurz nach 1200 begonnen wurde. Um 1240 war der fünfseitig, polygonal geschlossene Chor fertiggestellt. Gegen Ende des 13. Jh. dürfte das dreijochige Schiff beendet worden sein. Sein spätgotisches Sterngewölbe erhielt es allerdings erst zum Beginn des 16. Jh. Berühmter Schmuck der Kirche sind ihre um 1230 entstandenen Fresken. Über jedem Mittelpfeiler eines Joches ist eine Heiligenfigur in gemalter Architek-

Wenig nördlich vom Loreleyfelsen schmiegt sich St. Goarshausen, mit einem besonders schönen Wehrturm aus dem 14. Jh. unter die Felsen. Darüber thront stolz die ebenfalls aus dem 14. Jh. stammende Burg Katz.

Der meistbesuchte Siebengebirgsgipfel ist zweifellos der Drachenfels. Er taucht im 12. Jh. erstmals als „mons draconis“ in den Urkunden auf. Der Sage nach erhielt er seinen Namen, weil hier die Heiden dem auf dem Berg hausenden Drachen eine christliche Jungfrau opfern wollten. Als der Drache seine Beute in Besitz zu nehmen versuchte, hielt ihm die Jungfrau ein kleines Kreuz entgegen, worauf sich der Drache mit Gebrüll in den nächsten Abgrund stürzte. Daß die so beeindruckten Heiden daraufhin Christen geworden sein sollen, paßte dem zuständigen Bischof Arnold I. von Köln gut ins Bild, als er Mitte des 12. Jh. auf dem Drachenfels eine Burg errichten ließ. Erst 1632 konnten die Schweden die Burg brechen.

Bedroht allerdings wurde sie nicht nur von kriegerischen Ereignissen, sondern mehr noch von den Steinbrüchen am Drachenfels. Für zahlreiche Kirchenbauten in Köln wurden hier die Steine ebenso gebrochen wie für den Kölner Dom. Mit der Zeit wurde dadurch sogar die Stabilität des Gipfelaufbaus selbst gefährdet. Erst König Friedrich Wilhelm IV. gelang es, den Bergkegel durch Enteignung und Verstaatlichung zu retten. 1883 folgte dann die touristische Erschließung durch den Bau von Deutschlands ältester Zahnradbahn von Königswinter zum Drachenfels.

tur zu sehen. Die Fresken auf den Emporen stammen aus der Zeit um 1300 und zeigen die hll. Nikolaus und Simson.

Hinter Bad Honnef taucht das viel besungene Siebengebirge auf, die letzte Klammer um den Rhein, bevor sich sein Tal zur Kölner Bucht weitet. Glaubt man der Sage, dann ist das Siebengebirge den Honnefern zu verdanken. Sie sollen bei Hochwasser sieben Riesen zu Hilfe gerufen haben, damit die mit ihren Spaten das Hindernis für den Rhein beseitigen sollten. Als die Riesen nach getaner Arbeit ihre Spaten abklopften, entstanden daraus die sieben Berge. Ihr höchster ist mit 460 m der Ölberg, ihr bekanntester ist der 321 m hohe Drachenfels, und der vornehmste ist mit 331 m Höhe der Petersberg.

Tatsächlich ist das Siebengebirge im mittleren Tertiär, also vor etwa 20 Millionen Jahren, durch Vulkantätigkeit entstanden. Dabei wurden mehrere 100 m dicke Tuffschichten um die zu harten Kernen erstarrten Vulkanschlote abgelagert. Nach und nach wurden die abgelagerten Schichten wieder abgetragen, und vor etwa vierhunderttausend Jahren begann sich der Untergrund zudem um etwa 200 m zu heben. Dadurch war der Rhein gezwungen, sich um diese 200 m einzuschneiden. Dabei erhielt auch das Siebengebirge seine heutige Form.

Auf beiden Seiten des Mittelrheins sind immer wieder malerische Winkel zu entdecken. Das Beispiel oben links zeigt eine Gasse in Unkel, unten rechts ist die Drachenburg unterhalb des 321 m hohen Drachenfelsens zu sehen.

Noch aber war der Gipfel nicht endgültig gesichert. Erst bis 1973 gelang dies durch tief gesetzte Stahlanker und ganze Betongürtel. Die Stahlanker reichen teilweise durch den gesamten Fels und sind auf beiden Seiten verspannt. Seither können die zahllosen Besucher den Gipfel wieder ungefährdet genießen.

Letzte Station am rechten Ufer des Mittelrheins sollte die Stiftskirche St. Klemens in Schwarzrheindorf gegenüber von Bonn sein. Diese Doppelkapelle mit zwei übereinanderliegenden Räumen stiftete der Kölner Erzbischof Arnold von Wied als Grabkapelle für sich selbst. Den zweigeschossigen Zentralbau mit dem Grundriß eines griechischen Kreuzes mit vier gleich langen Armen weihte er selbst 1151.

Die verhältnismäßig kleine Kirche beeindruckt schon von außen durch die Ausgewogenheit ihrer romanischen Schmuckformen. Hervorstechendes Merkmal ist eine an der Grenze zwischen Unter- und Oberkirche umlaufende Zwerggalerie. Aus der Mitte der gegliederten Oberwände von Langhaus und Kreuzarmen steigt dann wie ein mächtiges Ausrufungszeichen der wohl proportionierte Vierungsturm mit seinem überschlanken, gotischen Spitzhelm in den Himmel. Bei näherem Hinsehen zeigt sich schließlich auch noch, daß die Kapitelle der Zwerggalerie phantasievollsten Schmuck tragen. Neben reichen Blattkapitellen gibt es besonders schöne Tiermotive mit Affen, Drachen, Adlern, Löwen, Widdern und Fabeltieren.

Auch das Innere hält, was das Äußere verspricht. Die Unterkirche birgt Fresken, die um 1151 entstanden sind, die Oberkirche solche von etwa 1170. In beiden Bereichen wurden die Bilder mit Rötel und Goldocker in den noch feuchten Putzgrund vorgezeichnet und dann mit dünner roter, gelber und grauer Kalkfarbe auf stumpfem, blaugrünem Grund fertiggemalt. Interessant dabei ist vor allem, wie es dem Meister gelang, Bekanntes aus der Miniaturenmalerei für Bücher auf große Flächen zu übertragen und dann den Gewölben anzupassen, obwohl die Perspektive damals noch unbekannt war.

In der Unterkirche ist die Vision Ezechiels dargestellt. Auf insgesamt 20 Bildfeldern ist die Offenbarung Gottes über das Schicksal der Juden, die Abgötterei und das Strafgericht zu sehen. Die gottlose Welt wird hier gnadenlos vernichtet. Die Rettung zeigt sich dagegen in den vier Feldern der Vierung mit der Weissagung vom neuen Jerusalem. Die Szenen in der Apsis der Oberkirche schließlich zeigen das Himmlische Jerusalem mit dem Himmelskönig und den Auserwählten. Symbolisch sollte die Kirche damit zur rettenden Arche in den sündigen Stürmen der Welt werden.

Ein weiteres Beispiel mittelalterlicher Kunst am Mittelrhein steht in Schwarzrheindorf gegenüber von Bonn. Die eigenartige Kirche mit dem Grundriß eines griechischen Kreuzes wurde 1151 geweiht und birgt prächtige Fresken aus der Bauzeit.

Unter „Niederrhein“ stellt man sich automatisch eine Landschaft mit Pappelalleen zwischen weitläufigen Feldern und Weiden vor. In der Realität findet sich diese Vorstellung zwar selten, am Düsseldorfer Deichweg aber ist sie Wirklichkeit.

Von Deichen kanalisiert

Der Niederrhein

Von Köln bis Emmerich

Der Duisburger Rhein-Ruhr-Hafen ist das Tor zum Ruhrgebiet und der größte Binnenhafen der Welt. In 19 Hafenbecken gibt es nicht weniger als 45 km Kai- und Uferlänge, der Güterumschlag ist fast so groß wie der im Hamburger Überseehafen.

Strom im Tiefland

Unter „Niederrhein“ stellt man sich automatisch eine Landschaft mit Pappelalleen zwischen weitläufigen Feldern und Weiden vor. Auch Altwasserarme mit Kopfweiden an feuchten Auen sollten nicht fehlen. Wohl mag es das alles geben, recht realistisch ist die Vorstellung aber dennoch nicht. Schaut man genauer, findet man einen in der Unendlichkeit der weiten Ebene mit Deichen kanalisierten Rhein.

Daß sich weder die Unendlichkeit der Ebene noch der schnurgerade Strom schon immer so präsentiert haben, zeigt ein Blick zurück auf die Entstehungsgeschichte dieser Landschaft. Schnell wird dann sichtbar, warum gerade hier der Reichtum der Bodenschätze zu finden ist, was es mit den weiten Ebenen auf sich hat und welche Rolle dabei der große Strom spielte. Ebenso deutlich wird aber auch, daß der Niederrhein, wie wir ihn heute kennen, das Ergebnis rund 900jähriger Baubemühungen ist. Kaum ein Meter des Stromes ist noch „original“, die wenigen und entsprechend kleinen Rückzugsgebiete der Natur haben Seltenheitswert.

Niederrheinische Schätze

Nördlich des Siebengebirges öffnet sich das riesige Becken der Niederrheinischen Bucht. Sie reicht immerhin vom Nordwestfuß der Berge bis an den Waal, wo sich der Rhein in seine Mündungsflüsse aufzuteilen beginnt. Unter diesem so offensichtlich topfebenen Becken verbirgt sich das „Rheinische Lineament“, eine Bruchschollenlinie, die entstand, als vor rund 50 Millionen Jahren das Neuwieder Becken und die Niederrheinische Bucht einsanken. Die längsgerichteten Schollen bildeten einerseits herausgehobene Horste, andererseits grabenartige Einbrüche. Ein Beispiel für den gehobenen Teil einer Scholle sind die Erhebungen zwischen Bonn und Köln.

Ähnlich wie im Oberrheingraben sind die Sink- und Hebungsvorgänge keineswegs beendet. Bis heute sinkt das Gelände westlich von Köln pro Jahr 1 mm ab. Außerdem driften die Ränder der herausragenden Schollenteile auseinander. Im Bereich von Köln und Bonn driftet der Rhein nach Osten, während der Bereich um Aachen nach Westen wandert.

Natürlich ging die Schollenbildung nicht ohne Spannungen ab. Die Verwerfungsspalten wanderten immer weiter in die Tiefe bis hinunter zum flüssigen Magma und lösten damit den Vulkanismus in Eifel und Siebengebirge aus. In die Senkungszonen aber drang das Nordmeer in mehreren Vorstößen vor und bildete flache Lagunen, verlandende Seen und ausgedehnte Sümpfe. All das geschah im feuchtwarmen Klima des Miozän, das seine reiche, subtropische Vegetation mit üppig wuchernden Urwäldern entstehen ließ. Damals wuchsen am Niederrhein riesige Mammutbäume, wie wir sie heute nur noch aus dem Westen Kanadas kennen.

Aus dem Zusammenspiel von absterbender Tropenvegetation und allmählicher Verlandung bildeten sich gewaltige Torfmoore, die im Quartär mit umfangreichen Sedimentschichten zugedeckt und zusammengepreßt wurden. Dadurch wurde der Torf zu Braunkohle verdichtet. Sieht man sich heute die im Westen von Köln bis zu 100 m mächtigen Braunkohleflöze an, mag man die Umfänge dieser Vorgänge erahnen.

Der tropischen Wärme folgte das von Skandinavien vordringende Inlandeis. Es erreichte vor etwa 150000 Jahren seine größte Mächtigkeit und drang dabei bis etwa zur Verbindungslinie Themse, südliche Rheinmündung und Ruhr vor. Als sich das Eis gegen Ende der Eiszeit zurückzog, blieb eine gewaltige Moränenlandschaft, in der sich der Rhein seinen Weg suchen mußte. Noch vor etwa 12000 Jahren mußte er dabei bis zur Doggerbank hinaus fließen, denn die Küstenlinie lag zwischen England und Dänemark. Die Themse war noch ein Nebenfluß des Rheins. Bis zu ihrem heutigen Verlauf zurückgewichen war die Küstenlinie des Kontinents erst etwa 2 Jahrtausende vor der Zeitenwende. Damals hatte auch der Rhein, zumindest in groben Zügen, sein heutiges Bett gefunden – Ruhe aber war noch lange nicht angesagt.

Mit dem Auftauchen der Römer wurde auch der Niederrhein Grenze zu den feindlichen Germanen. Da die Römer Scheitelpunkte einer Flußschleife aus strategischen Gründen zur Anlage von Sicherungsbauwerken nutzten, läßt sich aus deren Lage noch häufig der Verlauf des Rheins um die Zeitenwende ablesen. Im Vergleich der damaligen Situation mit der Situation im Mittelalter zeigen sich dann interessante Verschiebungen: unterhalb von Köln bildete der Strom in der allzu flachen Schwemmlandebene weite, immer wieder wechselnde Mäanderbögen. Bei der Festung Zons etwa wanderte der Fluß von der West- auf die Ostseite. Neuß lag noch 1195 unmittelbar am Rhein, heute liegen 2 km zwischen der

Zur Zeit der Römer war der Niederrhein die Grenze zu den feindlichen Germanen. Ihre Sicherungsbauwerke errichteten die Römer in den Scheitelpunkten der Flußschleifen wie etwa in Xanten. Dort steht auch der Rest dieses imposanten Hafentempels.

Der Niederrhein war bis in unsere Zeit ein wilder Geselle, er verlegte willkürlich seinen Lauf und riß ganze Siedlungen mit sich. Die Anwohner versuchten, wie hier in Rees, mit starken Befestigungsanlagen dagegen anzukämpfen.

Stadt und dem Strom. Auch Duisburg lag noch im Mittelalter unmittelbar am Strom. Auch in Xanten ist an zwei verschiedenen römischen Legionslagern gut die Wanderung des Rheins abzulesen. Das Lager Vetera II wurde im Mittelalter vom wandernden Rhein buchstäblich begraben.

Sieben Jahrhunderte Strombau

Was die Römer naturgemäß nicht mehr störte, wurde im ausgehenden Mittelalter den am Rhein gewachsenen Städten zunehmend zum Ärgernis. Ihre Häfen waren Kostbarkeiten, garantierten sie doch den Anschluß zum damaligen „Welthandel“. Hanseschiffe liefen bis hinauf nach Köln. Wer einen Hafen hatte, hatte Verkehr und Handel, bekam Zoll und Reichtum. Früh begann man deshalb mit Versuchen, den lebenswichtigen Anschluß an den Strom zu behalten, Häfen zu schützen und den Flußlauf zu verbessern.

Häufig genug kamen dazu existenzbedrohende Situationen dadurch, daß der Fluß durch Verlagerung Siedlungen bedrohte. Als Beispiel mag hier Emmerich dienen, wo der Rhein schon im 13. und dann noch einmal im 14. Jh. den Westbau und das Langhaus der an der rheinseitigen Stadtmauer gelegenen Stiftskirche St. Martin zum Einsturz brachte. Durch Aufschüttungen und Durchstiche versuchte man, der Bedrohung Herr zu werden, doch nachhaltigen Erfolg gab es zunächst nicht. Im 16. und 17. Jh. bedrohte vielmehr ein immer näher an die Stadtmauer wandernder Mäanderbogen, die Stadt völlig zu verschlingen. Erst im 18. Jh. gelang es, die Gefahr abzuwenden.

Ähnliches geschah im 16. und 17. Jh. vor Rees, wo ebenfalls eine wandernde Mäanderschlinge auf die Stadt zukam. Vor allem bei Eisgang türmten sich die Schollen und drückten immer wieder die ganze Stadtmauer ein und rissen ganze Häuser mit. 1654 versuchte man durch Grabung eines Entlastungskanals, die Gefahr zu beseitigen, der eigenwillige Rhein machte das Spiel jedoch nicht mit. Erst 1677, bei einem zweiten Durchstichversuch des Mäanderhalses, gelang die Verlagerung des alten Flußbettes. Wo der Reeser Altrhein die Stadt einst bedroht hatte, ist im Osten und Süden der Stadt bis heute gut im Gelände zu erkennen.

Der wanderlustige Rhein bescherte aber auch nicht wenige Chancen. Mittelalterliches Recht schlug neues Land dem jeweiligen Landesherren zu. Konnte eine alte Flußschlinge trockengelegt und urbar gemacht werden, bedeutete dies einen erheblichen Gewinn. So sorgte etwa der Klever Graf Diertrich VIII. Ende des 13. Jh. systematisch dafür, daß neugebildete Inseln und vom Strom nicht mehr genutzte Schlingen trockengelegt wurden und unter den Pflug kamen. Dazu holte er holländische Fachleute ins Land, denen es gelang, sowohl den „Tillerbruch“ als auch den „Uedemer Bruch“ trockenzulegen und für die Landwirtschaft zu erschließen.

Natürlich ließ sich mit Änderungen des Flußlaufes auch trefflich Politik machen. Das vielleicht beste Beispiel dafür liefert die Kölner Zollstätte Rheinberg, Anfang des 18. Jh. eine Enklave in preußischem Gebiet. Natürlich war das den Preußen ein arger Dorn im Auge – und sie wußten sich zu helfen. Sie erkannten, daß der Rhein seine Mäanderschlinge vor Rheinberg nach Norden verlagern könnte. Entsprechend halfen sie nach, erweiterten einen Flußarm auf eigenem Territorium und verstopften den vor Rheinberg durch die Versenkung alter Schiffe. Rheinberg verlor dadurch die Anbindung an den Strom und damit völlig seine politische, wirtschaftliche und militärische Bedeutung. Der Stachel im Fleisch der Preußen war mit Erfolg gezogen.

Bei ihrem Vorgehen waren die Preußen allerdings nur einem alten Vorbild gefolgt. Als nämlich zwischen 1585 und 1673 am Niederrhein der Spanisch-niederländische Krieg tobte, beherrschten die Niederländer den Strom durch Stützpunkte bei Emmerich, Rees und Wesel. Auf der Rheininsel Grevenward hatten sie zudem das Fort Schenkenschanz errichtet und damit den Strom völlig unter ihre Kontrolle gebracht.

Das wiederum störte natürlich die spanische Statthalterin Isabella Clara Eugenia, die Tochter von König Philipp II. gewaltig. Da die Befestigungen am Strom selbst nicht zu knacken waren, begannen die Spanier 1626 von Rheinberg aus, einen Kanal zur Maas zu graben und diesen gleichzeitig mit 25 Schanzen zu befestigen. Bereits ein Jahr später konnte die Statthalterin die „Fossa Eugeniana“ bis Geldern befahren. Die Niederländer allerdings schliefen auch nicht, erkannten die Gefahr und besetzten deshalb kurzerhand Rheinberg. Damit wurde der Kanal wertlos und verfiel, bevor er fertiggestellt war. Der Verlauf des Kanals aber ist bis heute zwischen Rheinberg und Geldern gut zu erkennen.

Andere Kanalprojekte waren dagegen durchaus erfolgreich. Ältestes Beispiel dafür ist der bis heute schiffbare Spoykanal, mit dem 1428 Kleve mit dem Rhein verbunden worden war und damit eine neue wirtschaftliche Grundlage erhalten hatte.

Erste systematische Ansätze zur Bändigung des Niederrheins begannen Mitte des 18. Jh. 1740 hatte es ein katastrophales Hochwasser mit verheerenden Verwüstungen zwischen Duisburg und der Schenkenschanz gegeben. Daraufhin beschloß der soeben gekrönte König Friedrich II. von Preußen, den preußischen Anteil am Niederrhein nach einem einheitlichen Plan auszubauen. Er konnte dabei auf Erfahrungen seines Vaters mit holländischen Wasserbaumeistern in Preußen zurückgreifen. Unter der Oberleitung des Baumeisters Bilgen sollten die Ufer neu gesichert und durch Begradigungen Neuland gewonnen werden. Wohl mußte erst noch der Siebenjährige Krieg überstanden werden, bis mit den Arbeiten tatsächlich begonnen wurde, doch dann wurde wirklich systematisch gearbeitet.

Übergeordnetes Ziel war es nun, dem Strom einen einheitlichen Verlauf zu geben. Deshalb wurden vor allem die zahlreichen Inseln durch Trockenlegen jeweils eines Stromarmes wieder mit dem Ufer verbunden. Der Wert des dadurch gewonnenen Neulandes wog dabei die Kosten der Baumaßnahme bei weitem auf. Ähnliches galt für das Durchstechen großer Stromschlingen. Auch hier wog der Wert des gewonnenen Neulandes die Kosten auf. Um die Bildung neuer Mäanderschlingen zu verhindern, wurden zudem die Prallufer des Stromes erstmals systematisch mit Deckwerken und Buhnen gesichert. Bis zu den Napoleonischen Kriegen gelang es so immerhin, die meisten Inseln im Strom zu beseitigen und zwei große Durchstiche bei Wesel und Xanten fertigzustellen.

Insgesamt bewiesen die Preußen mit ihrem systematischen Vorgehen, daß der Strom durchaus zu bändigen war. Sie waren damit die großen Vorbilder für die späteren Korrekturen Tullas am Oberrhein und die Bändigungsversuche am Alpenrhein. Tulla jedenfalls hatte die Maßnahmen der Preußen wohl studiert, bevor er seine eigenen Baumaßnahmen in Angriff nahm.

Den besten Beweis für die Richtigkeit der preußischen Baumaßnahmen aber lieferte das 19. Jh., als die nun gebildete Rheinstrombauverwaltung genaue Ausbaugrundsätze für die Schiffahrt formulierte. Ab 1851 hieß das Ziel, bei Mittelniedrigwasser eine Fahrrinnentiefe von 3 m bei einer Breite von 150 m zu erreichen. Dank der fast ein Jahrhundert alten Vorarbeit der Preußen war dieses Ziel in erstaunlich kurzer Zeit und ohne allzu großen Mehraufwand bis zum Ende des Jahrhunderts zu erreichen. Seither treten zwar immer wieder Auskolkungen und Anlandungen von Untiefen auf, doch sind ihre Beseitigung „kleine Fische" im Verhältnis zu dem, was die Preußen beim Ausbau des Niederrheins in der zweiten Hälfte des 18. Jh. geleistet hatten.

Natur im Rückzug

Eine dieser kleinen Inseln in der Weite des intensiv genutzten Landes ist die Bislicher Insel bei Birten. Sie ist von einem Altarm des Rheins eingefaßt, der über den Graben „Göt" weiterhin mit dem Rhein verbunden ist. Auch bei Hochwasser wird der Altrheinarm regelmäßig überflutet. Dadurch konnte sich bis heute eine auentypische Vegetation für eine reiche Population unterschiedlicher Wasservögel erhalten. Die Insel ist damit ein Refugium zum Brüten, Rasten und Überwintern für zahlreiche, sonst vom Aussterben bedrohte Vogelarten.

Ein ähnliches Rückzugsgebiet ist das Naturschutzgebiet „Altrhein Bienen", etwa 5 km nördlich von Rees. Es entstand bereits im 15. Jh. durch Verlagerung einer Mäanderschlinge. Weil die alte Schlinge nie „kultiviert" wurde, präsentiert sie sich bis heute als Verlandungsgebiet mit Schwimmblatt- und Röhrichtpflanzengesellschaften, Großseggenansammlungen und gemischtem Auenwald. Auch dieses Feuchtbiotop ist Heimat für eine große Zahl seltener, teilweise vom Aussterben bedrohter Vogelarten. Auf den angrenzenden Grünlandflächen überwintert Jahr für Jahr eine ganze Kolonie skandinavischer Wildgänse.

Auch das Wyler Meer kurz vor der niederländischen Grenze ist der Rest eines Altrheinarmes. Zwar wurden die feuchten Niederungen der Umgebung bereits im 13. Jh. von Holländern gerodet und mit einem Poldersystem entwässert. Dennoch hat das Feuchtgebiet bis heute Bestand und ist Überwinterungsquartier für arktische Saat- und Graugänse und größere Graureiherkolonien. Austernfischer, Flußregenpfeifer, Steinkauz, Großer Brachvogel und Bekassine haben hier eine Dauerheimat.

Eine Chance ganz anderer Art wird der Natur am Niederrhein durch den Braunkohletagebau geboten. Ein gutes Beispiel dafür ist die Liblarer Seenplatte mit über 40 Seen und etwa 750 ha Wasserfläche. Diese Seenlandschaft zwischen Brühl und Liblar ist Rest des Braunkohleabbaus. Über wasserstauenden Tonschichten wurden die alten Gruben bewußt nicht mit Abraum verkippt sondern dem Grundwasser überlassen. Zwischen den so entstandenen Weihern und Seen wurden Wälder neu angelegt, so daß eine abwechslungsreiche Landschaft entstehen konnte. Inzwischen dienen 75 ha dieses Gebiets dem strengen Artenschutz, so daß hier wieder Wespenbussard, Grünspecht, Pirol, Grauammer, Rohrweihe, Bekassine und Brachpieper brüten.

Colonia und deutsches Rom

Kaum irgendwo am gesamten Rhein waren die Römer so präsent wie am Niederrhein. Weil die romanischen Besatzer hier den Strom als Grenze sichern mußten, bauten sie in Köln, Neuss und Xanten große Militärlager, aus denen früh die ersten Städte am Niederrhein wuchsen: natürlich alle auf der linken Rheinseite, denn zu Füßen der Befestigungen lag die nasse Grenze zu den stets nach römischen Genüssen hungrigen Germanen im Osten.

Daraus ergab sich ein deutliches Ungleichgewicht zwischen den beiden Stromufern. Auf der Westseite gab es ein hohes zivilisatorisches Niveau, erstaunliche technische Fertigkeiten und einen attraktiven Lebensstandard. Dem nahezu 300jährigen Wirtschaftswunder auf der linken Rheinseite hatte das rechte Ufer praktisch nichts entgegenzusetzen. Dort dominierten unverändert die in kleinem Rahmen betriebene Landwirtschaft und Aktionen einzelner Stämme, die im wesentlichen nichts anderes als versuchte Raubzüge waren. Erst 454 sollte es den Franken gelingen, den linken Niederrhein ganz zu besetzen.

Von den Römern blieb ein sporadisches, oberflächliches und sich mühsam über die folgenden Jahrhunderte rettendes Christentum übrig. Erst als sich König Chlodwig um 500 taufen ließ, setzte eine stärkere Christianisierung ein. Daraus entwickelte sich nach und nach eine immer stärkere Kirche, die im 12. und 13. Jh. zur expandierenden Territorialmacht geriet. Köln etwa wurde von seinem Erzbischof regiert, als ob es sein persönliches Eigentum wäre. Die Stadt selbst wurde vom Bischof als Oberbaumeister planmäßig nach der Symbolik eines himmlischen Jerusalems ausgebaut.

Die Hauptstütze ihrer Macht bezogen die Bischöfe jedoch weniger aus ihren Territorialansprüchen, um so mehr aber von den überreichen Handelserträgen ihrer Bürger. Natürlich blieb denen dieser Zusammenhang auch nicht verborgen: die Erkenntnis stärkte das ohnehin wachsende Selbstbewußtsein. Weil Einigkeit stark macht, bildeten sich Zünfte zum Schutz des Handwerks und seiner Produkte, Zünfte mit denen der Bischof nicht mehr so willkürlich umspringen konnte wie mit einzelnen Bürgern. In wenig mehr als einem Jahrhundert wuchs daraus die Entmachtung des Bischofs und die Selbstverwaltung der Stadt. So wurde Köln Mitglied der Hanse, seine Bürger trieben europaweit Handel, und der Rhein wurde die wichtigste Handelsstraße.

Colonia Claudia Ara Agrippinensium

Bestes Beispiel für die überragende Bedeutung der Römer am Niederrhein ist Köln. Nach rund einem Jahrhundert römischer Besatzung setzte Agrippina, die Gemahlin von Kaiser Claudius, im Jahre 50 n. Chr. durch, daß ihr Geburtsort den hohen Rang einer Colonia erhielt. Aus diesem Grund wurden Claudius und Agrippina Bestandteil des Namens. Ara bedeutet Altar der Provinz Niedergermanien, wo Augustus als Gott verehrt wurde. Damit erhielt Köln den Vorrang vor allen anderen Siedlungen am Niederrhein, CCAA wurde das magische Kürzel für die römische Hauptstadt am Niederrhein.

Der Wunsch Agrippinas, die immerhin die Enkelin von Augustus war, geriet Köln zum bis heute wirksamen Vorteil. In kaum einer Generation erhielt die Stadt eine massive, 7,80 m hohe Stadtmauer, die auf 9 km Länge mit 9 Toren und 22 Türmen bewehrt war. Das geometrische Muster der Straßen wurde befestigt, die ersten steinernen Häuser entstanden, und das frische Wasser floß in eigens dafür gebauter Leitung aus der Eifel. Selbst für das Abwasser gab es ausgeklügelte Kanalanlagen. Wer hier wohnen durfte, schätzte sich glücklich, wem es gelang, das Jus Italicum, das Römische Bürgerrecht zu erhalten, hatte kein drängenderes Bedürfnis, als sich der römischen Zivilisation anzupassen.

Rückgrat und Nord-Süd-Achse der aufblühenden Stadt wurde die heutige Hohe Straße, die nach zwei Jahrtausenden noch nichts von dieser Funktion eingebüßt hat. Hier trafen die römischen Fernstraßen zusammen, hier war der Versorgungs- und Verwaltungsmittelpunkt der Provinz, hier war der Umschlagplatz für den Warentransport zwischen Straße und Wasser. Als Hafen diente ein alter Rheinarm, die Stapelhäuser dafür standen im Bereich von Groß St. Martin. Ergänzend zur Nord-Süd-Achse von Handel und Verkehr kamen die Ost-West-Achse und der Handel mit den Germanen. Weil dafür hohe Zölle fällig waren, trug dieser Handel erheblich zum Wohlstand der Stadt bei.

Exportiert wurden von den Römern vor allem die Luxuswaren der römischen Zivilisation. Die Palette reichte vom mehr oder weniger süßen Wein, über kostbare Keramiken bis zu kunstvoll verzierten Gläsern. Im Austausch dafür lieferten die Germanen vor allem Naturprodukte. Welchen technischen und künstlerischen Stand die römische Exportware erreicht hatte, verraten am

Die schönsten Funde aus der Römerzeit sind im Römisch-Germanischen Museum in Köln gesammelt. Die Beispiele zeigen Augustus, den ersten römischen Kaiser (oben links), Livia, die erste römische Kaiserin (oben rechts), das Grabmal von Flavius Bassus (unten links) und ein Gladiatorenmosaik (unten rechts).

Ebenfalls im Römisch-Germanischen Museum in Köln steht dieses opulente Grabmal des Publicius. Errichtet wurde es im 1. Jh. n. Chr. in der Nähe des heutigen Chlodwigplatzes.

besten zwei Gläser im Römisch-Germanischen Museum. Das eine ist eine immerhin knapp 30 cm hohe Zweihenkelflasche aus Schlangenfadenglas. Bei ihr wurde das bunte Dekor aus Schlangenfäden heiß auf das ebenfalls noch heiße Glas gebracht, so daß beides miteinander verschmelzen konnte.

Das andere ist ein Diatretglas, bei dem ein Rohling aus klarem Glas mit farbigem Zierglas geschmückt und anschließend mit Schleifrädchen, Sand und Wasser noch weiter verziert wurde: zum einen wurde das Zierglas zu einem zarten Netz verschliffen, zum anderen wurde die Inschrift „Trinke und lebe wohl auf immer“ mit der gleichen Technik eingraviert. Bei soviel Kunstfertigkeit ist es wohl verständlich, daß solch ein Becher zum Lieblingsbecher avancierte und deshalb mit ins Grab wanderte.

In der zweiten Hälfte des 3. Jh. wurde Köln sogar Kaiserresidenz. Ursache dafür war, daß die Perser 260 Kaiser Valerian gefangennahmen. Dadurch wurde der in Köln residierende Gallienus Augustus und mußte deshalb zurück nach Rom. Um dennoch seine Position am Niederrhein zu halten, ließ er seinen Sohn Saloninus als Caesar in Köln zurück. Militärischer Berater des Knaben wurde Postumus, dem es bei einem anschließenden Überfall der Germanen erst in der Verfolgung gelang, den Plünderern ihre Beute wieder abzujagen. Als Postumus mit der Beute vor den Toren Kölns ankam, verlangte Saloninus die Auslieferung der Beute, die die Soldaten jedoch für sich beanspruchten.

Ihren Aufstand nutzte Postumus, um Saloninus zu beseitigen und sich selbst zum Augustus ausrufen zu lassen. In dieser Funktion sicherte er ein Herrschaftsgebiet, das immerhin von Spanien über Gallien bis nach Britannien reichte. Wie dieser Postumus ausgesehen hat, davon zeugen im Jahre 263 in Köln geprägte Goldmünzen mit dem Portrait des niederrheinischen Usurpators. Schon 269 allerdings war der Spuk vorbei, als Postumus von seinen eigenen Soldaten vor Mainz erschlagen wurde. Ein Nachfolger konnte sich nicht mehr durchsetzen, so daß 271 Tetricus, der Gouverneur der Provinz Aquitania, für Rom wieder die Macht am Niederrhein übernehmen konnte.

Das beginnende 4. Jh. sah den in Britannien und Köln begonnenen Aufstieg von Konstantin dem Großen. Er baute gegenüber von Köln auf der rechten Rheinseite das Kastell Deutz und stationierte dort zur Bändigung der Franken etwa 1000 Mann. Mit dieser Festung schützte er zugleich die im Jahre 310 begonnene Brücke über den Rhein. Sie stand bei einer Gesamtlänge von 420 m auf 15 steinernen Pfeilern, die wiederum auf Pfahlrosten ruhten. Von Pfeiler zu Pfeiler spannten sich Holzkonstruktionen, die eine 10 m breite Fahrbahn ermöglichten. Diese erste, dauerhafte Brücke über den Rhein hatte bis zum Abzug der römischen Truppen zu Beginn des 5. Jh. rund ein Jahrhundert Bestand.

Mit Konstantin traten auch die ersten Kölner Christen ins Rampenlicht. Unter Bischof Maternus konnten sie am Rand der römischen Stadt, dort wo heute der Dom steht, ihre erste Kirche errichten. Belegt ist sie 355 als „conventiculum ritus Christiani“. Konstantin selbst lud Bischof Maternus im Jahre 313 zur ersten Lateransynode nach Rom.

Die zweite Hälfte des 4. Jh. sah bereits den unaufhörlichen Niedergang der römischen Macht am Rhein, Ende des Jahrhunderts zog General Stilicho die letzten Truppen aus dem Rheinland ab. Damit hatten die Franken ungehinderten Zugang zur linken Rheinseite und Köln war ihrer Willkür preisgegeben. Eigenartigerweise jedoch zerstörten sie die Stadt nicht wie Trier oder Mainz und tolerierten auch die Reste der romanischen Bevölkerung. Immerhin konnte sie den Franken etwas Zivilisation weitergeben, auch wenn dies rund drei Jahrhunderte dauern sollte.

Sancta Colonia

Seit dem Abzug der Römer hatte Köln unter der daraus resultierenden Randlage gelitten. Die Franken waren nach der Eroberung der Rheingrenze weiter nach Westen gewandert und hatten ihre neuen Zentren weitab vom Rhein gegründet. Der Niederrhein blieb lediglich Grenze zwischen Franken und Sachsen, Köln war für Jahrhunderte eine kleine Grenzstadt. Erst als es Karl dem Großen gelang, das Frankenreich zu einigen und nach und nach Sachsen zu erobern, rückte Köln Ende des 8. Jh. beinahe schlagartig von der Grenzstadt zur Metropole auf. Aachen als Lieblingsresidenz des Kaisers war nicht weit entfernt, und 787 hatte Karl dafür gesorgt, daß sein archicapellanus Hildebald Bischof von Köln wurde.

Da dieser zugleich Primas der fränkischen Geistlichkeit war, gab dies der Stadt zusätzlichen Auftrieb. Noch vor 800 wurde er Erzbischof mit Suffraganbistümern vor allem im noch weitgehend heidnischen Sachsen. Um der neuen Rolle des Kölner Bischofsstuhles gerecht zu werden, begann Hildebald mit dem Bau eines neuen Domes, der allerdings erst 870 geweiht werden konnte. Zu dieser Zeit gehörten zu den Kölner Missionsbistümern unter anderem auch Münster, Osnabrück, Minden und Bremen. Die Vielfalt der daraus resultierenden Beziehungen wurde zu einem der Hauptgründe für den wirtschaftlichen Aufstieg. Nicht umsonst zierte die Domschule die selbstbewußte Inschrift: „Hir macht thu lernan guld beuueruan – uuelog inde uuisdom, siginuft inde ruom" (Hier kannst du lernen Gold zu erwerben, Reichtum und Weisheit, Sieg und Ruhm).

Selbst das Auseinanderdriften der Reichsteile nach dem Tod von Karl dem Großen konnte den weiteren Aufstieg Kölns nicht stoppen. Als nach langen Geburtswehen das Heilige Römische Reich Deutscher Nation Gestalt annahm, präsentierte sich Köln bereits als größte und reichste Stadt nördlich der Alpen. Schon Anfang des 10. Jh. waren die römischen Mauern neu erstanden, die neue Metropole bestens gegen Feinde von außen geschützt. Schon Mitte des Jahrhunderts wurde die römische Stadtmauer sowohl im Norden wie im Süden bis zum Rhein hinunter verlängert. Das Herz der Stadt schlug nun östlich der Hohen Straße zwischen Dom und St. Maria im Kapitol sowie zwischen Markt und Hafen.

Absoluter Herr der Stadt war der Bischof. Er kassierte von allen Grundstücken der Stadt die Grundsteuer, Handwerk und Handel arbeiteten praktisch unter seiner totalen Kontrolle. Als oberster Handelsherr der Stadt gab er die Aufträge, kontrollierte er das Ergebnis. Daß der Kölner Erzbischof Mitte des 10. Jh. einer der mächtigsten Männer des Reiches war, läßt sich am besten daran ablesen, daß 953 Erzbischof Bruno den Bischofsstuhl bestieg. Er war kein Geringerer als der Bruder von Kaiser Otto dem Großen und gleichzeitig der Herzog von Lothringen. Er vertrat immer wieder seinen kaiserlichen Bruder bei Amtsgeschäften, beschränkte sich also keineswegs nur auf sein geistliches Amt. Dennoch sollte er einer der acht Heiligen werden, die der Kölner Bischofsthron hervorbrachte.

Außer um seine Aufgaben als Bischof und als Stellvertreter des Kaisers kümmerte sich Bruno nicht weniger intensiv um das Gedeihen „seiner" Stadt. Er sorgte für den Ausbau des Benediktinerklosters St. Pantaleon, dessen Kirche zu den ottonischen Anfängen mittelalterlicher Architektur wurde. Darüber hinaus verwandelte er Köln in eine einzige Baustelle. Der Dom erhielt zwei zusätzliche Seitenschiffe, das Kloster Groß St. Martin wurde energisch ausgebaut, an vielen weiteren Kirchen wurde gleichzeitig gebaut. Vor den alten römischen Stadtmauern wurde ein ganzer Kranz von Kirchen rund um die Stadt errichtet: Köln als vieltürmiges Bild des himmlischen Jerusalem.

Um all das finanzieren zu können, nutzte der tatkräftige Erzbischof Bruno sein Privileg als Bruder des Königs, in eigenem Namen Münzen prägen zu dürfen. Zwar erhielten die Kölner Erzbischöfe offiziell das Münzrecht erst zu Beginn des 11. Jh., tatsächlich genutzt aber haben sie es seit den Tagen von Bischof Bruno. Aus kleinen Anfängen wuchs so der Haushalt des Kölner Erzbischofs ins Gigantische. Genaue Zahlen aus dem 13. Jh. belegen, daß die jährlichen Einnahmen des Kölner Erzbischof etwa 12 t reines Silber betrugen! Vor diesem Hintergrund ist es verständlich, daß das 12. Jh. umfangreiche Bauvorhaben sah. Außer weiteren Stiften und Klöstern wurde mehr als ein Dutzend weiterer Pfarrkirchen errichtet. Daneben reichte die Finanzkraft der Stadt noch aus, ab 1179 eine neue, 8 km lange, riesige Stadtmauer in Angriff zu nehmen. Sie machte aus der Stadt die größte Festung Europas nördlich der Alpen. Natürlich bekam die Stadtmauer zwölf Tore wie das himmlische Jerusalem.

Zu all dem paßte es hervorragend, daß es 1164 Erzbischof Rainald von Dassel in seiner Funktion als Kanzler von Kaiser Friedrich Barbarossa gelang, aus Mailand die Reliquien der Hll. Drei Könige für Köln zu bekommen. Per Schiff kamen die kostbaren Reliquien den Rhein hinunter nach Köln, wo nun die ersten Könige, die Christus gehuldigt hatten, verehrt werden konnten. Der sofort einsetzende Pilgerstrom brachte Köln in die Nähe von Rom, Jerusalem und Santiago di Compostela.

Aber selbst im himmlischen Köln sollten auch bischöfliche Bäume nicht in den Himmel wachsen. Die längst selbständig gewordenen Patrizier der Stadt forderten genauso wie der Kaiser im alten Dreiecksverhältnis zwischen Kaiser, Erzbischof und Bürger immer energischer ihre Rechte. Zwar einigten sich 1207 die drei Parteien noch einmal in einem brüchigen Frieden, zu dem der König ein Zollprivileg und die Bürger einen Treueeid beisteuerten, doch war dieser „Friede" eher der Auftakt zu einem Jahrhundert der Intrigen und des Kampfes, den der Kölner Bischof am 5. Juni 1288 endgültig verlor. Damals wurde der Kölner Erzbischof Siegfried von Westerburg auf Schloß Burg an der Wupper festgesetzt, mußte einen schmählichen Frieden unterzeichnen und verlor seine Stadt endgültig. Damit war der Weg frei für die Stadt der Bürger und für die Freie Reichsstadt. Residenz des Bischofs aber wurde Bonn.

Die Mutter der deutschen Städte

Köln hatte schon zu Zeiten der Römer große wirtschaftliche Bedeutung und dank seiner internationalen Kontakte stets einen Entwicklungsvorsprung. Er blieb auch im Mittelalter erhalten, als hier früher als irgendwo anders ein Stadtrecht entstand, sich Kaufmannsgilden bildeten und Eigentumsansprüche an Gebäuden und Grundstücken mit Brief und Siegel versehen wurden. Die Köl-

Köln hatte schon zu Zeiten der Römer große wirtschaftliche Bedeutung. Von hier aus wurde bereits das ganze Mittelalter hindurch europaweit Handel betrieben. Entsprechend großartig fielen in Köln die Bauten aus. Hier überragt Groß-St. Martin die spitzen Giebeldächer des Fischmarktes.

ner trieben längst europaweit Handel, bevor Lübeck auch nur gegründet wurde. Die spätere Hanse als größte Handelsorganisation des Mittelalters brauchte nur dem Kölner Vorbild zu folgen.

Ihr großer Entwicklungsvorsprung war den Kölnern allerdings nicht von einer freundlichen Fee in die Wiege gelegt worden. Er mußte vielmehr in langen Kämpfen gegen den bischöflichen Stadtherrn erkämpft und immer wieder neu verteidigt werden. Seit der Mitte des 10. Jh. begannen die im Dienst des Bischofs agierenden und reich gewordenen Kaufleute, sich langsam aber sicher ihrer Macht bewußt zu werden. Zwar hatten die Kaufleute in der überlieferten Gesellschaftsordnung von Adel, Priestern und Bauern keinen eigenen Stellenwert, wohl aber ein immer stärkeres Selbstbewußtsein.

Es brach im Jahre 1074 erstmals explosionsartig auf, als Erzbischof Anno zwar nach altem Brauch aber diesmal vergeblich, das Schiff eines Kaufmanns für einen seiner Gäste requirieren lassen wollte. Der Kaufmann wehrte sich zusammen mit Kollegen. Gemeinsam belagerten sie den Bischofspalast, der Bischof mußte durch ein Loch in der römischen Mauer (in der Tiefgarage am Dom erhalten) fliehen. Am Ende wurde der Aufstand natürlich blutig niedergeschlagen, das einmal gewonnene Selbstvertrauen der Bürger aber blieb erhalten. Aus ihrer Mitte bildete sich ein Führungsanspruch, dem die bisher mögliche Tätigkeit als Schöffe im Hochgericht des Erzbischofs nicht mehr genügte.

Nun wollte man über die Geschicke der Stadt mitbestimmen und schloß sich deshalb 1106 zu einer Schwurgemeinschaft zusammen. Ihre Führung übernahm die „Richerzeche“, eine Genossenschaft reicher Kaufleute und Grundbesitzer. Sie nannten sich nun Patrizier und bildeten die wirtschaftliche und politische Führungsschicht der Stadt. Sie stellten die Mehrheit im Schöffenkollegium und stellten aus ihren Reihen den halbjährlich zu wählenden Bürgermeister. Richerzeche und Bürgermeister gemeinsam waren für die Verleihung des Zunftrechtes zuständig und übten die Aufsicht über den Markt aus. Bereits um 1130 erhielt die Richerzeche ein eigenes Klubhaus, das domus civitum, das damit als das erste und älteste Rathaus auf deutschem Boden angesehen werden kann.

Eine wichtige Voraussetzung für den Reichtum und damit das Selbstbewußtsein der Patrizier war die Qualitätssicherung ihrer Waren. Dafür wurden die Zünfte gegründet. In Köln waren es etwa 1149 die Bettuchweber, die ihren Gewerbezweig in Eigenregie regelten und die darüber gefertigte Urkunde mit dem ersten erhaltenen Stadtsiegel besiegelten. In der Folge wurde „Kölner“ Ware zu einem Qualitätsbegriff für mehr als 200 verschiedene Produkte, die alle mit dem Beinamen „Kölner“ vertrieben wurden.

Die zweite Voraussetzung für frühen Wohlstand und entsprechenden Einfluß war der Fernhandel und hier vor allem der Englandhandel. Schon 1130 hatte der englische König den Kölnern das Aufenthaltsrecht verliehen, 1157 erhielten die Kölner Weinhändler von König Henry II. einen langersehnten Schutzbrief für ihre Niederlassung. Nun durften sie hinter der London Bridge ihre eigene Gildehalle errichten und den Rheinwein auf dem gleichen Markt verkaufen, auf dem die flämische Konkurrenz französischen Wein anbot. Damit erhielten die Kölner mehr als 100 Jahre vor Lübeck und Hamburg das Niederlassungsrecht in London. Wenige Jahre später, im Jahre 1175, erhielten die Rheinländer dann sogar das freie Handelsrecht im ganzen Königsreich und die Abgabenfreiheit für ihre Gildehalle.

Das dritte Standbein ihres Erfolges lieferte den Patriziern indirekt der Rhein. Seeschiffe kamen rheinaufwärts nur bis Köln, flußaufwärts reichte die Wassertiefe nicht mehr. Daher waren die Schiffer in Köln zum Umladen auf spezielle Flußkähne gezwungen. Dabei stapelten sich die Waren natürlich im buchstäblichen Sinne des Wortes manchmal tagelang. Aus der Not der Schiffer machten die Kölner flugs eine Tugend für den eigenen Geldbeutel und veranlaßten den Bischof, am 7.5.1259 einen Stapelzwang zu erlassen.

Nach der Vertreibung des Bischofs im Jahre 1288 wurde Köln eine Stadt der Bürger, die zwar dem Kaiser huldigte, ihm aber kaum Abgaben zahlte. So dauerte es bis 1475, bis die Freiheiten der Freien Reichsstadt von Kaiser Friedrich III. feierlich besiegelt wurden. Die Kölner aber hinderte dies nicht, ihre Freiheit ab 1288 zielstrebig zu nutzen. Für mehr als ein halbes Jahrtausend, nämlich bis zum Einmarsch der französischen Truppen am 6.10.1794, waren die Kölner Bürger uneingeschränkte Herren im eigenen Haus.

Die stolze Selbständigkeit im Rahmen des Verbundbriefes verlangte natürlich auch nach repräsentativem Ausdruck. Ab 1405 entstand nach niederländischen und flämischen Vorbildern der Rathausturm, 1424 folgten der Bau der Ratskapelle und die Gestaltung des Rathausplatzes zum städtischen Versammlungssaal. Ab 1437 folgte schließlich der Bau des bis heute bei den Kölnern so beliebten Gürzenich mit seinem großen, zweischiffigen Saal im Obergeschoß, der als städtisches Tanzhaus diente.

Der Kirchen Macht und Herrlichkeit

Um 1200 war Köln mit etwa 30 000 Einwohnern die größte deutsche Stadt. Handwerk und Handel hatten die Stadt überreich gemacht und ihre Bischöfe versuchten, diesen Reichtum in steinernes Gotteslob umzusetzen. Das Jahrhundert zwischen 1150 und 1250 wurde so zum „Goldenen Zeitalter" der Kölner Kirchenbaukunst. In rascher Folge entstanden auf engem Raum prächtige romanische Kirchen und ab 1248 als bis heute dominantes Ausrufezeichen der gewaltige gotische Dom.

Doch auch anderswo am Niederrhein war man nicht untätig. In Xanten wurde über dem Grab des hl. Viktors nach einem ottonischen und einem romanischen Bau eine gotische Stiftskirche in Angriff genommen, die das größte Gotteshaus nördlich von Köln werden sollte. Als reine Wallfahrtskirche entstand schließlich in Neuss die Stiftskirche St. Quirin.

Romanik am Niederrhein

Mit zu den ältesten romanischen Kirchen am Niederrhein zählt die Kölner Stiftskirche St. Maria im Kapitol. Bei ihr scheint auf den ersten Blick unverständlich, was die Gottesmutter mit dem römischen Kapitol, jenem der sieben Hügel Roms gemeinsam hat, auf dem sich das politische und religiöse Machtzentrum des römischen Weltreiches mit dem Haupttempel für die Götter Jupiter, Juno und Minerva befand. Verständlicher wird der Beiname schon, bedenkt man, daß es auch im römischen Köln einen Tempel für die kapitolinische Trias gab. Wo er einst stand, hatten in merowingischer Zeit die Hausmeier ihren Sitz, und noch vor 717 gründete Plektrudis, die Gemahlin des Majordomus Pippin von Heristal, an eben dieser Stelle ein Damenstift, dessen Kirche auf den Fundamenten des römischen Tempels errichtet wurde.

In der ersten Hälfte des 11. Jh. wurde die Tochter Ida des Pfalzgrafen Ezzo Äbtissin des Stiftes. Die Enkelin von Kaiser Otto II. machte sich alsbald daran, die alte merowingische Kirche durch eine Kombination von basilikalem Langhaus und Zentralbau mit Dreikonchenchor zu ersetzen. Als 1049 Kaiser Heinrich III. Köln zusammen mit Papst Leo IX. besuchte, konnte der Papst den Chor weihen, 16 Jahre später erfolgte die Schlußweihe durch Erzbischof Anno.

Fertiggestellt worden war damit eine ganz außerordentliche, vorbildlose Kirche, die im Grundriß zwar eine kreuzförmige Basilika darstellte, deren Vierung aber nicht über ein Querschiff, sondern über drei kleeblattförmig angeordnete Apsiden gestaltet wurde. Weil zudem das Fundament des römischen Tempels den quadratischen Grundriß des Langhauses vorgegeben hatte, ergibt sich fast zwangsläufig der Eindruck eines Zentralbaues nach spätrömischem Vorbild. Im Innern ist der früheste Kölner Kleeblattchor umfaßt von einem Umgang, der sich über beide Seitenkonchen in die Seitenschiffe fortsetzt. Die Obergaden aller drei Konchen sind durch Halbsäulen und Blendbögen belebt.

Von der alten Ausstattung sind noch drei Kostbarkeiten erhalten. Zum einen sind es zwei knapp 5 m hohe und jeweils 1,12 m breite, holzgeschnitzte Türflügel aus dem zweiten Viertel des 11. Jh. Auf ihren insgesamt 26 Bildfeldern ist das Leben Jesu bis zum Pfingstwunder dargestellt. Zum anderen ist es eine um 1180 nach byzantinischem Vorbild gearbeitete Madonna mit einem ungewöhnlich großen Kind. Sie ist immerhin die älteste in Deutschland erhaltene Steinplastik einer stehenden Muttergottes. Die 1304 gefertigte Crux miraculosa schließlich ist der Prototyp der rheinisch-westfälischen Gabel-

kruzifixe, die einen schmerzverzerrten und blutüberströmten Christus darstellen.

In Neuss hatte Papst Leo IX. anläßlich seines Besuches im Jahre 1049 dafür gesorgt, daß die Reliquien des römischen Märtyrers Quirinus in die rheinische Stadt kamen. Daraus entwickelte sich rasch eine Wallfahrt und bescherte dem betreuenden adeligen Damenstift so reiche Mittel, daß ab 1209 die heutige Kirche als riesiger Neubau errichtet und in nur 21 Jahren bis etwa 1230 fertiggestellt werden konnte.

Meister Wolbero errichtete eine dreischiffige Basilika in Kreuzform mit Dreikonchenchor und Querschiffen in der Mitte des Langhauses. Vom Vorgängerbau wurde ein zweigeschossiger Westbau übernommen, der nun statt der ursprünglich wohl geplanten zwei Türme, zwei weitere Geschosse und einen dominierenden Mittelturm erhielt. Bis heute blieb dieser Turm allerdings auf drei Geschosse beschränkt. Der achteckige Vierungsturm erhielt seine Barockkuppel auch erst 1742.

Den eigentlichen Reiz der ehemaligen Stiftskirche macht heute ihr über Jahrhunderte hinweg unverfälschtes Erscheinungsbild aus. Mit ihrer reichen spätromanischen Baugliederung besticht vor allem die großartige Fassade mit ihren ornamentalen Gesimsstreifen, Rundbogenfriesen und triforienartigen Blendarkaden. Die horizontale Gliederung in drei Geschosse über einem breiten Sockelgeschoß ist in der Mitte giebelartig durchbrochen und steigert sich auch im Dach unter Verwendung derselben Schmuckformen zu einem eigenen Giebel. Die Betonung der Vertikalen setzt sich in den drei Turmgeschossen fort, wobei hier die Spitzbogen bereits die Gotik ankünden.

Überreich war auch die Ausstattung der Kölner Kirchen. Das Beispiel links zeigt einen Ausschnitt des Türflügels von St. Maria im Kapitol mit der Taufe Christi (11. Jh.), rechts eine um 1330 in Köln geschnitzte Madonna.

Zu den eindrucksvollsten Kirchen am Niederrhein zählt zweifellos die Stiftskirche St. Gereon in Köln. Von ihr wußte Ludwig Bechstein 1856 zu berichten: „Nie in meinem ganzen Leben aber hat ein Kircheninneres einen so wunderbaren Eindruck auf mich gemacht, wie das zu St. Gereon. Aus der hellen, mit römischen Alterthümern, hauptsächlich Denksteinen, verzierten Vorhalle traten wir in das mit mächtigen, seltsam gewundenen Säulen gezierte Gotteshaus. Die überreichen Verzierungen erschienen mir, ich kann keinen anderen Ausdruck dafür finden, phantastisch, ich sah eine so seltsame Mischung wunderbarer Ornamente, daß ich gar nicht in einer Kirche zu seyn glaubte, sondern in einer maurischen Moschee."

Auch wenn das Innere von St. Gereon heute nicht mehr ganz so aussieht, so ist die „freieste und kühnste architektonische Tat" nach schweren Bombenschäden doch wieder so hergestellt, daß die „bedeutendste Lösung eines Kuppelbaues zwischen der Hagia Sophia in Konstantinopel und Brunelleschis Domkuppel in Florenz" wieder das alte Raumgefühl vermittelt.

Begonnen hatte die Baugeschichte der nach dem Dom ranghöchsten Kölner Kirche mit dem Bau eines der Legende nach von Helena, der Mutter Konstantins des Großen, in der zweiten Hälfte des 4. Jh. gestifteten, großartigen Memorialbaues. Er bestand schon damals aus einer überkuppelten Ellipse mit einer Längsachse von 23,5 m, an die sich im Osten eine Hauptkonche und im Norden und Süden je vier kleinere Konchen anschlossen.

Im Westen gab es einen Narthex und ein säulenumstandenes Atrium. Tambour und Kuppel waren mit figürlichen Glas- und Goldmosaiken geschmückt, so daß Gregor von Tours im Jahre 590 das Heiligtum „ad Sanctos aureos" (zu den goldenen Heiligen) nennen konnte. Im Jahre 818 wurde hier sogar der erste Kölner Erzbischof Hildebold bestattet, ab 839 gab es zudem ein adeliges Kollegiatsstift.

Eine erste Erweiterung erfolgte um 1068, als Erzbischof Anno II. einen ersten Langchor mit Krypta anbauen ließ. Ein Jahrhundert später wurde dieser verlängert und zwischen zwei Flankentürme gesetzt. Das heutige zentrale Dekagon, das berühmte staufische Zehneck, wurde dann von 1219 bis 1227 auf den spätrömischen

Xanten war im Mittelalter ein weiteres, wichtiges Zentrum am Niederrhein. In seinem Dom sind über 20 spätgotische Schnitzaltäre erhalten. Zu den schönsten zählt der 1536 fertiggestellte Marienaltar.

Fundamenten errichtet, nachdem der alte Kuppelbau baufällig geworden war. Danach kamen lediglich noch die westliche Vorhalle, die unsymmetrische Taufkapelle und zu Beginn des 14. Jh. die Sakristei mit den großen Maßwerkfenstern dazu.

Im Inneren des Dekagons ist auch heute der Einfluß der Antike nicht zu übersehen. Über die acht, einst marmorverkleideten Konchen hinaus reicht das römische Mauerwerk als Kernwerk innerhalb der staufischen Wand bis zum Laufgang des zweiten Obergeschosses hinauf. Die staufischen Wände sind vom Übergang zwischen Romanik und Gotik geprägt.

Rundbogen- und Maßwerkfenster lösen sich in den Geschossen ab, ein Spitzbogenfries verbindet die romanische Zwerggalerie mit dem zehneckigen Pyramidendach. Darüber hinaus muß der Baumeister mit den modernsten französischen Techniken vertraut gewesen sein, denn als einer der ersten wendete er das offene Strebewerk an, um die Schubkräfte aufzufangen, die das gewaltige, 34,5 m hohe Kuppelgewölbe mit seiner Spannweite von 21 m über die zehn feingliedrigen Rippen abgibt.

Von der alten Ausstattung sind in der Taufkapelle Fresken aus dem frühen 13. Jh. erhalten. Die Wandmalereien aus der zweiten Hälfte des 12. Jh. in der Apsis des romanischen Langchores sind dagegen nur sehr schlecht bewahrt. Stark restauriert werden mußten auch die im 12. Jh. gelegten Fußbodenmosaiken. Dargestellt waren Szenen aus dem Leben Samsons und Davids, dazu zwölf Tierkreisbilder.

Gotik in Xanten und Köln

In Xanten geschah im 4. Jh. jener Massenmord, von dem Xanten seinen Namen bekam. Damals nämlich wurde der hl. Viktor zusammen mit 360 seiner Getreuen wegen seines Glaubens erschlagen. Über dem Grab des Heiligen entstand für die einsetzende Wallfahrt nach und nach die Stiftskirche St. Viktor, der Erinnerung an die Märtyrer wurde der Siedlungsname Ad Sanctus (zu den Heiligen) gewidmet.

Daß die Viktorslegende tatsächlich einen historischen Kern hat, erwies sich 1933, als im Chor der Stiftskirche die Skelette zweier ermordeter Männer ausgegraben werden konnten. Gleichzeitig konnte belegt werden, daß es schon Ende des 4. Jh. eine hölzerne Kapelle und in der ersten Hälfte des 5. Jh. einen steinernen Bau über dem Grab gab. Im 9. Jh. wurde zu dem inzwischen entstandenen Kollegiatsstift der erste größere Kirchenbau errichtet. Das 12. Jh. brachte einen romanischen Großbau, dessen Chor der hl. Norbert 1128 und dessen Langhaus der Erzbischof Rainald von Dassel 1165 weihen konnte.

Heute Erhaltenes wurde 1190 begonnen, als sich der Stiftsscholast Bertholdus an die Errichtung des gewaltigen, zweitürmigen Westwerkes wagte und es bis 1213 auch bis zum dritten Geschoß vollenden konnte. Den drei folgenden Turmgeschossen sieht man dann bereits den Einfluß der Frühgotik an. Der entscheidende Anstoß zu weiterem Bauen kam 1263, als der Bruder des Kölner Erzbischofs und Begründer des Kölner Domes Propst in Xanten wurde und beschloß, die größte Kirche nördlich von Köln zu bauen.

Bis 1351 wurde nach französischem Vorbild der neue Ostchor mit einem Kranz von fünf polygonalen Apsisräumen errichtet. Bis die Baulücke zur romanischen Westpartie mit dem fünfschiffigen Langhaus geschlossen werden konnte, sollte es dann allerdings bis 1530 dauern. Als Vorbild für dieses Langhaus diente der Kölner Dom, wobei jedoch auf Chorumgang und Querhaus verzichtet wurde, um nicht gegen die Rangordnung zu verstoßen. Letzter Schritt bei der Fertigstellung der heutigen Kirche war schließlich der Ausbruch des riesigen spätgotischen Fensters in der Westfassade und das Aufsetzen der beiden spitzen Turmhelme.

Neben dem beeindruckenden Äußeren vor allem der Westfassade ist die ungewöhnlich vollständige Ausstattung im Inneren interessant. Allem voran sind es die anläßlich des gotischen Neubaus entstandenen Glasmalereien in den Fenstern. Die ältesten entstanden um 1300. Von ihnen sind fünf Medaillonscheiben mit Christusszenen im Hauptchor erhalten. Die Fenster im äußeren nördlichen Seitenchor wurden in der Mitte des 14. Jh. als transparente Wände von einem Meister Jacobus gefertigt. Da auch Werke aus dem 15. und 16. Jh. vertreten sind, läßt sich schon beinahe eine Geschichte der Glasmalerei ablesen.

Aus drei verschiedenen Jahrhunderten stammen die 28 so eindrucksvollen, steinernen Statuen an den Pfeilern des Langhauses und des Chores. Die ältesten entstanden um 1275, zeigen Apostel, die Verkündigung und die Heimsuchung und stehen im Chor. Im frühen 14. Jh. wurden die Heiligen am Lettner gefertigt, die vier Kirchenväter an den westlichen Chorpfeilern entstanden zwischen 1470 und 1488.

Von 1129 stammt der Schrein des hl. Viktors im Chor. Er ist einer der ältesten Hausreliquiare unter einem Satteldach. Er besteht aus Eichenholz und ist mit vergoldetem Silberblech und Statuetten in Treibarbeit verkleidet. Zellenschmelz und Edelsteine sorgen für zusätzlichen Schmuck. In den zehn Vierpässen auf dem Dach ist das

Gleichnis von den Klugen und Törichten Jungfrauen dargestellt.

In der weitläufigen Xantener Kirche sind noch über 20 Altäre erhalten, von denen die meisten in der ersten Hälfte des 16. Jh. entstanden sind. Einer der schönsten dürfte wohl der 1536 fertiggestellte Marienaltar sein. Ihn schuf Henrik Douvermann mit unendlicher Liebe zum Detail. Der Schrein enthält in einer überreich gearbeiteten Einfassung acht kleine, figurenreiche Szenenbilder als Rahmen für die Zentralfigur der Gottesmutter. Die Flügel bemalte der Antwerpener Rudolf Loeser nach Motiven von Dürer.

Das mittelalterliche Köln war mit seinen zahllosen Kirchen eine Stadt der Romanik. Auch der Dom aus dem 9. Jh. war eine fünfschiffige romanische Basilika und in der in einer um 1025 gefertigten Reichenauer Handschrift belegten Form Vorbild für zahlreiche romanische Kirchen am Niederrhein. Als es Erzbischof Rainald von Dassel 1164 gelang, die Gebeine der Hll. Drei Könige nach Köln zu holen, hatte dies den Zustrom von Pilgern aus aller Welt zur Folge. Mitte des 13. Jh. war deshalb ein Neubau des Domes unumgänglich. Bei dieser Gelegenheit sollte nun in einem einzigen Anlauf und in großzügigsten Dimensionen nach Köln geholt werden, was die Franzosen in 100 Jahren an gotischen Errungenschaften erarbeitet hatten.

Im Jahre 1248 begann man nach den Plänen von Meister Gerhard den vom Umgang und Kapellenkranz doppelt umfaßten, langen Chor im französischen Kathedralstil zu erichten. So wie der neue Chor wuchs, wurde der alte Dom Joch um Joch niedergelegt. Bis 1322 war man so bis zur Vierung gekommen, baute dort eine Trennwand ein und weihte den Chor am 27. September zunächst einmal alleine.

Das zögerliche Verhalten hatte einen ernsten Hintergrund, denn 1288 hatte die Kölner Bürgerschaft im Sieg bei Worringen ihre Selbständigkeit gegenüber den Erzbischöfen errungen. Diese residierten fortan in Brühl oder Bonn, Köln selbst entwickelte sich zur eigenständigen Stadtrepublik. Für den Neubau des Domes bedeutete dies, daß in den folgenden Jahrhunderten nur noch Teile des Querschiffes, des Langhauses und des südlichen Turmes in Angriff genommen wurden. Als man 1560 die Bauarbeiten ganz einstellte, fehlten noch die beiden Querhausfassaden, der Obergaden des Querhauses, der Obergaden des Langhauses und praktisch der gesamte nördliche Turm.

Für knapp 300 Jahre präsentierte sich der Dom nun als Turmbau von Babel, dessen Baukran auf dem Stumpf des Südturmes schon mehr als ein Symbol war. Erst im frühen 19. Jh. sorgten romantische Mittelalterbegeisterung und das Auffinden der alten Originalpläne dafür, daß 1842 die Fertigstellung in Angriff genommen und in nur 32 Jahren unter der Leitung von Ernst Friedrich Zwirner abgeschlossen wurde. Fertiggestellt wurde damit nach ursprünglichem Plan die einzige komplette, mittelalterliche Kathedrale Deutschlands und zugleich mit 156 m Höhe für kurze Zeit das höchste Bauwerk der Welt.

Weil man beim Baubeginn in Köln unbedingt die französischen Vorbilder übertreffen wollte, versuchte man natürlich auch die Idee der Gotik, die Wände transparent erscheinen zu lassen, möglichst auf die Spitze zu treiben. Im Ergebnis bedeutete dies, daß weniger gestaltet und dafür mehr gerechnet wurde. Sogar die römische Antike wurde bemüht, um die Proportionen „klassisch richtig" zu gestalten. So ist das Hauptschiff mit seinen 43 m Höhe genau dreimal so hoch wie breit, die Gesamtlänge und Gesamthöhe des Bauwerkes sind identisch. Innere Länge und Breite verhalten sich wie 2 : 1. Keinesfalls Zufall ist es so, daß der Kölner Dom in Durchmesser und Höhe genau den Maßen des Pantheon in Rom entspricht. Hier wie dort wurden die Regeln des Vitruv für den Tempelbau genau befolgt.

Wirkt der Dom von außen vor allem durch seine Größe, so ist es im Inneren das Erlebnis des aufs höchste gesteigerten gotischen Raumes. Vor allem im Chor wird wohl jeder Besucher von Raumbildung und Aufbau des 13. Jh. überwältigt. Noch ohne Computerberechnung gelang es den mittelalterlichen Steinmetzen, mit außerordentlich schlanken und anscheinend ohne Widerstand zur Höhe strebenden Pfeilern, Wandstücken und engen Spitzbögen ein nahezu schwerelos wirkendes Gehäuse zu gestalten. Im dreistufigen Ausbau stellte Meister Gerhard auf sehr eng gestellte Arkaden sein filigranes Triforium, über dem der unendlich hoch erscheinende Obergaden nur noch aus gläsernen Wänden zu bestehen scheint.

Zum Leben erweckt wurde das steinerne Skelett des Chores mit dem farbigen Glas seiner Fenster. Die mit ganzen Szenen, Einzelfiguren und Ornamentteppichen gestalteten Fensterflächen verschmelzen mit dem steinernen Maßwerk genau zu jener transparenten Raumgrenze, die die Gotik stets als Membran zum Jenseits erstrebte. Kaum irgendwo anders ist ihr dies jedoch so gut gelungen wie im Chor des Kölner Domes.

Natürlich folgte die Gestaltung einem ausgeklügelten, ikonographischen Programm. So stehen an den Längsseiten in hohen Tabernakeln die 1311 vollendeten 48 Königsfiguren. Sie stellen die 24 Könige Judas und die 24 Ältesten der Apokalypse dar, bedeuten die auf Christus hinführenden geistlichen und weltlichen Mächte und

Der Kölner Dom wurde in seiner heutigen Form 1248 begonnen und 1874 nach den alten Plänen zum größten gotischen Dom der Welt vollendet.

weisen alle auf das vom Kölner Erzbischof Heinrich von Virneburg gestiftete Mittelfenster mit der thronenden Madonna hin. Die um 1275 geschaffenen Pfeilerfiguren zeigen Christus und Maria im Kreis der zwölf Apostel.

Im Chorgestühl schließlich korrespondieren die 48 Domherrenstühle genau mit den 48 alttestamentarischen Königen in den Glasfenstern darüber. Das 1311 fertiggestellte Gestühl mit seinen 104 Plätzen ist Deutschlands größtes und kostbarstes. Auf seinen Wangen und Lehnen treffen sich Himmel und Erde, Gott und Welt, Heiliges und Profanes zu einer einmaligen Einheit.

Hinter dem Hochaltar steht heute der Schrein mit den Reliquien der Hll. Drei Könige. Entworfen wurde dieser größte Goldsarkophag des Abendlandes von Nikolaus von Verdun bald nach 1164 in der Form einer dreischiffigen Basilika. An den Längsseiten des Erdgeschosses sitzen die Propheten als Wächter, an den Seitenwänden des Obergadens die Apostel. Die Stirnseite aus reinem Gold zeigt in eindrucksvollen Szenen die Hll. Drei Könige bei der Verehrung des Kindes, die Taufe Christi und den triumphierenden Christus. Diese Stirnseite entstand als Stiftung von Otto IV. Insgesamt zog sich die Herstellung des Schreines bis etwa 1225 hin. Dennoch entspricht er als Meisterwerk von zwei Generationen niederrheinischer Goldschmiede noch völlig den Vorstellungen reinster Hochromanik.

Noch vor der Zeit der Hanse fuhren Handelskoggen rheinaufwärts bis Köln. Wie das die Zeitgenossen aus dem 13. Jh. gesehen haben, ist in der Nikolaikirche in Mölln an die Chorwand gemalt.

Schiffahrt einst und jetzt

Bereits zu Zeiten der Römer war der Niederrhein eine wichtige Wasserstraße. Die Kastelle am Fluß wurden zumindest in Friedenszeiten zum größten Teil vom Fluß aus versorgt, fliegende Händler mit flachen Kähnen brachten vor allem den Nachschub an Naturalien. Mit dem Abzug der Römer nahm auch der Verkehr auf dem Strom ab, bis im 8. Jh. die Raubboote der Wikinger eine völlig neue Komponente ins Spiel brachten. Die Vorbilder aus dem Norden inspirierten die Kölner Kaufleute zur Aufnahme eines Fernhandels, der sich in kurzer Zeit europaweit ausdehnte. Das ganze Mittelalter hindurch kamen dann die Schiffe der Hanse den Niederrhein herauf bis Köln, wo die Waren für den Weitertransport stromauf auf flache Flußkähne umgeladen wurden.

Die Antriebskraft von Rudern, Segeln und vom Land aus ziehenden Pferden wurde erst Anfang des 19. Jh. vom Dampfantrieb abgelöst. Nun begann ein völlig neues Kapitel der Schiffahrt auf dem Rhein, die Transportzeiten konnten rapide verkürzt werden und recht bald gab es auch einen regelmäßigen Personenverkehr. Was aus all dem in knapp zwei Jahrhunderten wurde, ist am besten am Duisburger Rheinhafen abzulesen.

Die Hanseschiffer am Niederrhein

Seit dem ausgehenden 8. Jh. machten Seeräuber aus dem Westen Norwegens die europäischen Küsten unsicher. Als Wikinger plünderten sie alles, was in Ostsee, Nordsee, Atlantik und Mittelmeer per Schiff erreichbar war. Möglich wurde dies den „Salzwasserbanditen" durch spezielle Langschiffe mit geringem Tiefgang, die sowohl gesegelt wie gerudert werden konnten und denen es damit auch möglich war, über die größeren Flüsse weit ins Landesinnere vorzudringen. Elbe, Weser, Rhein und Seine waren ihnen willkommene Raubstraßen.

Wie diese Wikingerschiffe ausgesehen haben, zeigt das nördlich der Flensburger Förde gefundene und bereits im 4. Jh. gebaute Nydam-Boot. Es hatte bei einer Länge von 23 m auf jeder Seite Platz für 18 Ruderer. Obwohl das Schiff im mittleren Teil die Wasserlinie nicht viel mehr als 1 m überragte, lag es vollbeladen nur einen halben Meter tief im Wasser und war dadurch entsprechend schnell – ein entscheidendes Kriterium für den Einsatz als Kriegs- oder Raubboot. Seine Planken waren in Klinkerbauweise angeordnet, die Unterkante der oberen Planke überlappte wie bei Dachziegeln die untere Planke. Die einzelnen Planken wurden durch Eisennieten verbunden und mit in Harz getränktem Wollstoff gedichtet. Auffälligstes Merkmal war bereits damals das rechts vom Heck montierte Steuerruder, eine Bauweise, die lange ein Kennzeichen der Schiffe aus dem Norden war. Noch heute heißt deshalb die in Fahrtrichtung rechte Seite eines Schiffes Steuerbord.

Ein anderer Fund in Egernsund an der Flensburger Förde brachte ein Boot mit flachem Bug aus der Zeit um 1090 zu Tage und damit den Beweis, daß nicht alle Plankenboote der Wikinger dem entsprechen, was wir uns unter einem Wikingerschiff vorstellen. Oder andersherum: die Wikinger bauten ihre Schiffe streng zweckgebunden. Lange schmale und sehr schnelle für die Raubzüge, breite, sehr stabile und entsprechend langsamere für den Frachttransport. Sie lieferten damit entscheidende Details für die späteren Koggen der Hansekaufleute.

Die Transportschiffe der Wikinger verfügten über ein breiteres Deck als die Langschiffe, besaßen mittschiffs einen Laderaum sowie Decks und Ruderbänke nur an Bug und Heck. Der Mast war stabiler und nicht mehr immer herausnehmbar. Den Vortrieb lieferte hauptsächlich ein großes Rahsegel, die wenigen Ruder wurden nur bei Flauten und bei Landemanövern benutzt. Dadurch benötigten die Schiffe nur eine relativ kleine Mannschaft: einen Rudergänger, einen Wächter, einen Wasserschöpfer und einige Leute, die mit dem Segel umgehen konnten. Dabei hatten die größeren dieser Frachtschiffe immerhin einen Laderaum von etwa 35 m^3 sowie weitere Lademöglichkeiten unter den Halbdecks.

Die Weiterentwicklung der skandinavischen Wikingerschiffe lieferten die an der deutschen Nordseeküste ansässigen Friesen. Schon im 9. Jh. entstanden hier für die küstennahe Seefahrt zwischen der Rheinmündung und Nordfriesland Frachtschiffe, die in Urkunden bereits Koggen genannt wurden. Der Ausdruck hängt zusammen mit dem niederdeutschen Ausdruck für Kugel und bezeichnet treffend die insgesamt kugelige Erscheinungsform der Kogge.

Zu Anfang hatten die Koggen noch alle das seitliche Steuerruder an Steuerbord. Erst im frühen 13. Jh. erhielten die Koggen ein mittschiffs eingehängtes Heckruder als Steuer – ein entscheidender Vorteil beim Segeln. Weil diese Form der Kogge zur Zeit der Hanse das zuverlässigste und damit verbreitetste Transportschiff war, wurde sie bald als Hansekogge bezeichnet. Wie sie tatsächlich ausgesehen hat, ist an der 1962 in der Weser unterhalb von Bremen gefundenen mittelalterlichen Kogge abzulesen. Der 23,5 m lange und 7 m breite Schiffsrumpf aus dem Jahre 1379 konnte komplett geborgen und im Deutschen Schiffahrtsmuseum in Bremerhaven konserviert werden. Dieser Typ war mit einer Tragfähigkeit von etwa 200 t bis ins 15. Jh. hinein der einzige Frachtschiffstyp für weitere Fahrten über See. Solche Koggen bildeten auch das Rückgrat für den England- und Skandinavienhandel der Kölner Hansekaufleute.

Der Siegeszug der Dampfmaschine

Als die deutsche Rheinromantik die höchsten Wellen schlug, kam am 13. Juni 1816 ein „ziemlich großes Schiff, ohne Mast, Segel und Ruder, mit ungemeiner Schnelle den Rhein herauf gefahren." Der Bericht der Kölnischen Zeitung galt der Ankunft des aus London kommenden Dampfbootes „The Defiance“. Es war das erste Dampfboot auf dem Rhein, hatte ein Maschinchen von gerade 14 PS und hatte dennoch für die Strecke Rotterdam–Köln nur viereinhalb Tage benötigt. Die bis dahin gebräuchlichen Treidelschiffe brauchten dafür mindestens 14 Tage und bis zu 30 Zugpferde.

Schon im darauffolgenden Jahr kam die von James Watt jr. konstruierte „Caledonia“ den Rhein herauf. Sie hatte zwei Dampfmaschinen mit zusammen 50 PS und kam immerhin bis Koblenz. Den eigentlichen Durchbruch schaffte dann im Oktober 1824 der niederländische Dampfer „De Zeeuw“. Dieser stolze Dampfer war immerhin schon 35 m lang, 5 m breit, hatte einen Tiefgang von 1,25 m und konnte 120 Passagiere befördern. Trotz starken Hochwassers erreichte das Schiff Bacharach und fuhr dann von Koblenz auch noch ein Stück moselaufwärts. Über den Luxus an Bord berichtete Sulpiz Boisserée: „Um Euch einen Begriff von der Eleganz und Bequemlichkeit des Schiffes zu geben, brauche ich nur zu sagen, daß das Getäfel und alle Möbel von Mahagoniholz ist, daß zwei Küchen vorhanden sind, daß vier Aufwärter für alle Bedürfnisse sorgen, alles mit Wachs beleuchtet ist und was der angenehmen Eitelkeiten mehr sind.“

Der Durchbruch für die Dampfschiffahrt kam im folgenden Jahr, als König Friedrich Wilhelm III. am 14. September 1825 das Dampfschiff „De Rijn“ ausprobierte. Anschließend fuhr der Dampfer rheinauf bis Kehl und erhielt im Oktober den Namen „Friedrich Wilhelm“. Am 1. Mai 1827 schließlich eröffnete die „Preußisch-Rheinische Dampfschiffahrtsgesellschaft“ den regelmäßigen Schiffsverkehr zwischen Köln und Mainz mit dem Dampfboot „Concordia“. Bereits im ersten Jahr beförderte die Gesellschaft nicht weniger als 33 352 Passagiere. 1836 erhielten die Kölner aus Düsseldorf Konkurrenz von der „Dampfschiffahrtsgesellschaft für den Nieder- und Mittelrhein“. Beide lieferten sich nun einen heftigen Konkurrenzkampf, der über Fahrtgeschwindigkeit und billige Verpflegung ausgetragen wurde. Weil dies auf die Dauer natürlich nicht durchzuhalten war, schlossen sich beide Gesellschaften 1853 zu der noch heute bestehenden „Köln-Düsseldorfer-Rhein-Dampfschiffahrtsgesellschaft“ zusammen.

Als mit der Reichsgründung im Jahre 1871 die Grenzen

und Zollschranken zahlreicher Kleinstaaten fielen, nahm der Personenverkehr auf dem Rhein mächtig zu. Ab 1885 konnte die Gesellschaft deshalb im Schnitt pro Jahr einen neuen Dampfer in Betrieb nehmen und dafür einen älteren ausmustern. Vor dem 1. Weltkrieg fuhren bereits mehr als zwei Millionen Passagiere pro Jahr mit den Schiffen der KD.

Im zweiten Weltkrieg ging praktisch die ganze Flotte unter, doch schon im November 1945 legte das erste Schiff wieder ab. Im Mai 1946 begann erneut der lokale Ausflugsverkehr, im Frühjahr 1960 wurde die anschließend so überaus erfolgreiche Kabinenschiffahrt

Die „Köln-Düsseldorfer Rheindampfschiffahrtsgesellschaft" prägte von Anfang an die Passagierschifffahrt auf dem Rhein. Lange wurde mit Raddampfern gefahren wie etwa mit dem „Kaiser Wilhelm" (oben). Der Dampfer „Goethe" (unten) wurde 1913 in Dienst gestellt und fährt seit dem 28.08.1996 nach umfassender Restaurierung als ältester Schaufelraddampfer erneut auf dem Rhein.

Der Duisburger Rheinhafen ist auf den Umschlag von Massengütern spezialisiert. Computergesteuert finden die Frachtkähne ihren Liegeplatz und wie von Geisterhand bewegt, wird gelöscht oder beladen.

eingerichtet. Schnell avancierte daraufhin die Strecke Basel-Rotterdam zur „Königslinie“. Heute verfügt die KD über eine ganze Flotte von Ausflugs- und Kabinenschiffen, die auch auf der Mosel, dem Main, der Donau und sogar auf der Elbe unterwegs sind.

Natürlich war es nur eine Frage der Zeit, bis auch der Güterverkehr auf die neuen Dampfschiffe überging. Auf der Strecke mußten zwangsläufig die alten Schiffergilden bleiben, denn sie wollten nicht einsehen, daß auch bei Frachtgut Zeit Geld bedeutet. Statt die Entwicklung zu nutzen, versuchten sie es juristisch mit Einsprüchen, politisch mit Intrigen und praktisch sogar mit Kanonen. Bei Weißenthurm in der Nähe von Neuwied errichteten die „Halfen“, die mit ihren Pferden die Segelschiffe von Köln aus flußaufwärts treidelten, Wälle mit Schießscharten und schossen auf die vorbeifahrenden Dampfschiffe. Aufzuhalten waren die dadurch aber nicht.

Ein weiteres Hindernis waren nach wie vor die zahlreichen Zollstellen und die alten Stapelzwänge. Zwar waren 1804 die ursprünglich 32 Rheinzollstellen auf 12 reduziert worden, doch waren diese immer noch ärgerlich genug. Dazu kam, daß die Holländer die Rheinmündung als Schlüssel zur Nordsee entdeckten und hohe Transitzölle verlangten. Erst 1831 gelang es, die Mainzer Rheinschiffahrtsakte zu verwirklichen. Sie gab die Schiffahrt für alle Rheinuferstaaten frei. Gleichzeitig wurden die alten Schiffergilden und die noch älteren Stapelrechte aufgehoben.

Die alten Zollstationen dagegen überlebten bis 1868, als der Rhein zur internationalen Schiffahrtsstraße für alle Nationen erklärt wurde. Nun durfte der Rhein gebührenfrei befahren werden. Handel und Verkehr konnten sich nun frei entwickeln. Der Rhein war zum europäischen Strom geworden – wenn man will, die erste Keimzelle eines vereinten Europas.

Der Duisburger Rheinhafen

Für die Entwicklung vor allem des Güterverkehrs auf dem Rhein ist der Duisburger Hafen das wohl beste Beispiel. Die Mündung der Ruhr in den Rhein war zu allen Zeiten ein strategisch bedeutsamer Punkt, die Ruhr bot sich praktisch als bequemer Naturhafen für den Verkehr auf dem Rhein an. Dadurch wuchs Duisburg bis zum hohen Mittelalter zu einem bedeutenden Handelsplatz heran. Damit war es allerdings schlagartig vorbei, als der Rhein während des 13. Jh. seinen Lauf gut 2 km nach Westen verlegte. Damit wurde der Hafen unbrauchbar und 1290 verpfändete deshalb Rudolf von Habsburg die Stadt an den Grafen von Kleve. Die Träume von einer reichen Handelsstadt waren somit ausgeträumt.

Den ersten zaghafen Neubeginn gab es erst 1716, als ein alter Ruhrarm zu einem Hafen für die Kohleverladung ausgebaut wurde. Noch einmal ein Jahrhundert sollte dann verstreichen, bis die Duisburger endgültig erkannten, daß die Stadt einen direkten Anschluß zum Rhein brauchen würde. Bis 1831 wurde deshalb der Außenhafen gebaut, bis zum Ende des 19. Jh. wurde er um den Innenhafen verlängert. Damit hatte die Duisburger Altstadt wieder einen Anschluß zum Rhein.

Während man in Duisburg auf Privatinitiative setzte, sah das auf der Nordseite der Ruhrmündung in Ruhrort völlig anders aus. Dort wurde ab 1860 unter preußischer Regie ein umfangreiches Hafengelände erschlossen. Begonnen wurde mit dem Nord- und dem Südhafen, 1872 folgte der Kaiserhafen. Von 1905 bis 1908 wurden schließlich noch die Hafenbecken A, B, C, der Hafenkanal und der Hafenmund gebaut. Damit wurde Duisburg-Ruhrort zum Tor des Ruhrgebietes und zum größten Binnenhafen der Welt. In unseren Tagen besteht er aus nicht weniger als 19 Hafenbecken, die insgesamt 45 km Kai- und Uferlänge haben. Der Umschlag in diesem gewaltigen Binnenhafen ist fast so groß wie der im Hamburger Hafen.

Wen die Binnenschiffahrt fasziniert, der darf in Duisburg-Ruhrort keinesfalls auf eine Hafenrundfahrt verzichten. Sie dauert immerhin gut zwei Stunden und vermittelt ein lebendiges Bild der heutigen Binnenschiffahrt. Daß all dies Ergebnis einer sehr langen Entwicklung ist, erfährt der Besucher schließlich im Museum der Deutschen Binnenschiffahrt im ehemaligen Ruhrorter Rathaus. Vor der Türe am Kai des Hafenmundes sind dann noch so Raritäten wie der Raddampfer Oscar Huber von 1922, ein Eimerkettendampfbagger von 1882 oder ein Dampfkran von 1897 zu bestaunen. Um alles noch etwas plastischer zu gestalten, wurde zudem der frühere Treidelpfad zum Binnenschiffahrtslehrpfad umfunktioniert. Auf der linken Rheinseite gegenüber der Ruhrmündung steht schließlich in Homberg noch eine ganz besondere technische Rarität: der Waggonhebeturm von 1856. Mit ihm wurden bis zum Bau der Eisenbahnbrücke im Jahre 1885 Eisenbahnwaggons von den Gleisen auf ein Fährschiff gehoben. Das Gegenstück auf der rechten Rheinseite ist leider nicht erhalten.

Unterwegs im Tiefland

Die Weite der niederrheinischen Landschaft wird von eiszeitlichen Höhenrücken, Flußterrassen und ausgedehnten Deichsystemen gegliedert, ihren herben Reiz entfaltet sie im raschen Wechsel von Wind und Wetter. Die uralte Kulturlandschaft bietet eindrucksvolle Zeugnisse von den Römern bis zur Barockzeit. Der Reisende darf sich auf eine bunte Mischung freuen, die hinter jeder Pappelreihe für eine neue Überraschung gut ist.

Ein guter Ausgangspunkt ist Wesel auf der rechten Rheinseite. Es war aufgrund seiner strategisch günstigen Lage stets eine Stadt des Militärs. Im 16. Jh. entstand hier deshalb ein gewaltiges Befestigungssystem, dessen Mauern erst 1891 abgebrochen wurden. 1945 sank das gesamte alte Wesel in Schutt und Asche, lediglich die Willibrordikirche überlebte. Sie geht auf das 8. Jh. zurück, entstand im 12. Jh. als Basilika und wurde im 15. Jh. zur gotischen Halle mit Flachdecke umgebaut. Üppig war die Ausstattung: gleich 38 Altäre wurden eingebaut. Das Berliner Tor erinnert an die militärische Vergangenheit, errichtet wurde es nach einem Plan des Berliner Hofbaumeisters Jean de Bodt bis 1722. Geschmückt ist es mit Minerva und Herkules sowie Personifizierungen von Rhein und Lippe.

Auch Emmerich, die letzte deutsche Stadt auf der rechten Rheinseite, war bis vor dem Zweiten Weltkrieg eine eindrucksvolle Stadt mit dem Fehler allerdings, einen wichtigen Rheinhafen zu haben. Deshalb wurde die Stadt 1945 weitgehend zerstört. Erhalten blieb die ehemalige Stiftskirche St. Martin, deren Krypta noch aus der Zeit um 1040 stammt. Weil sich der Rhein zweimal das westliche Schiff der Kirche holte, wurde sie im 15. Jh. nordseitig neu gebaut.

Wichtigster Bauteil ist heute die dreischiffige Hallenkrypta, wichtigste Ausstattungsstücke sind das Chorgestühl von 1486 und eine Madonna auf der Mondsichel aus dem 15. Jh. Im Kirchenschatz findet sich die Arche des hl. Willibrord, ein Taschenreliquiar aus dem späten 10. Jh. Ein Baudenkmal unserer Zeit ist die gewaltige, 1228 m lange Hängebrücke über den Rhein.

Nach der Fahrt über die letzte deutsche Brücke über den Strom erreicht man Kleve. Sein Name kommt von Kliff und bezieht sich auf den Höhenrücken, auf dem die nördlichste Höhenburg am Niederrhein steht. Diese Schwanenburg geht auf karolingische Zeit zurück, die heutige Burg stammt in Teilen aus dem 15. und 17. Jh. In der auf das 12. Jh. zurückgehenden Pfarrkirche sind Teile von zwei spätgotischen Schnitzaltären erhalten. Interessant ist das Grabmal des Grafen Adolf von Berg, zeigt es doch ihn und seine Gemahlin in der höfischen Mode des frühen 15. Jh. In der ehemaligen Minoritenkirche stammt das reich mit Heiligenreliefs und Fabelwesen verzierte Chorgestühl von 1474. Das Bedburger Wasserschloß schließlich gab es bereits im Jahre 893. Der heutige Bau entstand zwischen dem 14. und dem 16. Jh. und gehört damit zu den frühesten Backsteinburgen des Rheinlandes.

Die Klevischen Gärten wurden ab 1647 vom Statthalter des Kurfürsten Friedrich Wilhelm von Brandenburg angelegt. Originalzeugnisse der alten Anlage sind noch das Amphitheater und der Minervabrunnen mit seinen drei Teichen. Weil der preußische Kammerpräsident Julius Ernst von Buggenhagen eine Vorliebe für exotische Bäume hatte, finden sich an der Tiergartenstraße noch heute eine Reihe botanischer Kostbarkeiten, angefangen vom Tulpen- über den Trompetenbaum bis zum Mammutbaum. Im benachbarten Zoo kümmert man sich vor allem um den Erhalt alter Haustierrassen.

Das wenig südöstlich gelegene Kalkar war zu allen Zeiten ein Zentrum der Kunst am Niederrhein. Glücklicherweise wurde sein mittelalterliches Stadtbild weitgehend erhalten, so daß noch viele gotische Häuser den Stadtkern zieren. Das dreigeschossige Rathaus stammt von 1446, die Giebelhäuser aus dem 16. Jh. Das absolute Glanzstück aber ist die Stadtpfarrkirche St. Nikolai. In ihr sind von einst 15 Altären immerhin noch sieben aus der Zeit um 1500 erhalten. Allein der Hochaltar, an dem von 1488 bis 1500 gearbeitet wurde, stellt in einer einzigen Bildfläche mit 208 Einzelfiguren die gesamte Passion dar. Auf 20 Bildfeldern der Flügel sind Szenen aus dem Leben Christi gemalt. Das 1508 fertiggestellte Chorgestühl ist mit seiner reichen Ornamentik und seinen vielen Figuren ein vortreffliches Schnitzwerk.

Das kleine Xanten gehört zu jenen Stätten, an denen sich abendländische Geschichte entschied. Auf einer Anhöhe des Fürstenberges hatten die Römer um 15. v. Chr. ein Legionslager als Operationsbasis für die Kriege gegen das rechtsrheinische Germanien gegründet. Von hier aus unternahmen Drusus und Germanicus ihre Feldzüge, von hier aus stürzte sich Varus im Jahre 9 n. Chr. ins Verderben des Teutoburger Waldes. Kaiser Trajan (98–117) errichtete dann zwischen 98 und 102 die Colonia Ulpia Traiana innerhalb eines Stadtmauerquadrates mit 930 m Seitenlänge.

Das wenig südöstlich von Kleve gelegene Kalkar war zu allen Zeiten ein Zentrum der Kunst am Niederrhein. In seiner Pfarrkirche St. Nikolai sind noch sieben gotische Schnitzaltäre erhalten. Die Beispiele oben stammen vom Dreifaltigkeitsaltar, das Beispiel unten zeigt die Verkündigung aus dem Marienaltar.

Ab der holländischen Grenze scheint sich der Rhein in der Unendlichkeit zu verlieren. Er teilt sich auf in ein Gewirr von Haupt- und Nebenarmen, von Schleusen und Kanälen. Zu erleben ist der Rhein hier nur noch vom Wasser aus.

Von der See bestimmt

Der Neder Rijn

Von Arnheim bis zur Mündung

Selbst Amsterdam ist über einen Seitenkanal vom Rhein aus zu erreichen. Die malerische Zugbrücke überbrückt die Amstel.

Der Hauptast der Rheinmündung ist der Nieuwe Waterweg. Seine Mündung ist mit der gigantischen Stormvloedkering gegen Sturmfluten verschließbar. In den weitläufigen Tanklagern im Hintergrund lagern große Teile der europäischen Ölvorräte.

Schwimmende Übergänge

Als die Römer vor rund 2000 Jahren nach Holland kamen, berichtete Plinius d. Ä. von einem „unglücklichen Volk, das auf Hügeln lebt, die es selbst errichtet hat, um so dem Wasser zu entgehen. Der Ozean dringt mit gewaltiger Breite und mit unermeßlichen Wellen ins Land ein". Schon damals also trotzten die Holländer durch Erdaufschüttungen der Nordsee Land ab. Dieser Kampf dauert bis heute, denn ungefähr die Hälfte des Landes liegt unter dem Meeresspiegel – der tiefste Punkt immerhin 6,7 m unter NN.

Unermüdlich haben die Holländer Dämme und Deiche errichtet, Schöpfwerke und Wasserwindmühlen erbaut, Meeresarme und Seen trockengelegt und sich unermüdlich gegen Sturmfluten und Überschwemmungen zu schützen versucht. Der größte Teil des Landes ist so durch Menschenhand gestaltet und buchstäblich „auf dem Wasser gebaut". Nicht umsonst sagt deshalb ein altes Sprichwort: „Gott schuf Himmel und Erde, Holland aber hat sich der Mensch erschaffen."

Land im Werden

Während der Eiszeit verband die Küstenlinie des europäischen Kontinents England und Skandinavien auf der Höhe der Doggerbank. Mit dem Rückzug des Eises hob sich in der folgenden Warmzeit der Spiegel des Meeres, so daß die Nordsee etwa bis zur heutigen Küstenlinie vordringen konnte. Nun war die Themse kein Nebenfluß des Rheines mehr, und der um rund 300 km verkürzte Rhein bildete im niederländischen Schwemmland ein vielfältig gestaltetes Delta.

Schaut man allerdings etwas genauer, merkt man schnell, daß das mit dem Delta nicht so recht stimmt. Streng genommen nämlich schiebt sich ein Delta ins Meer hinaus. Öffnen sich dagegen Mündungstrichter landeinwärts, handelt es sich um Ästuare. Sie entstehen im wesentlichen durch die Einwirkung von Ebbe und Flut, während ein Delta durch die Ausbringung von Sedimenten aus dem Binnenland wächst. Da der Rhein beiden Kräften ausgesetzt ist, bildet seine Mündung eine Zwischenform aus Delta und Ästuar.

Wie das Ganze funktioniert, hat der Geomorphologe Günther Reichelt zwar etwas vereinfachend, aber um so prägnanter zusammengefaßt: „Wo der schlammbeladene Rheinstrom auf das Meer trifft, verliert er seine Transportkraft: die Schlammassen sinken zu Boden und setzen sich halbkegelförmig ab. Mit der auflaufenden Flut wächst dieser Halbkegel stromaufwärts. Besonders schnell setzt sich der Schlamm, wenn der Strom kentert, das heißt, wenn der Flutstrom vom Ebbestrom abgelöst wird. Der Ebbestrom kann anschließend nur dort wieder viel Material mitnehmen, wo der Rhein vom Land her nachdrängt." Das Wechselspiel von Sedimenten aus Meer und Fluß einerseits und Abspülungen und Ausräumungen andererseits bestimmen bis heute die Erscheinungsform der so vielfältig gestalteten Rheinmündung.

Das Wechselspiel zwischen Fluß und Meer lieferte zwar das Grundmuster, die Fixierung mußte dagegen von Menschenhand dazukommen. Bereits im 7. Jh. wurden deshalb erste Schutzdeiche errichtet, schon im 8. Jh. begannen die Niederländer ganze Inseln einzudeichen. Zwischen 1000 und 1200 gelang es schließlich, die Kette der Deiche entlang der gesamten Küste erstmals zu schließen. Danach konnte der lange Prozeß der Entwässerung und Entsalzung der Marschen in Angriff genommen werden.

Fürchterliche Rückschläge blieben dabei nicht aus. So zerbrach eine Sturmflut am 18. und 19.11.1421 die Außendeiche bei Broek und die Innendeiche am Zusammenfluß von Waal und Maas. Über 500 km² wurden vom Meer überschwemmt, bis zu 90 km drang die See landeinwärts. Zehntausende Tote waren zu beklagen, zahlreiche Dörfer gingen verloren. Allein im 16. Jh gab es fünf große Sturmfluten, bei denen Deiche hinweggefegt und ganze Landstriche verändert wurden. Kaum anders sah es im 17. und 18. Jh. aus.

Getreu dem alten Motto „Wer nicht will deichen, der muß weichen", entschieden sich die Niederländer immer wieder von neuem, der See mit besseren Deichen die Stirn zu bieten. Entsprechend der Erkenntnis, daß der Einzelne nichts, die Gemeinschaft aber alles bewirken könne, bildeten sich früh Waterschappen (Deichgenossenschaften), die auch untereinander koordiniert vorgingen. Damit gelang es nach und nach, aus Schlamm, Salz und Süßwasser fruchtbares Land zu sichern und neues zu gewinnen.

Zahllose Windmühlen trieben Schöpfräder und Wasserschrauben, die das Wasser in höhergelegene Gräben pumpten. Ganze Binnenmeere, wie etwa das 18 000 ha große Haarlemmer Meer, wurden so trockengelegt. Auch die weitverzweigte Insellandschaft im Rheindelta wurde so nach und nach zu fruchtbarem Ackerboden, die Mün-

Den Kampf gegen das Wasser gewannen die Holländer mit einer Unzahl von Windmühlen. Mit ihnen schöpften sie das Wasser aus den eingedeichten Gebieten und hielten sie so auch jahrhundertelang trocken. Dieses Paradestück steht bei Streefkerk.

Bei Kinderdijk kann man eine regelrechte Mühlenwanderung unternehmen. Auf engstem Raum stehen hier zahlreiche Mühlen nebeneinander, einige von ihnen sind sogar noch in Betrieb.

dungsarme des Rheins wurden durch hohe Deiche kanalisiert.

Anfang unseres Jahrhunderts wurde eine völlig neue Dimension gewagt. Dabei sollte zum einen das Meer um ein gewaltiges Stück zurückgedrängt und zum anderen das Süßwasser des Rheins genutzt werden. Dafür wurde bis 1932 ein 32 km langer Deich mitten durch die Zuidersee gebaut und damit zugleich auch noch eine Straßenverbindung zwischen Nordholland und Friesland geschaffen. Aus der abgedämmten Zuidersee wurde das Ijsselmeer, und die Küstenlinie wurde um immerhin 450 km verkürzt. Rund um das neue Binnenmeer konnten nun systematisch große Polder abgedeicht und trockengelegt werden. Mit abgeleitetem Rheinwasser wurden die Polder gespült und die Bevölkerung mit Trinkwasser versorgt.

Mit der letzten Sturmflut am 31.1.1953 schien dann mit einem Schlag wieder in Frage gestellt, was über acht Jahrhunderte hinweg dem Meer mühsam abgetrotzt worden war. An 589 Stellen brachen die Deiche, die Mündungsgebiete von Rhein, Maas und Schelde standen unter Wasser, 1835 Menschen ertranken und Zehntausende wurden obdachlos. Diese Watersnood stellte die Niederländer erneut vor die Existenzfrage, doch Aufgeben war kein Thema. Mit neuen Deichen und Dämmen sollte mit dem gigantischen „Deltaplan“ die Kraft des Meeres bereits auf der Höhe der Küstenlinie gebrochen und die Küstenlinie insgesamt um 700 km verkürzt werden. Am 4.10.1986 konnte dieses größte Wasserbauprojekt der Geschichte Hollands mit der Vollendung des 3 km langen Flutwehres vor der Oosterschelde vollendet werden.

Labyrinthisches Delta

Kaum hat der Rhein am Fuß des 83 m hohen Eltenberges die deutsch-niederländische Grenze passiert, öffnet sich mit gleich mehreren Verzweigungen sein Mündungsgebiet. Flußarme und Kanäle bilden nun ein Labyrinth, das allenfalls noch mit der topographischen Karte der Niederlande zu entziffern ist. Danach heißt der Rhein nach der Grenze zunächst Bovenrijn, dann Bijlandsch Kanaal. Nach 10 km gabelt er sich bei Pannerden. Der nördliche Arm heißt zunächst Pannerdens Kanaal, dann Nederrijn und schließlich Lek. Der südliche Arm heißt zunächst Waal, doch wird daraus bald Boven Mervede und nach einer weiteren Gabelung Nieuwe Mervede und Beneden Mervede.

Bei Dordrecht teilt sie sich in die südliche Oude Maas und den nördlichen Noord. Er wiederum vereinigt sich vor Rotterdam mit dem Lek, der nun, als wäre damit alles klar, Nieuwe Maas heißt. Unterhalb Rotterdam mündet in sie auch noch die Oude Maas. Selbst für das letzte Stück bis zur Mündung bei Hoek van Holland braucht es noch zwei verschiedene Namen: erst Scheur und schließlich Nieuwe Waterweg.

Europas größter Hafen

Dem Nieuwen Waterweg sieht man es auf den ersten Blick nicht an, daß er als Eurogeul die Hauptschlagader für den Rotterdamer Hafen ist. Mit Milliarden Gulden Aufwand wurde die Eurogeul auf 22 m Tiefe ausgebaggert, um auch den größten Supertankern das Anlaufen der Rotterdamer Ölpiers zu ermöglichen. Gleichzeitig wurde in der Maasniederung ein neuer Vorhafen, der Europoort, in die Marschen gebaut. Rotterdam wurde damit der größte Hafen Europas, weltweit übertroffen wird er nur noch von Singapur. Gleichzeitig könnte man Rotterdam auch als den größten Seehafen Deutschlands bezeichnen, denn immerhin werden hier mehr Güter aus und für Deutschland umgeschlagen als in allen deutschen Seehäfen zusammen. Jährlich laufen den Rotterdamer Hafen über 200 000 Binnen- und gut 32 000 Seeschiffe an. Über 300 Millionen Tonnen Güter werden Jahr für Jahr umgeschlagen. Damit laufen rund 5 % des Welthandels über das niederländische Tor Europas.

Natürlich ist all das nur mit modernster Technik zu bewältigen. Ob ein Schiff rheinabwärts oder von See aus Rotterdam anlaufen möchte, stets wird es weit im Vorfeld von der Hafenverkehrsleitstelle erfaßt und mit einem minutiösen Fahrplanprogramm versehen. Damit wird erreicht, daß jedes Schiff ohne Verzögerung, aber auf die Minute genau, seinen Liegeplatz im Hafen erreicht. Dort sorgt wieder modernste Technik für schnellstmöglichen Umschlag und damit kürzestmögliche Liegezeit. Öltanker etwa werden mit einer Geschwindigkeit von 16 000 m^3 Öl pro Stunde geleichtert, Europaletten können auf 48 LKWs parallel geladen werden, und riesige Containerschiffe leeren sich wie von Geisterhand.

Den schönsten Überblick über Europas Paradehafen bietet der Euromast am Parkhaven. Von seinem „Krähennest“ in 100 m Höhe kann man noch mit einer kleineren Kabine bis auf 185 m Höhe hinauffahren. Von dort aus bietet sich ein prächtiges Panorama über den Kernbereich des Rotterdamer Hafens mit seinen zahllosen Einzelbecken. Ein besonderes Hafenerlebnis bietet die zwischen Rotterdam und Hoek van Holland auf beiden Seiten der Maas ausgeschilderte Rotterdamse Havenroute. Sie führt auf insgesamt 150 km Länge zu den interessantesten Punkten des endlosen Hafenlabyrinths.

Rotterdam ist Europas größter Hafen, jährlich wird er von über 200 000 Binnen- und gut 32 000 Seeschiffen angelaufen. Damit sie alle einen Liegeplatz erhalten, besteht der Hafen aus einem unendlichen Gewirr von Becken, Kanälen und Schleusen.

Das Mündungsdelta des Rheins ist so flach, daß eine sichere Trinkwasserversorgung nur über hohe Wassertürme möglich ist. Ein besonders schöner steht in Schoonhoven, ist 50 m hoch und wurde 1901 erbaut.

Rotterdams höchstes Bauwerk ist der Eurotower im Zentrum des Hafens. Von seinem Aussichtskorb aus schweift der Blick weit über den Rhein und die gigantischen Hafenanlagen.

Trotz der Flachheit des Rheindeltas kommt die Schiffahrt auch hier nicht ohne Schleusen aus. Diese hier steht unterhalb von Arnheim und muß von allen Rheinbinnenschiffen passiert werden.

Unterwegs im Delta

Das Rheindelta ist niederländisches Herzland. An den verschiedenen Mündungsarmen des Rheins liegen so bedeutende Städte wie Arnhem, Nijmegen, Utrecht oder Rotterdam. Delft und Den Haag liegen zwischen Oude Rijn und Lek, Amsterdam schließlich ist dem großen Strom über den Amsterdam-Rijnkanaal verbunden. Einige der Städte wurden bereits von den Römern gegründet, die meisten waren im Mittelalter Mitglied der Hanse. Entsprechend kam ihr früher Reichtum vornehmlich über die See, Welthandel war von Anfang an eine der Hauptbeschäftigungen der Holländer. Mit der Trockenlegung riesiger Sumpf- und Flutgebiete wuchs die Bedeutung der Landwirtschaft, Tulpen und Tomaten, Gurken und Käse sind längst Synonyme für holländischen Bauernfleiß. Dem daraus resultierenden Reichtum kann man am besten in den Städten im Delta nachspüren.

An Neder Rijn, Rijnkanaal und Lek

Erste Stadt am Neder Rijn ist Arnhem, die Hauptstadt der Provinz Gelderland. Tacitus beschrieb es bereits als Arenacum, das Stadtrecht erhielt das spätere Mitglied der Hanse 1233. Ältester Teil der Stadt ist der Marktplatz ganz in der Nähe des rechten Rheinufers. Die Grote Kerk am Nordrand des Platzes stammt aus dem 15. Jh., hat ein schönes Glockenspiel und bietet von ihrem Turm die beste Aussicht über die Stadt. Östlich neben ihr liegt das Alte Rathaus aus der Zeit um 1540, das wegen den drei Teufeln am Eingangstor auch Duivelshuis genannt wird. Den Südrand des Marktes ziert die Sabelspoort aus dem 14. Jh. Sie ist der einzige Überrest der Stadtmauer, ihre Marktfront stammt von 1642. Wenig südöstlich des Marktplatzes steht die im Zweiten Weltkrieg heftig umkämpfte Rheinbrücke. Über sie erkämpften sich britische Luftlandetruppen den Weg nach Friesland.

Nördlich vor den Toren der Stadt liegt das 33 ha große Nederlands Openluchtmuseum, das einen besonders guten Überblick über die bäuerliche Kultur des 19. Jh. vermittelt.

Noch ein Stückchen weiter im Norden erstreckt sich auf 5500 ha Hollands Nationalpark De Hoge Veluwe in malerischer Heide- und Waldlandschaft zwischen dem

Schloß Doorwerth unterhalb von Arnheim ist das Paradebeispiel für eine alte Wasserburg, die in der Renaissance zum Wohnschloß ausgebaut wurde.

Mitten in Hollands Nationalpark De Hoge Veluwe steht das Kröller-Müller-Museum, zu dem auch ein rund 20 ha großer Skulpturengarten gehört. Hier sind Werke von gut 30 Künstlern der Moderne ausgestellt. Die Beispiele zeigen A. Rodin: Hockende Frau (links oben), J. Arp: Wolkenschäfer (rechts oben) und A. Maillot: Himmel (unten).

Im ganz aktuellen Teil des Skulpturenparks stehen Hepworth: Archaisch (links oben), Christo: Konstruktion aus 56 Fässern (rechts oben) und Etienne-Martin: Demeure (unten).

Utrecht, die viertgrößte Stadt der Niederlande, liegt am Krummen Rijn und am Amsterdam-Rijnkanaal. An der Oudegracht stehen die schönsten Grachtenhäuser Parade.

Neder Rijn und der Ijssel. Der riesige Park war ab 1916 Privatbesitz der Rotterdamer Handelsfamilie Kröller-Müller, die diesen Prachtbesitz 1937 für 800 000 Gulden an den holländischen Staat verkaufte. Heute durchziehen den Park 50 km Fahrradwege und zahllose Wanderwege. Was es im Park außer Hirschen, Mufflons, Wildschweinen und korsischen Langhaarschafen sonst noch zu entdecken gibt, darüber informiert das Besucherzentrum De Aanschouw.

Hauptattraktion des Parkes aber ist das vom belgischen Stararchitekten Henry van de Velde im strengen Stil des Bauhauses errichtete Kröller-Müller-Museum. Das Museum besitzt die größte Van Gogh-Sammlung der Welt, zu der nicht weniger als 278 Gemälde und Zeichnungen des weltberühmten Malers gehören. Zusammengetragen hatte die Sammlung die Kaufmannsgattin Helene Kröller-Müller, die ihre unschätzbare Sammlung schließlich dem niederländischen Staat schenkte. Im anschließenden, rund 20 ha großen Skulpturengarten, dem größten Europas, sind die Arbeiten von gut 30 Künstlern ausgestellt, darunter auch so Raritäten wie die „Blaue Dose" von Claes Oldenburg.

Am Krummen Rijn und am Amsterdam-Rijnkanaal liegt Utrecht, die viertgrößte Stadt der Niederlande. Sie war im Jahre 48 n. Chr. als Trajectum ad Rhenum gegründet und vom 7. bis zum Anfang des 16. Jh. von Bischöfen wie Privatbesitz regiert worden. Die Stadt war deshalb früh wegen ihrer prachtvollen Kirchen berühmt gewesen.

Eine kleine Ahnung davon vermittelt noch der im Mittelpunkt der Altstadt gelegene Dom St. Michael, der anstelle einer romanischen Kirche des 10. Jh. zwischen 1254 und 1517 errichtet worden war. Sein ursprünglich fünfschiffiges Langhaus wurde allerdings 1674 durch einen Sturm zerstört. Seither steht der 112 m hohe Domturm aus dem 14. Jh. frei neben der Kirche. Die Spitze des höchsten Kirchturmes der Niederlande ziert eine Statue des hl. Martin. Im Süden schließt sich an den Domchor der malerische Kreuzgang aus dem 14. und 15. Jh. an, der gleichzeitig den Übergang bildet zur 1636 gegründeten Universität.

Östlich schließt sich in einer Schlaufe der Nieuwe Gracht die 1054 geweihte St. Pieterskerk an. Sie beeindruckt mit einer romanischen Säulenkrypta sowie einem gotischen Chor und Querschiff. Ebenfalls gotisch sind die Buurkerk und die St. Janskerk. Auch die 1173 gegründete St. Jacobikerk am Nordende der Oude Gracht beeindruckt als gotische, im 14. und 15. Jh. erneuerte Hallenkirche. Die schönsten Grachtenhäuser finden sich ohnehin an der Oudegracht. Das interessanteste von

Amsterdam ist die Stadt der Grachten und Zugbrücken, der Wohnboote und Grachtenhäuser. Für die Zugbrücke an der Amstel gibt es einen eigenen Brückenwärter.

Kern der Amsterdamer Altstadt ist der Dam, an dessen Westseite der auf 13 659 Pfählen errichtete königliche Palast mit seinem 51 m hohen Turm steht (oben). Auf den Amsterdamer Grachten herrscht stets reger Verkehr wie hier auf der Amstel (unten).

ihnen ist das Huis Oudaen, ein burgartiges Patrizierhaus aus dem 14. Jh. In ihm wurde 1713 der Friede von Utrecht geschlossen.

Ursprünglich nichts mit dem Rhein zu tun hatte Hollands Hauptstadt Amsterdam am südlichsten Zipfel des Ijsselmeeres. Wo dort die Amstel mündet, entstand um 1270 die Fischersiedlung Amstelredam. Über die Zuidersee hatte die Siedlung eine direkte Verbindung zum Meer und entwickelte sich deshalb rasch zur Hafenstadt, die bereits 1368 Mitglied der Hanse wurde. Bis zu Beginn des 17. Jh. war daraus der bedeutendste Handelsplatz Europas geworden. Seine Stellung als zweiter Hafenplatz des Landes konnte Amsterdam dann allerdings nur durch den Bau des Nordseekanals, des Merve-de-Kanals und des Amsterdam-Rhein-Kanals behaupten. Seither können Rheinschiffe auch Amsterdam anlaufen.

Kern der Amsterdamer Altstadt ist der Dam, ein als Nationaldenkmal gehüteter, weiter Platz. An seiner Westseite erhebt sich der auf genau 13 659 Pfählen im 17. Jh. errichtete Königliche Palast mit seinem 51 m hohen Turm. Nördlich daneben steht die im 15. Jh. errichtete Nieuwe Kerk, die Krönungskirche der holländischen Könige. Wenig östlich vom Dam steht die Oude Kerk aus dem 13. Jh. Ihren Westturm erhielt sie im 15. und 16. Jh. Im Inneren gibt es prächtige Glasgemälde der holländischen Hochrenaissance aus der Zeit um 1555 zu entdecken. Noch ein Stückchen weiter östlich bildet der Nieuwmarkt ein Zentrum für sich. Hier steht die 1488 als Stadttor errichtete St. Anthonieswaag und wenig östlich davon der Montelbaanstoren, ein Rest der alten Stadtbefestigung aus dem 15. Jh.

Vor allem anderen ist Amsterdam jedoch die Stadt der Grachten, der Patrizierhäuser und der Museen. Wie Jahresringe wuchsen die halbkreisförmig um das Stadtzentrum angelegten Grachten mit dem Wachstum der Stadt. Die Häuser an den Grachten stehen allesamt auf bis zu 18 m tief in den Schlick gerammten Pfählen, da erst in dieser Tiefe halbwegs gründungsfester Sand beginnt. Die rund 2 m tiefen Grachten selbst sind durch ein kompliziertes Schleusensystem miteinander verbunden. Mit ihm wird zum einen erreicht, daß die Pfähle der Häuser stets von Wasser bedeckt sind und so nicht faulen können.

Die Hausbootidylle ist an Amsterdams Keizersgracht zu finden (links). Oben hat das Schiff freie Fahrt für die Einfahrt in die Schleuse am Beginn des Rijnkanaals.

Zum anderen wird jede Nacht frisches Wasser aus dem Ijsselmeer durch die Grachten gepumpt und durch den Nordseekanal meerwärts gespült. Ursprünglich ersetzte dieses System komplett die Kanalisation.

Rund 6000 Giebelhäuser säumen die Amsterdamer Grachten, die schönsten davon stehen an der Heren-, der Keizers- und der Prinsengracht. Die meisten von ihnen sind genau 8 m breit und alle lehnen sich aneinander. Weil nur die Fassadengestaltung ein Übertrumpfen des Nachbarn ermöglichte, gleicht kein Grachtenhaus dem anderen. Vom schlichten Treppengiebel des 16. Jh. bis zum klassizistischen Leistengiebel des 18. Jh. reicht die Spannweite. Hinter den Grachtenhäusern der Patrizier lagen Gartenflächen, deren Unbebaubarkeit gesetzlich festgelegt war. Viele dieser alten Gärten sind bis heute erhalten.

Amsterdam ist vor allem auch die Stadt der Museen. Über 40 wichtige gibt es hier, gar nicht zu reden von zahllosen kleinen. Ein absolutes Muß ist natürlich das Rijksmuseum mit seinem berühmtesten Schatz, der Nachtwache von Rembrandt. Kaum weniger bedeutsam ist das Nationale Van Gogh-Museum, das neben dem Kröller-Müller-Museum die umfangreichste Sammlung von Werken Van Goghs besitzt. Das Jüdische Museum schließlich ist das wohl eindrucksvollste und größte der jüdischen Geschichte gewidmete Museum der Welt außerhalb von Israel.

Wie stark Amsterdam dem Meer verhaftet ist (obschon es knapp 30 km davon entfernt liegt) belegt nichts besser als der „Normaal Peil". Er wurde schon im 17. Jh. festgelegt und entsprach der durchschnittlichen Hochwasserlinie in der Zuidersee. Diese Normal-Null-Marke (NN) wurde 1988 beim Rathaus am Waterlooplein in Bronze fixiert. Seit immerhin 1818 gilt dieser NN-Pegel für ganz Holland, für die meisten europäischen Länder ist er die Grundlage für die Höhenmessung. Der Pegel der Amsterdamer Grachten aber liegt exakt 40 cm unter dem NN-Pegel.

Die Zierde des Oude Rijn ist Leiden, die älteste Universitätsstadt des Landes. Seine Rapenburg Gracht gilt als die idyllischste von ganz Holland, und am Galgewater dreht sich bei der malerischen Zugbrücke die fotogene Windmühle De Put.

„Leythen" (= an den Wasserläufen) hatte 1266 sein Stadtrecht erhalten und war im 14. und 15. Jh. durch die Tuchweberei zu Wohlstand gekommen. Im 16. Jh. belagerten die Spanier die Stadt gleich zweimal. Beim zweiten Mal wurde sie von Willem van Oranje, dem Stammvater des holländischen Königreiches, befreit. Der ließ dafür die Deiche durchstechen und so das Land fluten,

Der Oude Rijn ist heute ein verträumter Kanal, der nur noch selten von großen Schiffen befahren wird. Entsprechend haben sich die Anwohner auf eine ungestörte Idylle eingerichtet.

um mit seinen Schiffen bis vor die Stadtmauer zu kommen und die Spanier durch das Wasser zu vertreiben. Zum Dank für ihren Durchhaltewillen erhielten die Leidener 1575 ihre Hochschule.

Zentrum des historischen Leidens ist die im 14. und 15. Jh. erbaute, spätgotische Basilika St. Pieterskerk. Hier versammelten sich die legendären Pilgerväter, bevor sie 1620 nach Amerika segelten. Nicht weniger sehenswert sind der Vismarkt am Nieuwe Rijn, der Aalmarkt mit der Stadtwaage von 1658 und das Städtische Museum Lakenthal. Besonders idyllisch sind die verschiedenen Hofjes, schönstes Beispiel dafür ist das 1507 vollendete Sint Annahofje an der Hoge Gracht. Sein Sandsteintor stammt von 1685.

Nur zwölf Jahre nach der Universitätsgründung entstand der weltweit berühmte Botanische Garten. In ihm blühten 1594 die ersten Tulpen und viele unserer Gartenblumen fanden den Weg zu uns über diesen Hortus Botanicus. Er beeindruckt heute mit jahrhundertealten Bäumen und vielen seltenen Pflanzen.

Hollands berühmtester „Garten“ aber ist der wenig nördlich von Leiden gelegene Keukenhof im Herzen des Tulpenlandes. Der Park war einst der Küchengarten eines nahegelegenen Jagdschlosses und wurde schon vor mehr als 150 Jahren zum heutigen Park umgestaltet. Heute blühen hier im Frühjahr über 450 verschiedene Tulpenarten in effektvoll gestalteten Themengärten. Den besten Blick auf die umliegenden Tulpenfelder bietet die am Nordrand des Parks gelegene Windmühle. Tulpen „satt“ gibt es schließlich auf der rund 60 km langen Bollenstreek zwischen Leiden und Haarlem.

Zum Nationalsymbol der Holländer wurde die Tulpe bereits im 17. Jh. Die aus Asien stammende Zwiebel wurde 1563 in den Niederlanden bekannt und 1568 erstmals vom Arzt Rembertus Dodoens in seinem Buch Cruydtboeck beschrieben und abgebildet. In der ersten Hälfte des 17. Jh. erreichte die bollenrasernie, die Tulpenmanie, ihren Höhepunkt. So wurden 1637 zum Beispiel für drei Zwiebeln der Sorte Semper Augustus 30 000 Gulden bezahlt – ein Betrag, für den man drei Häuser an Amsterdams teuerster Gracht hätte kaufen können. Heute kommen rund zwei Drittel der gesamten Weltproduktion an Tulpen aus Holland. Der Fleiß der Züchter hat inzwischen gut 3500 verschiedene Sorten entstehen lassen.

An Waal, Maas und Hollands Diep

Der südliche Teil des Rheindeltas ist gekennzeichnet von einer weiten Wasserlandschaft aus uralten Mündungs-

Die Zierde des Oude Rijn ist Leiden, die älteste Universitätsstadt Hollands. Seine Rapenburg Gracht gilt als die idyllischste von ganz Holland. Neben der Galgewaterbrücke dreht sich die Windmühle De Put.

trichtern. Hier hatten es die Holländer besonders schwer, die See zu bändigen und den blanken Hans auszusperren. Nach der großen Sturmflut von 1953 wurde fünf Jahre später der große Deltaplan zur endgültigen Sicherung der großen Mündungstrichter im Parlament offiziell verabschiedet und bis 1986 verwirklicht. Seither kann selbst die größte Sturmflut das südliche Rheindelta nicht mehr landunter setzen.

Rückgrat des Rheindeltas ist der Waal, in den nach und nach auch die Maas mündet. Erste Stadt am Waal ist Nijmegen, das Noviomagnus der Römer. Karl der Große tat es den Römern nach und baute auf dem Hügel des heutigen Valkhofes eine Pfalz, die zu einem seiner Lieblingsplätze werden sollte. Im 14. Jh. wurde Nijmegen dank seines leicht von See aus erreichbaren Hafens Mitglied der Hanse und in der Folge eine reiche Stadt.

Leider ging das historische Nijmegen 1944 weitgehend unter. Im Zentrum beeindrucken aber noch die Waage, ein Renaissancebau von 1612 und die St. Stevenskerk, ein gotischer Bau aus dem 13. Jh., der seine heutige Form im 15. Jh. erhielt. Am Valkhof, heute eine freundliche Parkanlage, stand einst die Kaiserpfalz von Karl dem Großen. Friedrich Barbarossa hatte daraus im 12. Jh. eine feste Burg gemacht, die allerdings im 18. Jh. zerstört wurde.

Wo sich Waal und Maas schon sehr nahe sind, dehnt sich auf gut 40 000 ha das weitgehend naturbelassene, in der St. Elisabethenflut von 1421 völlig unter Wasser gesetzte Naturreservat von Biesbosch. Hier ist das Reich vieler in Holland inzwischen selten gewordener Vögel wie Wasserhühner, Schnepfen, Kiebitze, Reiher oder auch Fasane. Deshalb soll demnächst aus dem Naturreservat ein Nationalpark werden.

In der Niederung zwischen Lek und Waal liegt das alte Städtchen Dordrecht an der Oude Maas. Von hier gibt es Wasserverbindungen sowohl zum Beneden Merwede und damit direkt nach Rotterdam wie zur Nieuwe Maas und zur Oude Maas. Das Städtchen selbst ist mit seinen zahlreichen Wasserfronten überaus malerisch und ein hervorragender Ausgangspunkt für Bootsausflüge nach allen Seiten, unter anderem auch in das Naturschutzreservat Biesbosch.

Wichtigstes und schon von weitem sichtbares Bauwerk ist die Groote Frauekerk, die auf das frühe Mittelalter zurückgeht, an der im 13. und 14. Jh. gebaut worden war und die ihre heutige gotische Form bis 1502 erhielt. Markant ist ihr stumpf endender Turm, der sich während des Baues nach Norden zu neigen begonnen hatte. Die Turmterrasse ziert deshalb lediglich eine nach allen vier Seiten weisende, große Uhr. Im Inneren beeindruckt vor allem das immerhin 108 m lange, riesig wirkende Schiff und das von Fleming Jan Terwen 1542 im Renaissancestil gearbeitete Chorgestühl.

Fährt man von Dordrecht den Hollands Diep entlang, erreicht man das Haringvliet und bei Hellevoetsluis den Haringvlietdam. Er wurde von 1957 bis 1969 errichtet und ermöglicht die Verbindung zur See über drei Schleusenkammern. Weiter südwestlich schließt sich der Brouwersdam an. Er riegelt das Grevelingen Tief von der See ab, gebaut wurde er zwischen 1958 und 1965.

Den eigentlichen Höhepunkt bildet dann die noch etwas weiter südlich gelegene Stormvloedkering Oosterschelde. Das bis 1986 fertiggestellte, riesige Sperrwerk besteht auf einer Länge von 3 km aus insgesamt 65 bis zu 45 m hohen Türmen, zwischen denen bewegliche Panzerplatten hängen. Mit ihnen wird ein sicherer Schutz vor Sturmfluten erreicht, ohne daß die Oosterschelde ganz von der See abgeschnitten wäre. Damit konnten nicht nur das Salzwasser sondern auch mehr als 100 Pflanzenarten und rund 75 Arten tierischen Planktons als Grundlage des ökologischen Gleichgewichtes gesichert werden. Austern- und Miesmuschelbänke blieben damit ebenso erhalten wie die Nistplätze von abertausenden von Seewasservögeln.

Was zum Schutz des Menschen gebaut wurde, hilft hier also auch dem Erhalt des natürlichen Zustandes im Rheindelta. In ihm haben Mensch und Natur dank klug genutzter Technik zu einem sinnvollen, für beide Seiten vorteilhaften und hoffentlich dauerhaften Miteinander gefunden.

Im Rotterdamer Ölhafen wird über die Ölversorgung Europas entschieden.

Catwich am Amsterdamer Nordseekanal hat eine trutzige Seefahrerkirche von 1461. Gebaut wurde sie einst vom Deutschen Orden (oben). Über die Rheinmündung laufen die großen Überseeschiffe Rotterdam an (unten).

Die Nahtstelle zwischen Rhein und Nordsee ist auch heute noch ein bei den Fischern beliebtes Revier. Der schöne Kutter liegt im Hafen von Ouddorp.